城市财政发展报告 (2022):
可持续发展

何杨　黄志基　刘威　颜燕 ◎主编

中国财经出版传媒集团

经济科学出版社
Economic Science Press

·北京·

图书在版编目（CIP）数据

城市财政发展报告．2022：可持续发展/何杨等主
编．－－北京：经济科学出版社，2023.10
ISBN 978－7－5218－4482－5

Ⅰ.①城⋯ Ⅱ.①何⋯ Ⅲ.①城市财政学－研究报告
－中国－2022 Ⅳ.①F812

中国国家版本馆 CIP 数据核字（2023）第 014207 号

责任编辑：李　雪　袁　潋
责任校对：孙　晨
责任印制：邱　天

城市财政发展报告（2022）：可持续发展

何杨　黄志基　刘威　颜燕 ◎主编
经济科学出版社出版、发行　新华书店经销
社址：北京市海淀区阜成路甲 28 号　邮编：100142
总编部电话：010－88191217　发行部电话：010－88191522
网址：www. esp. com. cn
电子邮箱：esp@ esp. com. cn
天猫网店：经济科学出版社旗舰店
网址：http：//jjkxcbs. tmall. com
固安华明印业有限公司印装
710×1000　16 开　20 印张　260000 字
2023 年 10 月第 1 版　2023 年 10 月第 1 次印刷
ISBN 978－7－5218－4482－5　定价：98.00 元
（图书出现印装问题，本社负责调换。电话：010－88191545）
（版权所有　侵权必究　打击盗版　举报热线：010－88191661
QQ：2242791300　营销中心电话：010－88191537
电子邮箱：dbts@ esp. com. cn）

前　言

　　高速城市化是我国改革开放之后的重要经济现象之一。1978 年我国常住人口城市化率仅为 17.9%，2021 年末达到了 64.72%。大量的农村人口进入城市，带来了劳动生产效率的不断提升，也给城市财政带来了巨大的压力。城市政府需要为流入的人口提供市政设施、基础教育、医疗卫生以及住房等公共服务，并进行基础设施建设。为此，过去城市政府主要采用两种方式去解决：一是限制获得城市服务的资格，造成了城市内部的二元分离，大量居住在城市但是没有城市户口的人无法享受应有的公共服务；二是从预算外获得资源，尽管国有土地出让收入在 2008 年已经纳入预算体制，但是并非可统筹的财政收入，这种做法造成了城市财政对于土地的高度依赖、土地和城市投融资平台的相互渗透以及城市预算的分散化。随着城市化的增速放缓，"土地财政"以时间换空间的模式受到较大冲击，城市财政的可持续性受到广泛关注。

　　根据现行预算管理体系，我国财政核算工作由财政部统一负责，实行一级政府一级预算，设立中央，省级（省、自治区、直辖市），地级市（设区的市、自治州），县级市（县、自治县、不设区的市、市辖区），乡镇级（乡、民族乡、镇）五级预算。地方各级总预算由本级政府预算和汇总的下一级总预算组成。其中，地级市这一层级涵盖了我国大部分中等规模（市区非农人口 20 万～50 万人）以上的城市类型。通常在讨论"城市"这个概念时，基本上默认的定义就是地级市以上城市。其行政区划类别与地区、自治州、盟相同，属地级行政区，由省、自治区管辖。因其行政地位与地区相同，故称"地级市"。目前，在总计 333 个地级行政区中，仅剩 7 个地区，而地级市的数量则达到了 293 个，地级市数量约占地级行政区总数的 88%，已经取代地区成为地级行政区的主体。因此，本书以地级市为主体，对于城市财政状况进行分析，为了比较的一致性，暂不涵盖地区、自治州，共计 293 个地级市单位。

城市化已经成为我国改革开放以来的重要经济现象，但在财政体制上并没有清晰的"城市财政"层级，这对于城市治理带来了一定程度的挑战。我国经济社会的发展正面临人口老龄化程度加深、环境治理刻不容缓以及新型城镇化持续推进等问题，加重了地方政府教育、医疗等刚性民生支出和基础设施投资支出的责任，对地方政府财政能力提出了巨大挑战。随着《国家新型城镇化规划（2014—2020年）》主要目标的实现，现阶段城镇化发展模式需要由规模扩张向质量提升与均衡发展转变，逐步解决在城镇就业居住但尚未落户的农业转移人口享有城镇基本公共服务的问题。将农民工随迁子女义务教育纳入各级政府教育发展规划和财政保障范围、扩大社会保障参保缴费覆盖面、根据常住人口配置城镇基本医疗卫生服务资源等措施，推进了民生的持续改善，同时新增了大量的地方财政支出需求。这些支出需要由城市政府层面提供。

首先，我国城市化的进程还将持续。根据城市发展的总体规律，我国仍然处于城镇化的第二个发展阶段，即加速发展阶段，距离第三个发展阶段（城镇化率超过 70%）还有一段距离。因此，未来一段时间我国城市化的速度虽然会有所减缓，但是城市化的水平还将稳步上升。城市政府将面临更大的公共服务支出需求和长期的财政可持续问题。

其次，我国的城市经历了早期的扩张后，已逐步进入动态调整时期。按照城市发展的规律，也会经历形成、发展、衰退、复兴甚至重新调整等过程。我国已经出现了一些人口净流出的收缩城市、经济负增长的衰退城市，还有一些城市财政开始重整。这些都是城市发展和资源市场化流动过程中的正常现象。城市财政体制需要适应这一新变化，形成动态调整机制，既有效地保证基本的公共服务和公共产品，又不能阻碍经济资源的合理流动。

最后，一些地方财政收支矛盾较大，城市债务风险仍然存在，需要完善管理地方举债的新框架，提升城市一级政府的发债权。2015年新预算法赋予了省级政府的发债权，但是市一级政府仍然只能依靠省内的配额分配。在实践中，城市政府作为基础设施建设的主要承担者，也是经济资源相对集中的行政区域，应该探讨建立市级政府的正式举债渠道。

但是需要看到，我国目前按照行政层级划分的城市概念内部差异较大。在地级市中，有国内生产总值在千亿元的超大城市，也有不足百亿元的小型城市；有城市化率超过 90%、农业占比不足 5% 的高度城市化区域，也有城市化率不到全国平均水平、农业占比高达 20% 的低度城市化区域。随着我国城市化的迅速推进，不同规模、不同功能的城市在相互联系和相互作用中不断变化、演进，逐步形成了较为完善的城市等级体系。在这种城市等级体系中，不同等级的城市都承担着与自身规模和功能相适应的职能，共同促进了经济活动效率的提高。但是，财政的收支很大程度上是和行政层级紧密联系在一起的。行政层级的划分形成了城市等级的差异，这种等级差异的形成，尽管受市场因素、交通因素和行政因素的共同作用，但是由于集权体制的长期存在，在历史或者当前的发展过程中，行政层级的差异在大多数情形下无疑是推动这种等级差异形成的最为关键的因素。本书希望从地级市的财政状况分析出发，并将县级市以及其他行政层级的地区涵盖进来，尝试从城市这一经济现象进行更加全面的分析。

本书共包括八个章节。第一章介绍我国现行财政体制中的城市财政框架，第二、三章对全市口径的财政收入和财政支出状况进行了分析，第四章侧重都市圈、城市群与城市财政均衡度的研究，第五章探讨了新发展格局下城市土地财政转型的模式和案例，第六章从债务风险控制的角度分析了城市投融资的工具和债务风险衡量，第七章建立了城市财政健康评价的框架并进行了初步评估，第八章则对低碳城市的建设指数和政策工具进行了梳理。以上这些都是当前城市财政可持续发展中备受关注的重要问题，本书进行了一些初步的理论框架梳理和定量分析，以期为研究者和政策制定者提供一定的参考。

本研究团队主要包括中央财经大学财政税务学院何杨教授、政府管理学院黄志基副教授，北京大学－林肯研究院土地政策与城市发展研究中心刘威研究员，首都经济贸易大学城市经济与公共管理颜燕副教授，香港大学博士生曲峻熙，中央财经大学财政税务学院博士研究生王路、张聪，清华大学公管学院博士研究生陶然。北京大学－林肯研究院土地政策与城市发展研究中心、中央财经大学和首都经济贸易大学的多位老师和同学参与了数据的搜集、整理、录入和测算分析，主要包括李云鹤、姜严卿、张弛、廖鎏曦、冯泽续、蓝云逸、陈建军、许坤、周子欣、许琪、邓艺楠、邓栖元、马艺珊、张明钰、陈可嘉、杨航、徐畅、戴晓冕、张栋、宋澜、黎顺如、罗梦蝶、张怡霏等。本报告第一章由刘威撰写，第二章由王路撰写，第三章由张聪撰写，第四章由黄志基撰写，第五章由何杨、陶然撰写，第六章由王路、何杨撰写，第七章由颜燕、张怡霏撰写，第八章由张聪、何杨撰写。

　　北大－林肯土地政策与城市发展研究中心致力于为国内外专家学者、政府官员及公众提供交流和讨论平台。中心自成立以来一直关注城市财政问题，并开展了一系列的研究和讨论。尽管我国城市政府的财政透明度不断增强，城市财政的预决算报告为研究我国城市财政状况提供了丰富的素材，但是不同城市财政预决算公布的时间、方式和程度存在差异，研究者需要耗费大量精力下载和整理城市财政数据，降低了城市财政研究的质量和效率。在北大－林肯土地政策与城市发展研究中心的资助下，以何杨教授为负责人的研究团队自 2019 年启动了城市财政数据库的建设和城市财政研究报告的撰写。历时两年多，具有可视化功能的城市财政数据库已经初步建立，未来将成为面向公众的免费公开数据库，以帮助更多的研究者、政策制定者和公众关注城市财政健康，促进城市财政可持续发展。

　　由于能力所限，财政数据库和城市财政研究报告中难免存在疏漏，敬请谅解。我们也希望，本研究能够起到抛砖引玉的作用，激发更多的学生、学者和其他人士关注我国城市财政的学习和研究，为我国经济社会的可持续发展贡献绵薄之力。

作　者

2023 年 10 月

目录
CONTENTS

第一章

我国城市财政体制基本框架

1.1 城市财政的定义

根据经济学和地理学的定义，城市是人类活动的中心，是工商业等经济活动的聚集地。与乡村相对应，城市地区特点体现在更高的人口密度和以非农业为主的生产生活方式等方面。城市具有行政边界，是政府行政的单元。在我国，将设市建制的地方称为城市。从设市的标准看，我国的城市不仅包括地理学意义上作为人口和经济活动集中地的城市，还包括城市周围的乡村地区。换句话说，我国的城市更多的是一个行政管理的概念。这也为我们理解城市财政提供了线索。

城市财政的定义可以从两个角度进行。第一个角度是从经济角度对城市财政进行定义，侧重于城市财政与经济和社会的关系。城市是人口和经济活动的聚集地，这种聚集是一种动态的过程，与行政区划边界往往存在不一致之处。从这个角度看，城市财政是人口和经济活动聚集地的政府财政行为，与城市经济和社会生活产生全方位互动。由于城市在公共服务和公共产品的需求和提供方式，以及公共财政收入来源方面都有其独特之处，如何建立适应城市生产生活方式的公共财政制度和政策框架，就成为城市财政需要解决的问题。定义城市财政的第二个角度是从行政区划和财政层级入手，侧重于政府层级间财政关系与财政分权。我国称为"市"的行政区域包括直辖市、地级市和县级市，在行政和财政层级中处于不同的位置。从这个角度看，城市财政是一个层级的概念，指直辖市、地级市或县级市一级政府自身的收支活动，也称为"市本级财政"。直辖市本级财政向上对接中央财政，向下衔接区财政；地级市本级财政向上对接省本级财政，向下衔接区级财政和县（县级市）本级财政；县级市本级财政向上对接地级市本级财政，向下对接乡镇财政。现有研究中对于政府层级间财政关系、财政分权等的研究，通常采用这个定义。

在我国快速城市化的背景下，上述两种研究角度在直辖市和地级市层面可以进行统一。随着城市化的不断推进，直辖市和地级市的中心城区作为人口和经济生活主要聚集地的地位将不断增强，中心城区的人口、经济产值、财政收支在地级市全市的份额也将不断提升。因此，现行公共财政预算体系下的"直辖市全市"和"地级市全市"，可以近似为经济学视角下的城市财政。

1.2　城市财政体制沿革

过去几十年，我国在经济领域经历了从计划经济体制到市场经济体制的转变。与此同时，我国城市化进程从起步开始，经历了快速发展的时期。伴随着计划经济向市场经济的转变，我国在行政权力和财政权力方面也经历了几轮"下放"，逐渐形成包括五级政府的行政管理体系和财政体系。这个过程中，城市财政体制从无到有，逐步形成与发展。

城市财政与国家行政建制和政府间财政关系密不可分。中华人民共和国成立以来，城市财政和城市建制的沿革围绕着"地级市"与"县"的关系逐渐展开。"地级市"与"县"的关系经历了从"市县并列"到"市管县"，再到"名义市管县，实质市县并列"的过程。

作为国家财政管理体制的组成部分，城市财政体制的演变与国家政体财政制度的发展阶段一致。本节将按照我国财政体制沿革的四个阶段来梳理城市财政的发展沿革。

1.2.1 "统收统支"时期（1950～1952年）和"统一领导，分级管理"时期（1953～1978年）：城市财政的形成

中华人民共和国成立初期，我国实行"统收统支"的中央高度集中的财政体制。这个时期并没有城市财政的概念，甚至地方财政的概念也是几乎没有的。随后在"统一领导，分级管理"时期，我国形成了中央、省、县（市）三级的财政管理体制。作为省以下的一级财政，城市财政在整个财政管理体系中的地位开始形成。相比于"统收统支"时期高度集中式的管理模式，"统一领导，分级管理"的财政体制适当向地方放权，但整体财政体制调整的重心在于中央与省（地方）的关系。省以下的市、县财政常常被纳入省级财政，实行统收统支（李扬等，1992）。

市与县的关系上，这个时期可以概括为"市县并列"。计划经济体制下，城市以工业为主，乡村以发展农业为主，两者之间有着严格的区分。城市的设立主要采用"切块设市"的方法，即将工业和人口集中发展的地区设置为城市，在行政层级上与县并列。尽管市和县的行政地位相同，但实际上城市作为工业生产和居民消费的主要场所，代表先进的生产力和生活方式，其经济和社会地位高于县。这也为后来"市管县（地级市管理县和县级市）"体制埋下伏笔。

1.2.2 "分级包干"时期（1978～1993年）: 城市财政向地区财政发展

改革开放后，承包制在全国快速推行。不仅是企业实行承包制，各级政府间的财政关系也借鉴了承包制，形成了"分级包干"的财政体制。"分级包干"财政体制下，上级政府将事先确定的财政收入任务交给下级政府，下级政府在完成规定收入任务之外的收入可以归本级支配。这种做法极大调动了地方政府的积极性。不仅是中央对省级政府实施"包干制"，省级对城市政府也开始实行包干制。这一时期，由于企业大多集中在城市地区，因此城市的财政收入迅速增加，城市的财政地位不断提升（李扬，1992）。

"包干制"在全国推行的同时，"市管县"行政体制也在全国快速推广，进而影响到市和县的财政关系。在"市县并列"的时期，市与县已经形成省以下的两个独立行政单位和财政单位，向上直接对接省，向下分别对接市辖区或乡镇。"包干制"财政体制更加强化了各级政府的主体意识。"市管县"实施之后，市成为县的上级政府，县的行政和财政地位均被削弱，成为市的下级。财政上，市财政通过先统筹县级的一部分收入，然后以专项拨款的形式返给县财政的方式，对县财政实施控制（张闫龙，2006）。行政体制与财政体制的不统一造成了"市管县"体制下市与县之间在支出责任和财政收入划分方面的矛盾。在许多地方，"市管县"体制要么造成与城市缺乏关联的县拖垮市财政的问题，要么产生市财政肆意挤占县财政的现象（贾康等，2005）。

"市管县"体制的建立对我国城市的定义和城市财政都产生了深远的影响。我国的"地级市"是一种行政概念，与经济意义上的"城市"有所区别。在地级市范围内，不仅有市辖区组成的城市地区，也有县这类乡村地区，甚至还有县级市这种具有城乡过渡色彩的小型城市地区。这一点也是我国的城市概念区别于国外的一个重要特征。

从这个阶段开始，我国城市财政向着"地区财政"的方向发展。城市财政不仅要促进城市经济发展和提供公共服务，也要统筹考虑下辖县的发展和公共服务的提供，以及平衡地区内的发展。

1.2.3 "分税制"时期（1993年至今）：城市财政的规范与回归

针对"包干制"下造成的中央财政困难，我国在1994年实施分税制财政体制改革，在中央与地方（省）之间建立了基于税收收入分成和各级专享税的分税制度，以及基于一般转移支付和专项转移支付的政府间财政转移支付制度。

在我国，省以下各级政府间的财政关系基本是仿照中央与省的财政关系建立的。作为省以下财政体制的重要部分，城市财政随着省以下财政体制的调整与完善而发生了一些变化。从总体趋势看，一方面城市财政的范围开始从同时包含城市和乡村的"地区财政"逐步回归到更为聚焦城市地区的"城市财政"；另一方面城市财政在与省的事权、支出责任以及财政收入划分方面逐渐规范化。

1. 从"地区财政"回归"城市财政"

分税制改革初期，行政体制和财政体制上仍实行"市管县"体制。财政体制方面，省以下各级政府之间的财政关系尚在调整当中，仍带有"包干制"的特点。城市财政作为省以下、县以上的一级财政，具有地区财政的特点，承担着协调地区发展的职责。例如，2002年国务院批转的财政部《关于完善省以下财政管理体制有关问题的意见》在表述中按照"省、市"与"县、乡"进行划分，提出"省以下地区间人均财力差距较大的地区，要适当提高省、市级财政收入比重"，说明城市财政作为省以下的一级地区财政，肩负着均衡地区财力的责任。

在这个时期，城市财政与县财政之间在财政收入划分与支出责任划分等方面的矛盾日益突出，进而引发"省直管县"财政体制的出现。2000 年以来，为了提高财政运行效率，精简财政层级，我国开始在各地开展"省直管县"财政体制的试点并迅速在全国扩大试点。实施"省直管县"财政体制试点的地区，县级财政不再隶属于地级市财政，而是与地级市平级，直接对接省财政。不仅是财政体制上由省直接对接县，很多试点地区还通过"强县扩权"等改革措施赋予县级政府在经济发展、行政审批、社会管理等领域更多的权力。

对城市财政而言，省直管县的影响并不确定。如果省直管的是经济发达县，城市就不能参与县财政收入的分享，对于城市来讲便会减少一部分收入来源。如果省直管的是欠发达县，则可以减轻城市对于县的支出责任，缓解城市财政的压力。此外，省直管县的推广使得县的财政地位有所提升，也增加了城市在空间扩张方面的难度。不论如何，省直管县的实施使得城市财政从既管理城市也管理乡村的"地区财政"开始逐步回归真正的城市财政职能。

省直管县推行的同时，城市也在通过撤县设区的方式迅速扩张。据统计，1999～2018 年全国撤县设区数量 183 个（陈科霖，2019）。相对于县，市辖区与市本级在财政方面关系更为紧密，在政策目标等方面也更为一致。通过撤县设区，城市不仅获得更大的发展空间以及土地出让收入，而且在财政方面也能获得更大的支配权。

省直管县与撤县设区的同时进行，反映出城市在"增加财政控制力"与"减少公共服务支出压力"两个方面的权衡。2022 年，国务院办公厅颁布了《关于进一步推进省以下财政体制改革工作的指导意见》（以下简称《意见》）。《意见》中关于推进省直管县财政改革的部分中提出因地制宜的原则，对于经济发展和财政存在困难的县，建议纳入省直管县，对于由市级统筹管理对其经济社会发展更为有利的县，则维持市管县的模式。这也反映出城市财政正在逐步聚焦于城市地区及与城市发展紧密相关的城市周边地区。不仅如此，《意见》中在财政事权划分中将"市"与"县"统称为"基层政府"，反映出市与县作为侧重点不同的两类行政单元，在财政关系方面正向着并列的方向发展。

2. 城市财政的规范化

2002 年《国务院批转财政部关于完善省以下财政管理体制有关问题意见的通知》是一个转折点，之后省以下财政管理体制陆续进入了比较稳定的阶段（周黎安，2015）。相比中央与省的较为规范的分税制，省以下各级政府的财政关系比较复杂，各地不一，稳定性差，"分税"与"财政包干"兼有，甚至在企业所得税分享改革后仍存在按照企业行政隶属关系划分收入的情况（贾康等，2005）。财政事权划分方面，省以下各级政府之间也存在很多不合理、不清晰和不规范的问题，结果是较高层级的政府通过考核评比、下达任务、要求配套资金等形式将财政事权支出责任向下转移，造成市县财政压力加大。

近年来，中央与省的财政关系逐步健全与规范。2013 年党的十八届三中全会提出"事权与支出责任相适应"的原则，2016 年国务院颁布了《关于推进中央与地方财政事权和支出责任划分改革的指导意见》以及《基本公共服务领域中央与地方共同财政事权》。这两份文件提出了中央与省的财政事权划分的原则以及具体内容，对省以下财政体制的完善起到了指导作用。

随着中央与地方财政关系的规范化和法制化，各省也在对省以下财政体制进行不断调整与完善，城市财政也逐步走向全面规范化。2022 年，中央在《国务院办公厅关于进一步推进省以下财政体制改革工作的指导意见》中参照中央与地方的分税制财政体制的原则与内容，对省以下财政关系提出了全面、具体的规范和要求，对分税制财政体制向省以下各级政府的推进具有重要意义，对于城市财政的定位也作出进一步的明确。城市政府作为基层政府的重要组成部分，将在基本公共服务方面承担更多的责任。在与上下级的财政关系上，城市政府承担的责任与权力以及获得的财政收入也将更为明确、规范和统一。在市与县的关系上，该意见明确提出按照突出重点、利于发展、管理有效等要求，因地制宜地逐步调整优化省直管县财政改革实施范围和方式；对区位优势不明显、经济发展潜力有限、财政较为困难的县，可纳入省直管范围或参照直管方式管理，加强省级对县级的财力支持；对由市级管理更有利于加强区域统筹规划、增强发展活力的县，适度强化市级的财政管理职责。

1.3　城市在现行行政和财政体制中的层级

1.3.1　行政体制中的城市

我国现行的行政体制分为五个层级，分别为：中央政府；省级政府（省、自治区、直辖市）；地级政府（自治州、地级市①）；县级政府（市辖区、县、自治县、县级市）；乡镇级政府（乡、民族乡、

---

　　①　根据我国《宪法》，"全国分为省、自治区、直辖市；省、自治区分为自治州、县、自治县、市；县、自治县分为乡、民族乡、镇。直辖市和较大的市分为区、县。自治州分为县、自治县、市。自治区、自治州、自治县都是民族自治地方。"宪法中并未明确提及地级市这一政府层级。但是地级市的确是我国行政区划之一，位于省级和县级之间。地级市的前身为"地区"，1983 年地级行政区改革后，以"撤地设市"和"地市合并"的方式建立地级市。截至 2020 年底，我国共有 293 个地级市。

镇）。如果将我国的城市按照行政层级进行分类，可以分为直辖市（省级）、副省级市①、地级市和县级市。截至 2020 年底，我国共有 4 个直辖市，14 个副省级城市，279 个地级市，388 个县级市②。不同行政层级的城市间，如直辖市、副省级城市和地级市之间，其行政边界不存在地域上的重合，因此三者之间不存在行政隶属关系。比较特殊的是地级市和县级市。县级市的行政边界包含在地级市中，但县级市原则上直接隶属于省级政府，地级市仅是"代管"。

1.3.2　财政体制中的城市

财政体制与行政体制密不可分，根据我国实行的"一级政府一级预算"原则，每一级政府都是一级财政。与行政层级相比，财政层级的划分更为灵活和多样。

对于直辖市，其行政级别为省级，相应地，直辖市在财政体制中也享有省级政府的收支权限。对于副省级城市，要区分计划单列市③和其他副省级城市。其中，计划单列市是在全国计划和财政收支计划中实行单列，享有相当于省一级的经济管理权限和财政税收管理权限。计划单列市的财政与中央财政直接挂钩，同时也保留一定程度上的与省级政府的财政关系。从这个角度看，计划单列市在财政层级上高于其他副省级城市。其他副省级城市（全部为省会城市），其行政级别高于地级市，但是在财政层级中与一般地级市无异。对于地级市

---

① 见《关于副省级市若干问题的意见》。
② 见《中国国家统计年鉴 2021》。
③ 改革开放以来，国家陆续对 14 个城市进行计划单列，包括：重庆市（1983）、武汉市（1984）、沈阳市（1984）、大连市（1984）、哈尔滨市（1984）、广州市（1984）、西安市（1984）、青岛市（1986）、宁波市（1987）、厦门市（1987）、深圳市（1987）、南京市（1989）、成都市（1989）、长春市（1989）。1993 年，中央取消了省会城市的计划单列。1997 年，重庆改为直辖市。目前，保留了大连、青岛、宁波、厦门和深圳 5 个计划单列市。

和县级市，其财政层级也分别属于地级和县级。在省直管县改革（试点）之前，县级市财政向上对接地级市财政，地级市财政向上对接省级财政。在2009年全面推进省直管县改革后①，采用省直管县做法的地方，县（市）财政独立于地级市财政，直接对接上级财政，财政层级实际有所提升。我国城市的行政等级与财政层级如图1-1所示。

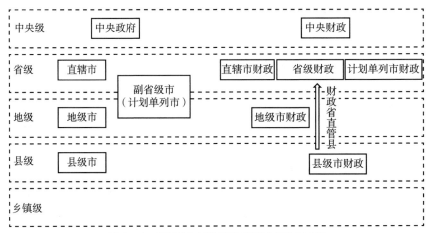

图1-1　我国城市的行政等级与财政层级

1.4　省以下财政体制中的地级市

地级市作为一级政府，其本身也是一级财政，向上对接省，向下衔接区县。地级市的预算由地级市本级预算和地级市下辖的区县预算组成。和其他层级政府预算体系组成相一致，地级市在一般公共预算外，还包括政府性基金预算、国有资本经营预算和社保基金预算三本预算。

_____

① 见《关于推进省直接管理县财政改革的意见》。

1.4.1 地级市在全国一般公共财政收支中的占比

图 1-2 和图 1-3 分别展示了 1994～2019 年我国五级政府在全国一般公共预算收入和支出中的份额。从收入占比看，1994 年分税制改革以来，中央政府占比有所下降，从 1994 年的 56% 下降到 2019 年的 47%。省级政府收入份额相对稳定，基本维持在 10%～12%。地级市的收入份额在 2000 年后出现缓慢下降，从约 18% 降低到 2008 年的不到 15%。之后，地级市收入份额缓慢增加至约 17%。县级政府收入份额则持续上升，从 1994 年的 10% 上升至 2019 年的 20%。其中 2004～2014 年，随着 "省直管县" 和 "乡财县管乡用" 改革试点的推广[①]，县级政府收入份额上升较快。乡级政府的收入份额呈现缓慢下降的趋势，从 1996 年最高点 10% 下降到 2019 年的不到 5%。

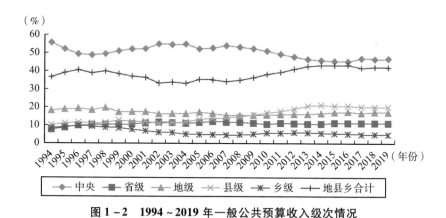

图 1-2 1994～2019 年一般公共预算收入级次情况

资料来源：《地方财政研究》2020 年第 11 期。

---

① 《国务院关于 2005 年深化农村税费改革试点工作的通知》："积极推行和完善 '省直管县' 财政管理体制改革和 '乡财县管乡用' 财政管理方式改革。"

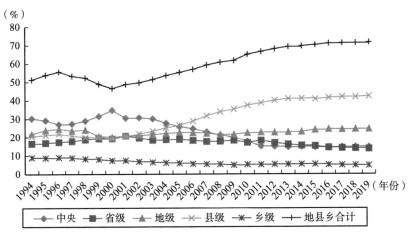

图 1 - 3　1994～2019 年一般公共预算支出级次情况

资料来源：《地方财政研究》2021 年第 6 期。

从地级市全市口径看，即将地级市、县和乡作为一个整体，地级市在一般公共财政收入中的份额先降后升。从 1998 年的约 40% 降至 2007 年的约 34%，之后回升到近几年的 42%～43%，接近并略低于中央所占收入份额。

从支出看，分税制后我国各级政府支出总体呈现"支出责任层层下移"的趋势。如图 1 - 3 所示，最典型的是中央政府在一般公共预算支出中的占比，从 1994 年的 30% 下降到 2019 年的 15%，下降了 15 个百分点。省级政府支出占比"先升后降"，从 1994 年的 17% 上升到 2001 年的 21%，之后一路下降，2019 年为 14%，与中央政府占比相当。地级政府支出在 2000 年后呈现缓慢上升，2019 年为 25%，高于省级支出占比。县级政府支出占比在 2000 年为 19%，之后快速上升，2019 年为 42%，远高于省级和地级。乡级政府支出则在 1994 年后持续下降，2019 年占比仅为约 5%。

从地级市全市口径看，地级市在支出中的占比呈现先降后升的趋势，从 1996 年的约 56% 降低至 2000 年的约 47%，之后上升至近年来的约 72%。

从财政收支的平衡程度看，省级以下各级地方政府中，县级政府的收支不平衡程度最大，其次是地级市。省级和乡级的财政收支平衡程度相对较高。从地级市全市口径看，地级市获得约 40% 的收入份额，而承担了约 70% 的支出责任。换句话说，地级市是支出责任的主要承担者，同时对于转移支付的依赖程度也较高。

1.4.2 地级市的财政事权与支出责任

1. 财政事权划分

根据各级政府财政支出的分配原则，各级政府的财政事权划分应当根据具体公共服务的受益范围、空间外部性、规模经济以及行政和遵从成本来进行（Shah，2015）。受益范围越小，空间外部性越小，规模经济效应越弱，行政成本越低的公共服务通常由较低层级的政府承担。

在我国，财政事权的划分仍在不断调整和完善中。根据近年来中央关于中央与地方财政事权和支出责任划分的文件①，可以明确的是省级政府主要承担保持区域内经济社会稳定、促进经济协调发展、推进区域内基本公共服务均等化等方面的职责。包括市县在内的基层政府则承担本地区的基本公共服务。参照国办发《基

---

① 《关于推进中央与地方财政事权和支出责任划分改革的指导意见》；《基本公共服务领域中央与地方共同财政事权和支出责任划分改革方案》；《关于进一步推进省以下财政体制改革工作的指导意见》。

本公共服务领域中央与地方共同财政事权和支出责任划分改革方案》中提出的中央与地方在基本公共服务领域的共同财政事权，各省份也制定了相应基本公共服务的财政事权和支出责任在省以下各级政府间的划分方法。表 1－1 中列出了省与市县财政事权方面的主要内容。

表 1－1　　　　　　　省与市县的财政事权划分

政府层级	财政事权
省级政府	◇ 本级行政机关经费； ◇ 适度强化教育、科技研发、企业职工基本养老保险、城乡居民基本医疗保险、粮食安全、跨市县重大基础设施规划建设、重点区域（流域）生态环境保护与治理、国土空间规划及用途管制、防范和督促化解地方政府债务风险等方面的省级财政事权
市县基层政府	◇ 本级行政机关经费； ◇ 主要承担社会治安、市政交通、城乡建设、农村公路、公共设施管理等基本公共服务职能
共担财政事权	◇ 重大基本公共服务事项：义务教育、学生资助、基本就业服务、基本养老保险、基本医疗保障、基本卫生计生、基本生活救助、基本住房保障

2. 支出责任划分

支出责任划分是在事权划分基础上形成的。由于支出责任可以在各级政府之间转移，例如上级政府可以在不改变事权划分的前提下，将部分支出责任以及相应的资金转移给下级政府，这就造成了支出责任与事权之间的不对应。实际中，我国各级政府之间长期存在支出责任下移的现象，其中很多下移的支出责任并没有相应的资金支持，或者支持不足，造成了较低层级政府的财政压力。

　　为了更为清晰地展示省级与地级市的支出责任划分，现以2019年江苏省和南京市财政决算数据为例，对省与地级市、地级市与区之间的支出责任划分进行分析。江苏省在2007年正式开始实行省直管县财政管理体制改革①，由省财政直管13个市和52个县（市）。南京市在2013年完成下辖县的"撤县设区"，目前下辖11个市辖区。选择江苏省南京市作为案例的理由，一是政府间财政关系相对清晰简单，二是能够清晰展示市与省和区之间的财政关系。

　　（1）省与市县的支出责任划分

　　这里用全省支出减去省本级支出来代表市县一级的总支出。从一般公共预算各项支出看，省本级和市县在支出科目上完全一致，反映出省与市县在支出责任上的高度同质化。在省本级与市县的支出责任比例分配上，市县在大多数支出科目上都承担较高的支出责任。其中，地级市承担支出比例最高的五项支出依次为城乡社区支出（99.9%）、金融支出（98.2%）、资源勘探工业信息等支出（96.6%）、商业服务业等支出（96.4%）以及卫生健康支出（95.5%）。地级市承担支出比例相对最低的五项支出依次为其他支出（52.6%）、债务发行费用支出（54.2%）、粮油物资储备支出（68.3%）、援助其他地区支出（70.5%）、交通运输支出（77.5%），如图1-4所示。

　　政府性基金预算上，根据2019年财政部制定的政府收支分类科目，全国共有38项政府性基金。其中，一些政府性基金项目支出由省或市县专享，其他则由省或市县共同承担。2019年江苏省

---

　　①　见《省政府关于实行省直管县财政管理体制改革的通知》。

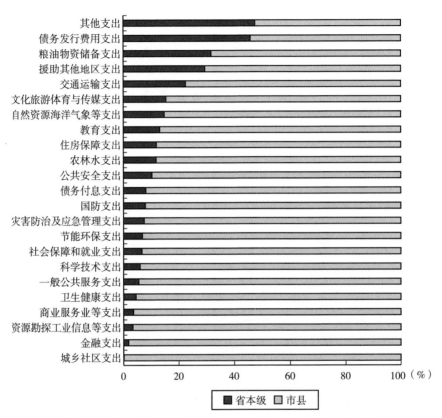

图1-4 2019年江苏省省本级与市县一般财政预算支出比例

资料来源：2019年江苏省财政决算（https：//www.jszwfw.gov.cn/yjsgk/list.do）。

全省共安排23项政府性基金支出，其中5项为地方安排支出的中央级政府性基金（见表1-2中标注＊号的项目）。按照省与市县在这些支出科目中的比例可以分为三类：省级支出、市县级支出、共担支出（见表1-2）。在市县级政府性基金支出中，国有土地使用权出让和国有土地收益基金以及对应专项债务的支出占比高达85％。由于这两项支出在绝对数额上远大于其他政府性基金，且全部作为市县级支出，因此，从政府性基金支出总量看，99％的政府性基金支出由地级市及以下政府承担。

表 1-2　江苏省 2019 年省级与地级市及以下政府性基金支出科目

类型	科目数量	科目名称
省级	1	核电站乏燃料处理处置基金支出*
市县级	13	旅游发展基金支出*、大中型水库移民后期扶持基金支出*、小型水库移民扶助基金安排的支出、国有土地使用权出让收入及对应专项债务收入安排的支出、国有土地收益基金及对应专项债务收入安排的支出、农业土地开发资金安排的支出、城市基础设施配套费安排的支出、污水处理费安排的支出、土地储备专项债券收入安排的支出、棚户区改造专项债券收入安排的支出、污水处理费对应专项债务收入安排的支出、国家重大水利工程建设基金安排的支出*、港口建设费安排的支出
共担支出	9	国家电影事业发展专项资金安排支出、车辆通行费安排的支出、民航发展基金支出*、政府收费公路专项债券收入安排的支出、其他政府性基金及对应专项债务收入安排的支出、彩票发行销售机构业务费安排的支出、彩票公益金安排的支出、地方政府专项债务付息支出、地方政府专项债务发行费用支出

注：*表示中央级政府性基金下拨给地方使用。
资料来源：2019 年江苏省财政决算（https://www.jszwfw.gov.cn/yjsgk/list.do）。

国有资本经营预算支出方面，2019 年江苏省国有资本经营预算支出总量中，市县级支出占比 85%。市县在金融国有资本经营预算支出、国有企业政策性补贴以及国有企业资本金注入三项占比较高，如图 1-5 所示。

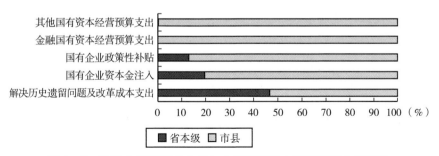

图1-5　2019年江苏省省本级与市县国有资本经营预算支出份额

资料来源：2019年江苏省财政决算（https：//www.jszwfw.gov.cn/yjsgk/list.do）。

　　社保基金预算支出方面，2019年江苏省约95%的社保基金支出由市县政府承担。省本级只负责本级企业和机关事业人员的养老保险和工伤保险支出，如图1-6所示。未来，随着企业职工基本养老保险基金以省为单位实施"统收统支"，省级政府将承担企业职工养老保险全部的支出责任。

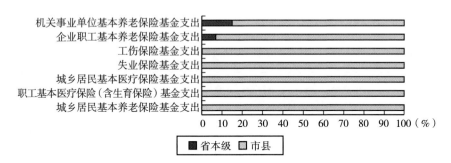

图1-6　2019年江苏省省本级与市县社保基金预算支出份额

资料来源：2019年江苏省财政决算（https：//www.jszwfw.gov.cn/yjsgk/list.do）。

　　（2）地级市与区的支出责任划分

　　以2019年南京市为例进行说明地级市与区之间的支出责任划分。从一般公共预算支出总额看，市本级与区的支出比例约为3:7，区承担的支出责任更高。具体支出项目上，市本级在国防支出、公共安全支出、金融支出、交通运输支出、文化旅游体育与传媒支出中的支出份额超过50%，其余支出项目的份额均低于50%。如图1-7所示。

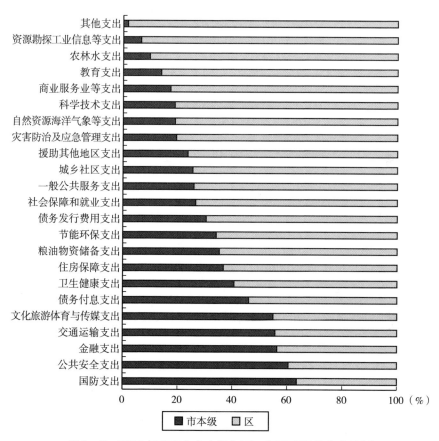

图1-7　2019年南京市市本级与区一般财政预算支出比例

资料来源：2019年南京市政府财政决算（https：//www.jszwfw.gov.cn/yjsgk/list.do）。

政府性基金支出方面，市本级与区级在支出总量中的份额大约为3∶7。具体项目上，收入规模占比最大的国有土地使用权出让收入对应的支出70%在区一级政府（见表1-3）。

表 1 - 3   2019 年南京市市本级与区级政府性基金支出科目

类型	科目数量	科目名称
市本级	4	车辆通行费安排的支出、港口建设费安排的支出、政府收费公路专项债券收入安排的支出
区级	6	国家电影事业发展专项资金安排的支出、大中型水库移民后期扶持基金支出＊、小型水库移民扶助基金安排的支出、农业土地开发资金安排的支出、土地储备专项债券收入安排的支出、棚户区改造专项债券收入安排的支出
共担支出	10	旅游发展基金支出＊、污水处理费安排的支出、彩票公益金安排的支出、彩票发行销售机构业务费安排的支出、地方政府专项债务付息支出、城市基础设施配套费安排的支出、国有土地收益基金及对应专项债务收入安排的支出、其他政府性基金及对应专项债务收入安排的支出、国有土地使用权出让收入及对应专项债务收入安排的支出、地方政府专项债务发行费用支出

注：＊表示中央级政府性基金下拨给地方使用。
资料来源：2019 年南京市政府财政决算（https：//www. jszwfw. gov. cn/yjsgk/list. do）。

国有资本经营预算支出方面，2019 年南京市国有资本经营预算支出总量中，市本级与区级的支出比重约为 8：2，支出责任主体在市本级。社保基金预算支出方面，除城乡居民基本养老保险外，南京市其余各项社保基金都市级进行统筹，因此主体支出责任在市本级。

1.4.3 地级市的财政收入相关权力与财政收入

1. 财政收入相关权力划分

在国际经验比较中，通常将财政收入相关权力划分为税收（费）立法权、税率（费）制定权、税收（费）配置权、税收（费）征管权（Shah，2015）。我国财政收入中，除了税收收入外，非税收入也是重要的部分。因此，财政收入相关权力的划分还涉及非税收入相关权力的划分。整体而言，我国财政收入权力主要集中在中央政府一级，少量归省及省以下政府。地级市除了拥有少量政府性基金征收和使用相关权力外，在财政收入上的自主权十分有限。

立法权方面，税收立法权归中央政府，省和省以下地方政府并没有税收立法权。非税收入的设立权主要在中央和省级政府。税率的制定权方面，我国在税收立法中规定税种的税率，因此中央拥有税率的制定权。个别税种赋予省级政府一定的税率调整权力和税收减免权力，如契税、资源税。税收配置权方面，中央对于中央和省的税种划分以及税收收入划分进行规定，省以下则由省级政府来制定税种和收入的划分方法。税收征管权方面，随着2018年国家税务局和地方税务局的合并，税收征管权上收至中央政府，地方政府不再拥有税收征管权。

除了税收收入外，非税收入也是我国政府重要的财政收入来源。非税收入包括：一般公共预算中的非税收入、政府性基金收入以及国有资本经营预算收入。根据2016年《政府非税收入管理办法》，非税收入按照"分类分级"的方式进行管理。非税收入的设立或审批权主要由中央或省级政府拥有。地级市在中央和省制定的相关规定指导下，负责属于地级市一级的非税收入的征收和管理。从非税收入的规模看，国有土地使用权出让相关的政府性基金收入是地方政府最重要的非税收入来源。

近年来，随着政府财政收入征管的不断规范，非税收入征管权力也在不断向中央转移。通过国地税的合并，税务部门对各项政府收入的征管范围也在增加，例如2021年开始土地出让金等四项非税收入划转至税务部门征收①。这些调整在规范政府收入的同时，也弱化了包括地级市在内的地方政府在非税收入领域的征管权力。

---

① 财政部 自然资源部 国家税务总局 人民银行《关于将国有土地使用权出让收入、矿产资源专项收入、海域使用金、无居民海岛使用金四项政府非税收入划转税务部门征收有关问题的通知》。

2. 财政收入划分

在我国政府预算包括四项相对独立的预算，即一般公共预算、政府性基金预算、国有资本经营预算和社保基金预算。其中，一般公共预算规模最大，以税收收入为主；其次为政府性基金预算，以国有土地使用权出让收入为主；国有资本经营预算规模较小，以国有企业上缴利润为主；社保基金预算包括五种社会保险的收入。

在财政收入划分上，比较复杂的是一般公共预算中税收收入在各层级政府间的划分。除税收外的其他财政收入（以政府性收费为主）在政府层级间的归属和划分相对清晰。其中，政府性基金预算收支主要根据各项基金所属的政府层级来确定，国有资本经营预算则按照国有企业归属政府层级来划分，社会保险基金预算则按照各个社保基金的统筹层次来建立。

在税收收入划分方面，分税制改革以来，中央和省在税种和税收收入划分上已经建立了比较稳定的制度。相比于中央与地方建立的统一的税收收入划分体制，省以下各层级政府之间收入划分方式更为多样。

在省与市县的税收划分上，大多数省选择按税种分税的方式，将税收收入相对稳定、规模较大的税种按比例进行共享，如增值税、企业所得税、个人所得税、城镇土地使用税、资源税等，划分比例主要有"五五""四六""三七"等，多数省级分享比例略低于市县分享比例，体现财力向下倾斜原则（李萍，2010）。在按税种进行收入分成的基础上，各省还配合以"增量分成""总额分成""定额上解"等方式，以及按照企业隶属关系来划分税收收入。

在市县之间的税收划分上，按照"属地原则"进行税收收入划分是比较普遍的做法。非税收入划分主要按照非税收入的设立层级以及属地原则进行划分。

在市本级与市辖区的税收划分上，各税种税收收入分享的主体在市辖区一级。市辖区通过财力上解将税收收入上解至市级,用于市级公共服务以及平衡市辖区之间的财力差异。

以山东省为例,省与市县的收入划分模式包括:按税种进行划分、按税种进行收入分成、体制上解、增量分成以及增量递增上解等。表1-4梳理了山东省省以下各级政府税收收入划分情况。省级政府的固定收入主要包括跨区域经营的特殊企业税收,如石油、电力、高速公路、铁路等,其余税种均为市县级收入或省与市县共享收入。市县级专享收入主要是房地产相关的税种,例如房产税、城镇土地使用税、土地增值税、契税、印花税、耕地占用税等,按照属地原则在市与县之间进行划分。增值税、企业所得税、个人所得税等主体税种,在省与市县之间按比例进行共享。此外,2019年后,省还要对市县一级各税种收入增额按照2∶8(省∶市县)的比例进行分成[①]。对于作为计划单列市的青岛市,山东省也规定按照定额上解和增幅上解的方式集中其财力,用于全省区域协调发展。

表1-4   山东省省级与市县的税收收入划分

政府层级	专享收入	共享收入	增量分成	计划单列市上解
省级	跨区域经营的特殊企业税收,如石油、电力、高速公路、铁路等	增值税、企业所得税、个人所得税等主体税种	市县一级各税种收入增额的20%	对青岛市按照定额上解和增幅上解的方式集中其财力
市县	房地产相关的税种,按照属地原则进行划分		市县一级各税种收入增额的80%	

资料来源:山东省人民政府《关于深化省以下财政管理体制改革的实施意见》;山东省人民政府办公厅《关于进一步完善省以下财政管理体制有关问题的通知》。

[①] 山东省人民政府《关于深化省以下财政管理体制改革的实施意见》。

1.4.4 地级市的财政收支平衡与转移支付

1. 财政收支平衡

"财权上收、事权层层下移"是我国现行政府间财政关系的重要特征，这也直接导致下级政府对于上级转移支付的依赖。地级市政府在一般公共预算的收入与支出方面存在较大的不平衡（见图1-2和图1-3），对转移支付依赖较大。2015年以来，地级市本级的收支在全国一般公共预算中的占比分别为约17%和约24%，收支缺口约为7个百分点。地级市及以下政府的收支在全国一般公共财政收入的占比分别为约40%和约70%，收支缺口约为30个百分点。

2. 转移支付

现行转移支付和税收返还①制度开始于1994年分税制改革，中央与省的转移支付（含一般和专项）约占全国财政收入的30%。我国一直采用单一的纵向逐级传递式转移支付模式（马海涛等，2010），转移支付和税收返还主要发生在相邻的两个政府层级之间。对于地级市，一方面从省政府获得转移支付和税收返还，另一方面对下辖区县进行转移支付和税收返还。在转移支付和税收返还的内容上，基本上是遵循中央或省制定的管理办法。

2020年开始，为了应对疫情影响，保障地方财力，我国建立了财政资金直达机制，并在2021年建立常态化财政资金直达机制。财政资金直达机制下，中央政府的财政资金可以直达市县基层。2020

---

① 现行中央对地方税收返还包括增值税、消费税返还、所得税基数返还以及成品油价格和税费改革税收返还。从2009年起，为简化中央对地方税收返还和转移支付结构，将出口退税超基数地方负担部分专项上解等地方上解收入也纳入税收返还（冲抵返还额）。

年，财政直达资金形成的实际支出中，市县基层占比超过96%[1]。财政资金直达机制能够提高财政资金转移支付的效率和精准度，是对传统转移支付制度的重要补充。对于地级市财政，财政资金直达机制对于缓解基层财政困难具有重要意义。

1.4.5　政府债务

城市化快速发展中，城市政府承担了大量的城市建设支出责任，而常规的财政收入并不足以为城市建设提供充足的资金，因此，通过贷款、发债等方式向金融机构或资本市场进行融资就成为城市政府重要的资金来源。对于中国的城市政府，其向金融机构贷款或发行政府债券的做法一直受到严格的限制。面对城市建设巨大的资金需求，城市政府在既有制度和政策框架内形成了一系列融资渠道，例如通过地方融资平台进行贷款或举债。这种做法在为城市建设提供了资金的同时，也引发了隐性负债和债务风险问题。

目前，我国地级市政府在债务融资方面主要有三个渠道，即地方政府债券、融资平台公司和隐性债务渠道（毛捷等，2019）。长期以来我国法律上禁止包括地级市在内的省以下地方政府借债和发债。为了解决城市建设投融资问题，城市政府通过成立融资平台公司，建立了以土地作为抵押为基础设施建设进行融资的模式。2008年全球金融危机后，融资平台公司成为城市政府最重要的融资来源。2015年出台的新预算法要求融资平台公司债务与地方政府债务进行剥离。由此，城市政府通过以土地为抵押，通过融资平台公司为基础设施建设融资的模式开始转型。由于城市政府融资需求的存在，一部分融资平

---

[1]　常态化财政资金直达机制国务院政策例行吹风会文字实录（2021年5月21日）（http：//www.mof.gov.cn/zhengwuxinxi/caizhengxinwen/202105/t20210521_3706545.html）。

台公司借助政府与社会资本合作（PPP）和政府投资基金的信托投融资模式进行不规范甚至违法违规举债（毛捷等，2019），城市政府隐性债务问题开始凸显。

地方政府债券是最为规范的债务融资手段，也是地级市政府继融资平台之后最主要的融资方式。我国在 2009 年[①]开始允许地方政府直接举借债务，方法是"代发代还"，即财政部代理各省发行政府债券，并代办各省还本付息业务。中央代发的地方政府债券统一纳入地方政府公共预算统筹使用。2015 年新预算法实施后，省级政府可以在中央规定的限额内"自发自还"地方政府债券。省级政府每年通过发债获得资金后，按照事先确定的各市县债务额度，通过转贷的方式将发债获得的资金转移给市县政府，市县政府承担相应的偿还责任。这一时期，地方政府债券分为一般性债券和专项债券两类，分别对应不同的融资需求和类型，且分别纳入一般公共预算和政府性基金预算进行管理。图 1 – 8 为 2016 ~ 2021 年地方政府一般债务余额和专项债务余额的变化情况。

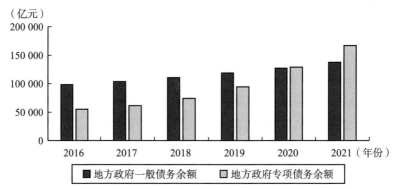

图 1 – 8　2016 ~ 2021 年地方政府一般债务余额和专项债务余额的变化情况

资料来源：全国财政决算（2016 ~ 2021）（http：//yss. mof. gov. cn）。

---

① 见财政部《2009 年地方政府债券预算管理办法》。

1.5　我国城市财政存在的主要问题

1.5.1　城市财政收支压力较大

　　分税制后，我国财政体制整体呈现"财权上收，支出责任下放"的状态，城市政府也不例外。目前分税制体制下，多级财政分享税制中所有主体税种，甚至出现一个主体税种在中央、省、市、县、乡五级财政之间共同分享的情况。在这种体制下，下级财政财力增长空间很小，市县一级基层财政只能享受按分成比例分配的经济增长所带来的财力增长部分（王朝才等，2008）。土地和住房相关的一些税种，其税收收入的主体归城市政府。这些税收近年来收入增幅很快，但总体来讲收入规模有限。支出方面，城市作为经济和人口实际的聚集地，需要大量资金用于城市建设。除了承担自身的公共服务支出责任之外，城市政府还要承担上级政府以各种形式委托的支出责任。从近几年市、县、乡三级政府收支合计占全国一般公共财政收支的比重看，收支缺口约为30个百分点。尽管上级转移支付在数量上弥补了城市财政的收支缺口，但由于现行转移支付制度存在着诸如转移支付结构不合理、分配方式不够科学、无法反映基本公共服务成本差异、财政均等化功能欠缺等问题，使得转移支付难以有效满足城市政府的需求。正因如此，城市政府在税收、收费、转移支付等收入渠道外，还逐渐形成了对土地财政以及相关债务的依赖，加剧了城市财政的不可持续性。

1.5.2 城市财政自主性较低

现行财政体制下，城市在财政领域基本处于"被动接受"的状态。税收（包括收费）的立法权在中央政府，省以下的税收划分和收入归属由省级政府统一规定，城市政府只能够在上级政府确定的财政收入框架内取得财政收入，难以适应不同城市的不同经济结构和特征，不利于城市财政充分调动资源。支出方面，上级政府在很多公共服务领域制定了支出标准。这些支出标准有一些是有上级配套资金保证的，有一些并没有足额的配套资金，需要城市来解决资金问题。这种做法在某种程度上构成了对城市政府支出自主性的一种限制。不仅如此，很多全国性的政策也会对城市财政收入和支出带来短期或长期的影响，例如近年来的减税、降费等全国性政策以及各地区对于经济发展目标的设定。这些都使得城市财政在收支决策方面更为"被动"。

在城市财政缺乏自主性的同时，城市在人口规模、经济发展程度等方面的分化加剧，城市间的财政状况差异巨大。对于人口流出、经济发展缓慢的城市，在财政收入大幅下滑的同时，城市各项支出以及地方债务的偿还方面存在刚性，使得城市面临巨大的财政压力。目前一些城市已经开始实施财政重整方案，通过压缩开支、处置政府资产等方式来努力恢复财政收支平衡。对于人口流入、经济发展快速的城市，一方面城市财政收入增加，另一方面公共服务需求也在增加。而人口大量聚集带来的基础设施、公共卫生、公共安全、基础教育等方面的支出，其增速甚至要快于财政收入的增加，造成城市财政的缺口。现行转移支付制度与户籍制度挂钩，人口流入地的城市难以获得与常住人口相匹配的转移支付，使得转移支付并不能很好地解决发达地区城市公共服务收支压力。总体而言，发达地区城市的财政压力整体较小，原因是可以从土地出让中获得收入。但长期来看，土地出让收入并不可持续，因此发达地区应对城市财政压力的做法只是短期内有效的。

城市的分化对城市财政体制的差异化和灵活性提出了迫切的要求。从目前城市财政的制度和政策看，并没有为城市政府提供足够的自主性以及多样的财政工具来应对不同的财政状况。大多数城市应对财政压力的方法都是类似的，例如通过招商引资、土地出让、债务融资等方法增加财政收入，或者通过设置公共服务享受的户籍门槛来压低财政支出等。而这些做法不仅不具有可持续性，而且不利于全国统一市场的建立，还加剧了财政风险的积累。

1.5.3 基础设施建设等领域融资易引发债务风险

城市基础设施融资是城市财政中非常重要的方面。从国际经验看，基础设施资金的主体来自公共财政，具体融资来源包括税收、使用者收费、贷款和发债等。近年来，私人投资在基础设施融资中的作用被越来越多的关注。以政府与社会资本合作（PPP）为代表的公私合作模式也在全球得以广泛应用。在我国，基础设施融资以土地出让金和以土地作为抵押的借债融资为主要方式。这种做法以透支未来若干年土地收益为代价，可持续性较差。随着城市化快速发展阶段的结束，通过土地出让来为基础设施融资的模式势必要进行转型。政府与社会资本合作（PPP）的模式在我国也有不少应用，但由于在项目选择、收益与风险分配以及项目管理方面尚待完善，这种模式也引发了地方政府隐性债务的问题。如何为城市建设找到规范、充足、灵活、多样化的融资方式，是未来城市财政亟待解决的问题。

1.5.4 现行城市财政体制不适应城市群和大都市圈的发展

随着城市化的推进，一些城市在空间上发生融合，行政边界的概念日益模糊，经济和社会生活的一体化程度不断加深，形成城市群和大都市圈。这也对城市财政提出了新的挑战。在国际经验上，城市作为人口和经济的聚集地，不仅边界相对灵活，在财政权力上也有很大的自由度，例如几个城市自发进行城市合并，形成一个城市；在空间上相连的城市之间可以自发建立"特殊目的政府"，负责跨城市的特定公共产品或服务的提供，并有相应的税收权力等。在中国，城市财政在很大程度上受到行政区划的影响，使得城市之间在公共服务和公共产品提供以及税收方面难以互相协调和协作，不利于城市群和大都市圈中城市之间的合作。

1.6 我国城市财政体制改革的发展方向

1.6.1 完善省以下财政体制，合理划分各级政府支出责任，建立地方税体系

2022年，国务院办公厅发布的《关于进一步推进省以下财政体制改革工作的指导意见》中提出，要进一步理顺省以下政府间财政关系，建立健全权责配置更为合理、收入划分更加规范、财力分布相对均衡、基层保障更加有力的省以下财政体制。这也是对我国省以下

财政体系改革目标和方向的再一次强调和细化。

城市财政的功能定位上，未来市与县都作为基层政府，在财政关系上将更为平等。城市财政未来将进一步聚焦于城市辖区内的发展，提供符合城市需求的公共服务。事权和支出责任方面，随着基本公共服务支出责任在各级政府间的明确、养老保险全国统筹等改革的推进，未来城市政府的事权划分将会更加合理，事权和支出责任的对应性将进一步加强。

税收方面，未来应当为城市政府建立稳定、可持续的税收收入来源。在增值税收入共享的基础上，为城市政府建立稳定、可持续的自有税收体系。推进房地产税的立法与改革，完善房地产相关的税收制度。推进消费税征收环节向批发和零售转移，拓展城市税收收入来源。

1.6.2　赋予城市政府更大的财政自主性和政策选择空间

在为城市政府建立稳定、可持续的收入体系的同时，应当在一定范围内赋予城市政府更大的财政自主权，例如地方税种的税率调整权，推进房地产税改革，使得城市政府能够充分调动财政资源，更好地满足公共服务支出需求。近年来，城市在公共安全、公共卫生、环境变化以及基础设施维护与更新等领域面临许多新挑战，而且不同城市所面临的挑战可能完全不同。在应对上述挑战的过程中，不仅需要上级政府的支持，更需要在包括税收、支出以及融资方面赋予城市政府更大的财政自主性和政策空间，以灵活应对财政收支结构的变化以及突发状况。

1.6.3 基于土地增值回收理念，促进城市政府基础设施融资可持续

基础设施融资是城市财政的重要议题。基础设施对于资金的需求量大、周期长，因此除了税收收入外，使用者收费、贷款、发债、权益投资等都是重要的融资渠道，可为不同类型的基础设施项目提供资金支持。近年来，中央政府在加强对地方政府融资的监管的同时，也在为地方政府提供一系列规范的融资渠道，满足地方政府融资需求。

在融资渠道拓宽的同时，城市政府应当对于自身可以用于基础设施融资的资源进行梳理并加以充分利用。城市可以调动的资源主要是与土地和住房相关的收入，包括房地产税、国有土地使用权出让相关收入等。充分、合理地利用土地资产实现基础设施可持续融资，是未来城市财政的发展方向之一。

现行的基于土地出让的融资模式的可持续性较差，未来应当考虑改革现行土地出让制度，在一次性收取的土地出让金基础上，增加每年基于土地价值的年地租。同时配合房地产税改革，建立土地出让金、年地租和房地产税"三位一体"的土地收入体系，为城市政府提供可持续的土地收入来源。

从国际经验看，利用土地增值回收的理念和政策工具为基础设施融资的做法正在全球广泛推广。土地增值回收理念认为，公共投入会带来土地增值，这部分土地增值应当通过适当的政策工具进行回收，为公共投入提供可持续的资金。相比于借债等融资模式，利用土地增值回收为基础设施融资能够更好地将基础设施的"受益"与"融资"进行对应，兼顾公平与效率。土地增值回收的政策工具

十分多样，包括：基于税收的工具，如房地产税和税收增额融资（TIFs）；基于土地发展权交易的工具，如建筑权收费、容积率转移等；基于开发责任的工具，如基础设施收费、影响费、公共设施配建等。上述土地增值回收工具需要财政与规划、土地、建筑等部门的紧密合作，促进土地增值的实现以及土地增值回收的顺利进行。在土地增值回收的政策工具中，一些政策工具如公共设施配建，是以私人部门提供公共产品的方式进行，并不需要城市政府在财政中列支。尽管不需要城市政府实际支付资金，但是城市政府发挥了组织公共产品生产的职能，这也是公共财政的职能之一。我国城市政府也应当考虑引入土地增值回收理念，根据实际情况建立一系列政策工具，为基础设施融资提供支持。

1.6.4　构建基础设施资产管理、资本预算、债务管理有效衔接的城市财政治理框架

基础设施融资有三个特点：一是投资规模大；二是资金支付集中在项目前期；三是投资回收周期长（DEEP，2022）。上述特点决定债务融资是城市政府基础设施建设的重要融资渠道。目前，城市债务风险问题主要集中在基础设施建设领域。

近年来，我国对城市政府债务的管理制度不断完善。但仅有债务管理制度还远远不够，城市政府还需要建立完善的基础设施资产管理体系。基础设施资产管理体系能够帮助城市政府充分考虑基础设施资产使用损耗的价值和维护所需的成本，运用"成本—收益最大化"理念来制定新建基础设施和维护现有基础设施的投融资决策（刘志，2023）。通过建立基础设施资产管理体系，可以使得资本市场中资金供求双方能够对基础设施项目的投融资决策、建设与维护成本、收益

及收益周期等有充分的了解，从而能够充分利用资金，有效控制风险。

在基础设施资产管理体系基础上，城市政府在预算方面应建立资本预算制度，将经常性收支与资本性收支进行区分，从而更加清晰地反映基础设施融资收入和相关支出的情况。

1.6.5 促进城市中期财政规划与近期建设规划的协同

目前，我国在包括年度投资资金安排、债务融资计划在内的城市财政预算与包括国民经济和社会发展五年规划和城市总体规划在内的城市建设规划缺乏有效衔接，导致规划、财政与项目投融资决策脱节，公共设施项目投资随意性较强（刘志，2023），不利于城市财政的可持续以及城市债务风险的管理。

我国从 2013 年开始探索建立跨年度预算平衡机制。2015 年《国务院关于实行中期财政规划管理的意见》明确部署逐步推进中期预算改革。大部分省份于 2016 年开始编制三年中期财政规划，并向市县延伸（闫坤等，2021）。从实践情况看，中期财政规划在准确性、有效性、精细程度等方面仍存在很多问题。

我国城市政府编制中期财政规划时除了关注科学性、准确性等方面外，还应注重中期财政规划与城市建设规划的协调配合。可以考虑将目前三年滚动规划延长为五年滚动规划，与城市近期（五年）建设规划和上述基本建设资金计划衔接。还可以借鉴国际经验，在城市规划和现状分析基础上制定城市公共设施优先发展计划，编制"基本建设资金计划"（类似于投资改善计划）和"中期财政和融资规划"（刘志，2023）。这样也可以有效地将财政资金与城市规划相衔接。

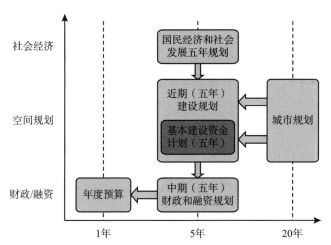

图 1 - 9　中期建设和财政规划流程示意（刘志，2023）

资料来源：刘志. 城市规划与财政关系初探 ［J］. 国际城市规划，2023（1）.

第二章

我国城市财政收入总体状况

2.1 财政收入规模

2.1.1 一般公共预算收入占 GDP 的比重

　　财政收入是衡量一国政府财力的重要指标，政府在社会经济活动中提供公共产品和服务的范围和数量，在很大程度上取决于财政收入的充裕状况。作为公共事务的主要执行者，地方财政收入水平对于一个地区的公共设施建设具有重要的意义。为了衡量地方政府财政资金的筹集能力，本书以地级市全市为口径构建了城市一般预算收入占 GDP 的比重这一指标。如图 2 - 1 所示，上海（18.78%）、天津（17.09%）、北京（16.45%）排名前三，新疆（11.18%）、海南（10.98%）和浙江（10.06%）的城市一般公共预算收入占 GDP 的比重处于 10% 以上。辽宁（9.69%）、山西（9.47%）、江西（9.15%）等其他 25 个省份城市一般公共预算收入占 GDP 的比重均低于 10%。

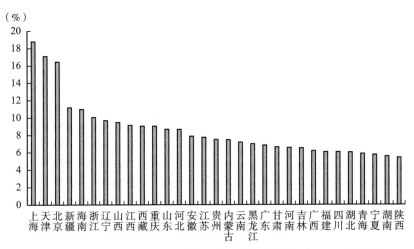

图 2 - 1　2019 年（分省份）城市一般公共预算收入占 GDP 的比重

从地区层面来看，图 2 - 2 对比了 2016～2019 年东北地区、东部地区、西部地区和中部地区城市一般公共预算收入占 GDP 比重的发展趋势。如图所示，中部地区和西部西区城市的一般公共

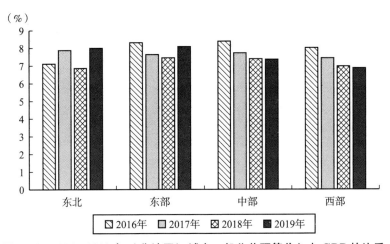

图 2 - 2　2016～2019 年（分地区）城市一般公共预算收入占 GDP 的比重

预算收入占 GDP 的比重持续下降，这一结果表明财政支撑社会经济发展的压力仍然较大。东北三省和东部地区城市的一般公共预算收入占 GDP 的比重分别在 7.5% 和 8% 的水平上下波动，财政稳定性有待提升。

2.1.2 人均一般公共预算收入

人均一般预算收入反映了人均可获得的一般预算资源，本书分别根据年末户籍人口和年均常住人口构建了人均一般公共预算收入这一指标（以下说明以户籍人口计算的指标为主要依据）。图 2-3 和图 2-4 显示了各省份城市人均一般公共预算的平均水平。如图所示，上海和北京的人均一般公共预算收入远高于其他省份，分别为 48 775.35 元和 41 639.94 元。这两个城市的居民不仅创造了高水平的经济价值，也为政府创造了大量的财政资金。天津（21 753.18 元）、新疆（17 739.07 元）、浙江（12 453.92 元）、江苏（11 138.82 元）、广东（10 131.85 元）5 个省的城市人均一般公共预算收入均在 10 000 元以上；海南、内蒙古、福建、山东、重庆、西藏、辽宁 7 个省份的城市人均一般公共预算收入处于 5 000~10 000 元之间；其他省份的城市人均一般公共预算收入规模处于落后水平，均不足 5 000 元。可见提高这些地区的财政资金筹集能力离不开经济发展以及中央政府的财政支持。另外，各省份城市之间城市人均一般公共预算收入的差异颇大，吉林为 2 451.56 元，仅为上海的 1/20，区域间发展不均衡显而易见。

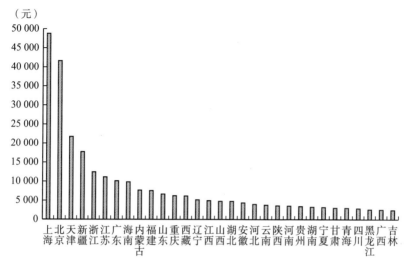

图 2-3　2019 年（分省份）城市人均一般公共预算收入（户籍）

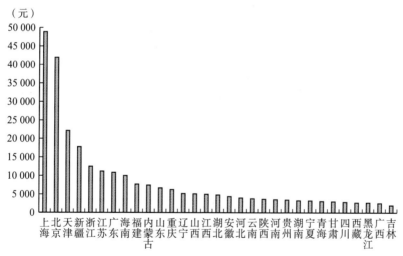

图 2-4　2019 年（分省份）城市人均一般公共预算收入（常住）

从地区人均一般公共预算收入规模来看，图 2-5 和图 2-6 显示了 2016～2019 年东北、东部、西部、中部地区人均一般公共预算收入规模的变化趋势。如图所示，东北三省和西部地区城市的人均一般公共预算收入规模整体上呈现逐年上涨的趋势，说明国家大力推行的

"东北振兴计划""西部大开发计划"等一系列发展计划发挥了作用，在带动经济发展的同时，也为地方政府积累了财源。东部地区的城市人均财政收入贡献度高，平均水平高于 8 000 元，且呈波动上涨的趋势。中部地区城市的人均一般公共预算收入稳定在 4 300 元左右，平均水平略高于东北地区和西部地区。

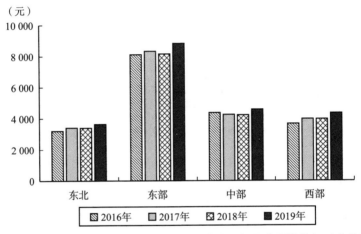

图 2-5　2016～2019 年（分地区）城市人均一般公共预算收入（户籍）

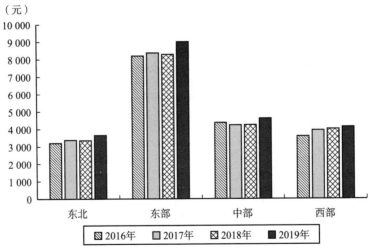

图 2-6　2016～2019 年（分地区）城市人均一般公共预算收入（常住）

2.1.3　一般公共预算收入的结构

（1）税收收入占一般公共预算收入的比重

税收收入是指国家按照预定标准，向经济组织和居民无偿地征收实物或货币所取得的一种财政收入。税收收入具有强制性、无偿性和固定性，能够为地方政府提供稳定的资金来源。除此之外，税收对社会经济具有重要的调节作用。当前我国已经设立了增值税、消费税、企业所得税、个人所得税等 18 个税种，其中以流转税和所得税为主体。本书构建了税收收入占一般公共预算收入的比重以及企业宏观税负这两个指标。其中，企业宏观税负 = 税收收入/地区生产总值 × 100%。图 2-7 显示了各省份城市平均税收收入占城市一般公共预算收入比重的情况，其中，内蒙古（90.62%）、河北（90.26%）、上海（86.76%）、北京（82.91%）、浙江（82.04%）、江苏（82.02%）

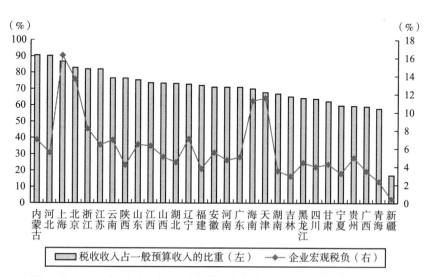

图 2-7　2019 年（分省份）城市税收收入占一般公共预算收入的比重

等6个省份的税收收入占比较高，均处于80%以上，财政收入的稳定性较强。云南（76.63%）、陕西（76.55%）等12个省份的税收收入占比处于70%~80%。天津（67.8%）、湖南（67%）等11个省份的税收收入占比处于57%~70%，财政收入稳定性较弱。而新疆的税收收入占比不足20%，财政资金收入来源的规范性仍有较大提升空间。

从城市税收收入占一般公共预算收入的地区分布来看（如图2-8所示），东部地区城市税收收入占一般公共预算收入的比重最高，收入的稳定性更高。这与流转税税制背景下东部地区企业数量更多有关，同时也与东部地区个人收入较高有关。其中，居前的主要有上海、北京、江苏等省份。中部地区和东北地区次之，西部地区最低。这与当前西部地区的经济发展水平密切相关。

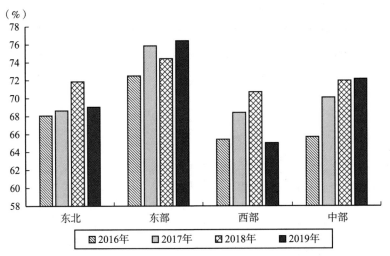

图2-8 2016~2019年（分地区）城市税收收入占一般公共预算收入的比重

从各省份城市的宏观税负水平来看，上海（16.29%）、北京（13.64%）、天津（11.59%）等省份的宏观税负水平高，主要分布在东部地区。表明东部地区政府的税收收入较高，财政能力强，但应注意征税行为所导致的经济效率损失是否大于所带来的收益。陕西

（4.2%）、宁夏（3.29%）、青海（2.38%）以及新疆（0.44%）等中西部省份城市的宏观税负水平较低，政府可支配的税收收入较为有限，应通过不断改善投资环境、降低投资成本、提高投资收益率来吸引资本，实现经济发展，从而创造更多的税源。

（2）非税收入占一般公共预算收入的比重

非税收入是指除税收以外，由各级政府、国家机关、事业单位、代行政府职能的社会团体及其他组织依法利用政府权力、政府信誉、国家资源、国有资产提供特定公共服务、准公共服务取得的财政性资金，是政府财政收入的重要组成部分。非税收入占比居高的背后是企业隐性负担的加重。非税收入虽然在缓解政府各部门经费不足上起到了一定的积极作用，但负面作用也比较突出：一是非税收入征收管理无法可依；二是加重企业生产经营负担；三是不合理的收费与基金，影响居民的真实收入水平，抑制消费能力；四是非税收入分散管理，贪污腐败不可避免，浪费流失更是严重。图 2-9 显示了 2019

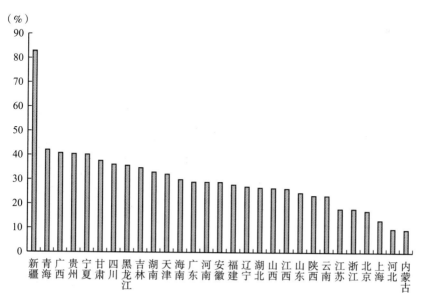

图 2-9　2019 年（分省份）城市非税收入占一般公共预算收入的比重

年各省份城市非税收入占城市一般公共预算收入比重的分布情况。如图所示，新疆（82.9%）的非税收入占比最高；青海（42.06%）、广西（40.76%）、贵州（40.39%）、宁夏（40.2%）、甘肃（37.64%）以及四川（36.13%）等22个省份非税收入占比处于20%~45%之间；江苏（17.99%）、浙江（17.96%）等6个省份的非税收入占比低于20%。

从地区分布来看（如图2-10所示），西部地区的城市非税收入占一般公共预算收入的比重最高，其原因主要有：一是经济结构仍需调整，税收收入较少；二是国有（资产）有偿使用收入、国有资本收益等贡献较多，民营经济仍有待进一步发展。东北地区和中部地区的城市非税收入占一般公共预算收入的比重次之，东部地区最低。从趋势上看，各地区城市的非税收入占一般预算收入的比重波动下降。在经济发展由速度规模型向质量效益型转变时期，各地方政府应坚决落实国家减税降费政策，严格规范非税收入管理，积极调整财政结构，努力做实做优财政收入。

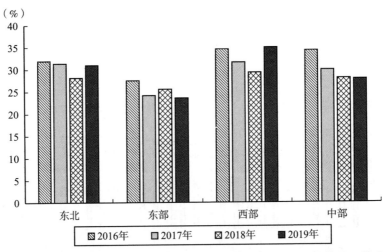

图2-10　2016~2019年（分地区）城市非税收入占一般公共预算收入的比重

（3）转移支付占一般公共预算收入的比重

转移支付是政府间的一种补助。它是以各级政府之间所存在的财政能力差异为基础，以实现各地公共服务水平的均等化为宗旨，而实行的一种财政资金转移或财政平衡制度。转移支付绝非简单的利益分配，而是从全局角度、战略高度所做的平衡和最优化布局，是中国模式优越性的集中体现。受地理区位、资源禀赋、发展基础等因素影响，东快西慢、海强陆弱的格局长期存在。1999 年国家开始陆续实施"西部大开发""中部崛起""东北振兴计划"等地区性战略，中央将大部分的资源倾向性地转移到中西部地区，这其中很大一部分就是中央向地方的转移支付。如图 2 - 11 所示，浙江（20.71%）、江苏（19.49%）、北京（6.48%）等东部省份城市对转移支付的依赖度小，内蒙古（231.16%）、四川（131.24%）、山西（120.21%）等中西部省份城市对转移支付的依赖度较高。其主要原因还是发达地区财税产出充沛，而且整体发展水平要高于其他地区，所以国家下拨的各类补助就会偏少。

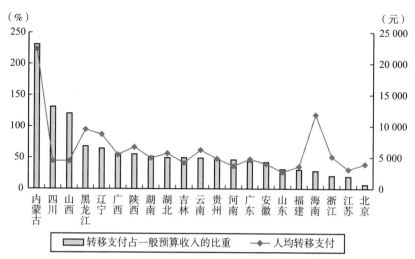

图 2 - 11　2019 年（分省份）城市转移支付占一般公共
预算收入的比重及人均转移支付

（4）增值税占税收收入的比重

增值税是以商品在流转过程中产生的增值额作为计税依据而征收的一种流转税，由国家税务局负责征收，税收收入中50%为中央财政收入，50%为地方收入。增值税征收通常包括生产、流通或消费过程中的各个环节，是基于增值额或价差为计税依据的中性税种，理论上包括农业各个产业领域（种植业、林业和畜牧业）、采矿业、制造业、建筑业、交通和商业服务业等。图2-12显示了2019年各省份城市增值税占城市税收收入的比重以及增值税税负的分布情况。其中增值税税负的计算公式为：增值税税负=增值税收入/国内生产总值×100。从增值税占税收收入的比重来看，各省份城市的增值税占税收收入的比重处于20%～50%，增值税已经成为江西（48.05%）、安徽（45.68%）、江苏（45.51%）等地区城市的主体税种。从城市增值税税负平均水平来看，各省份间存在较大的差异，北京（5.15%）、上海（7.25%）以及天津（5.16%）的增值税税负排名前三，均高达5%以上；江西（3.03%）、安徽（2.55%）、辽宁（3.03%）等11个省份的增值税税负处于2%～3.5%；福建（1.62%）、甘肃（1.82%）以及山西（2.07%）的增值税税负处于1%～2%；广西（0.98%）、吉林（0.84%）和青海（0.81%）的增值税税负不足1%。

图2-12所刻画的城市增值税占税收收入的比重以及增值税税负具有以下特点：第一，增值税在我国税制体系中占据主体地位，继续深化增值税改革既是减税降费政策的主要内容，也是完善增值税制度的重大举措；第二，各省间的城市增值税税负差异明显，其中，北京、上海、天津等经济发达的城市增值税税负水平更高，甘肃、青海等欠发达地区的城市增值税税负水平较低，反映了欠发达地区的财政资金筹集能力相对薄弱。

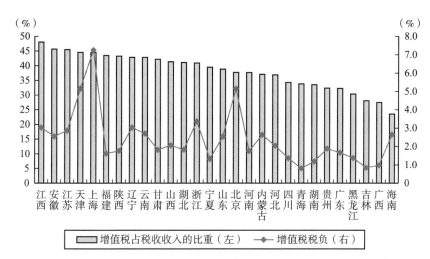

图2-12　2019年（分省份）城市增值税占税收收入的比重及增值税税负

（5）企业所得税占税收收入的比重

企业所得税是对我国境内的企业和其他取得收入的组织的生产经营所得和其他所得征收的一种所得税。图2-13显示了2019年各省份城市企业所得税占城市税收收入的平均比重以及企业所得税税负。企业所得税税收的计算公式为：企业所得税税负＝企业所得税收入/国内生产总值×100。从税收结构的角度来看，我国各省份城市的企业所得税占税收收入的比重处于5%～30%，各地区间差距颇大。其中，北京（25.47%）、上海（23.36%）的企业所得税占比高达20%以上，天津（19.82%）、海南（18.38%）等18个省份的企业所得税占税收收入的比重处于10%～20%；包括河北（9.92%）、河南（9.77%）以及湖南（9.08%）在内的8个省份的城市企业所得税占税收收入的比重不足10%。从企业所得税税负来看，各地区城市之间的差异也是十分明显的。如图所示，北京（3.47%）、上海（3.81%）、天津（2.3%）以及海南（2.07%）的企业所得税税负远高于其他省份；浙江（1.36%）、江苏（1%）、广东（0.8%）等 13 个省份的城市企业所得税税负处于 0.5%～1.5%；其他 11 个省份的城市企业所得税税负低于 0.5%。

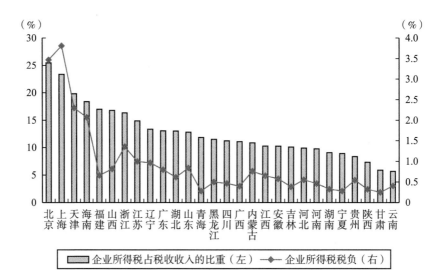

图 2-13　2019 年（分省份）城市企业所得税占税收收入的比重及企业所得税税负

注：部分省份因数据缺失并未在该图中体现，下同。

图 2-13 显示的城市企业所得税占比以及企业所得税税负具有以下特点：第一，与增值税相比，城市企业所得税占税收收入的比重低于我国的主体税种增值税；第二，各地区间的城市企业所得税税负差异明显，与增值税税负分布特点相似，北京、上海、天津等经济发达的城市企业所得税税负水平相对更高，甘肃、青海等欠发达地区的城市企业所得税税负水平较低，反映了为了吸引资本流入、实现经济发展，欠发达地区政府牺牲了一定的税收利益。

（6）个人所得税占税收收入的比重

"十四五"时期的税收改革部署中明确提出了健全直接税体系、提高直接税比重的要求，而作为直接税中的主要税种，个人所得税是改革的关键。个人所得税是我国财政收入中税收的重要组成部分，是地区经济发展的重要指标，可以衡量一个地区的民富实力以及经济发达程度。在我国现有税收体系中，个人所得税的征税范围包括：工资薪金所得、劳务报酬所得、稿酬所得、特许权使用费所得、经营所得、利息、股息、红利所得、财产租赁所得、财产转让所得、偶然所得。图 2-14 刻画了 2019 年各省份城市个人所得税占城市税收收入的比重以及人均个人所得税。从个人所得税占税收收入的比重来看，北京（11.28%）、上海（9.71%）两个直辖市的个人所得税占税收收入的比重远高于其他地区，其主要原因有北京和上海集聚了大批央企的总部以及跨国公司的总部，其分布在其他城市的员工个税也都在总部上交。天津（5.90%）、浙江（5.57%）以及福建（5.14%）等 6 个省份的城市个人所得税占税收收入的比重处于 4%~6% 之间；内蒙古（3.95%）、黑龙江（3.64%）以及海南（3.38%）等 15 个省份的城市个人所得税占税收收入的比重处于 2%~4% 之间；甘肃（1.99%）、山西（1.86%）、云南（1.69%）、安徽（1.67%）以及江西（1.47%）的城市个人所得税占税收收入的比重不足 2%。从人均个人占比来看，北京（3 923.32 元）和上海（4 118.01 元）的人均个人所得税同样处于最高水平，除了企业分布的因素外，北京和上海的服务业最为发达，集聚了大量高收入群体。天津、浙江、江苏、广东以及海南的城市人均个人所得税分别为 887.46 元、566.62 元、429.63 元、849.22 元以及 416.31 元，同属于第二梯队。值得一提的是海南得益于自由贸易港建设红利的释放，个税规模快速增长。福建、青海等 19 个省份的城市人均个人所得税收入不足 200 元，主要集中在中西部和东北部地区。

　　根据图 2-14 我们可以发现个人所得税的分布有以下特点：第一，东部地区的城市个人所得税规模较高，反映了个人所得税与地区经济发展水平密切相关，同时反映了东部地区的人均收入水平相对更高。第二，存在个人所得税人均水平与经济发展水平不匹配的现象，如山东（149.76 元）作为第三经济大省，城市个人所得税人均水平不及福建（211.55 元）、内蒙古（197.22 元）等地区。

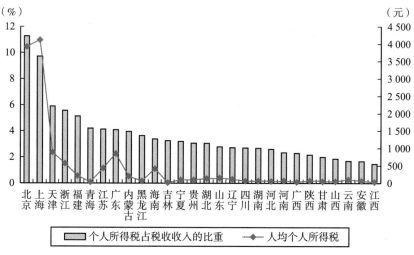

图 2-14　2019 年（分省份）城市个人所得税占税收收入的比重及人均个人所得税

　　（7）房地产相关税收占税收收入的比重

　　房地产相关税收是一个综合的概念，当前中国的房地产相关税收包括房产税、土地增值税、城镇土地使用税、耕地占用税和契税 5 个税种。其中，房产税是以房屋为征税对象，按房屋的计税余值或租金收入为计税依据，向产权所有人征收的一种财产税，征收范围仅限于城镇的经营性住房。土地增值税是指转让国有土地使用权、地上的建筑物及其附着物并取得收入的单位和个人，以转让所取得的收入包括货币收入、实物收入和其他收入减去法定扣除项目金额后的增值额为计税依据向国家缴纳的一种税赋。城镇土地使用税是对使用国有土地的单位和个人，按使用的土地面积定额征收的税。耕地占用税是对占用耕地建房或从事其他非农业建设的单位和个人征收的税。契税是指不动产（土地、房屋）产权发生转移变动时，就当事人所订契约按产价的一定比例向新业主（产权承受人）征收的一次性税收。图2-15显示了2019年各省份城市房地产相关税收占城市税收收入的比重以及人均房地产相关税收情况。从房地产税占税收收入的比重来看，海南的城市房地产相关税收收入高达48.13%，远高于其他地区。近年来，海南坚持优化房地产开发结构，有序发展面向岛外市场的低碳、绿色、高品质旅游房地产，并大力完善小区设施，提供教育、医疗、商业、公交、停车场、物业等配套服务，提升房地产档次，在财政资金筹集中发挥了重要作用。湖南（39.94%）、吉林（39.02%）、河南（37.51%）等14个省份的城市房地产相关税收占税收收入的比重处于30%~40%之间；甘肃（28.32%）、山东（27.76%）、内蒙古（27.55%）等9个省份的城市房地产相关税收占税收收入的比重处于20%~30%之间；天津（19.2%）、北京（17.17%）、上海（15.78%）以及山西（9.1%）的城市房地产相关税收占税收收入的比重均低于20%。从人均房地产税来看，海南（5 932.32元）、北京（5 971.51元）、上海（6 691.68元）的人均房地产相关税收水平排名前三。广东（2 660.73元）、天津（2 886.58元）、江苏（2 478.54元）以及浙江（2 265.77元）的人均房地产相关税收水平均高于2 000元；湖北（1 184.04元）、山东（1 439.91元）、云南（1 541.08元）以及内蒙古（1 808.18元）的人均房地产相关税收水平处于1 000~2 000元之间。包括吉林（207.1元）、青海（256.04元）以及山西（283.51元）在内的17个省份的人均房地产相关税收水平低于1 000元。

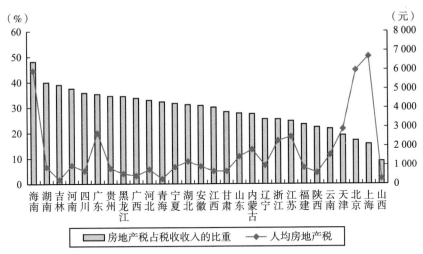

图 2 – 15　2019 年（分省份）城市房地产相关税收占税收收入的
比重及人均房地产相关税收

基于以上分析，图 2 – 16 报告了各地区城市 2019 年增值税、企业所得税、个人所得税以及房地产相关税占比的情况。其中，增值税占比 = 增值税/（增值税 + 企业所得税 + 个人所得税 + 房地产相关税）

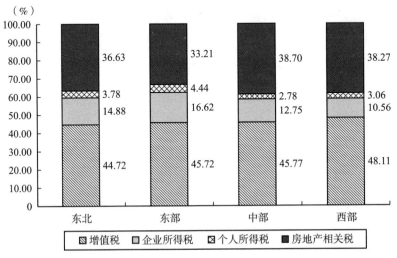

图 2 – 16　2019 年（分地区）城市税收结构

（其他税种计算方法同上）。在各个地区的城市税收结构中，增值税占比均处于40%以上，占据了绝对优势的地位；房地产税占比均处于30%～40%之间，不仅发挥了重要的财政资金筹集作用，对于调控社会财富分配也具有重要意义；所得税（包括企业所得税和个人所得税）在各地区的城市税收结构中占比仍然较低。因此，进一步优化税制结构、提高直接税比重仍是我国税制改革的重点之一。

2.2　政府性基金收入规模

政府性基金预算是专款专用于特定公用事业发展的收支预算，是我国全口径预算管理体系的重要组成部分。政府性基金预算收入是各级政府财政收入的重要来源，主要由国有土地使用权出让收入、城市基础设施配套费收入、港口建设费收入等专项收入组成，具有一定的专款专用的性质。

2.2.1　政府性基金收入占 GDP 的比重

图 2 - 17 显示了 2019 年各省份城市政府性基金收入及其占 GDP 的比重。从政府性基金收入来看，江苏（11 150.25 亿元）、山东（8 625.73 亿元）以及浙江（7 194.66 亿元）的城市政府性基金收入排名前三，这些地区主要位于东部，区域优势显著，土地市场较为景气，政府性基金预算收入较高。河南（4 736.32 亿元）、湖南（4 095.25 亿元）的城市政府性基金预算收入高达 4 000 亿元以上；四川（3 875.2 亿元）、北京（3 675.5 亿元）、上海（3 425.2 亿元）等 7 个省份的城市政府性基金预算收入处于 2 000 亿～4 000 亿元之间；此外，包括安徽、辽宁在内的 11 个省份城市政府性基金收入低

于 2 000 亿元，其中，内蒙古（267.35 亿元）、陕西（137.42 亿元）、
山西（94.91 亿元）居于后三位，这些省份受地理位置、经济发展水
平等因素影响，土地出让收入规模较小，城市政府性基金预算收入规
模也较小。从政府性基金占 GDP 的比重来看，浙江（21.56%）、天
津（16.79%）、海南（17.44%）的城市政府性基金收入占 GDP 的比
重排名前列；江苏（11.41%）、山东（13.1%）以及河南（8.77%）
等 16 个省份的城市政府性基金收入占 GDP 的比重处于 5% ~ 15% 之
间；黑龙江（3.72%）、吉林（4.49%）、陕西（2.49%）以及山西
（1.20%）的城市政府性基金收入占 GDP 的比重低于 5%。

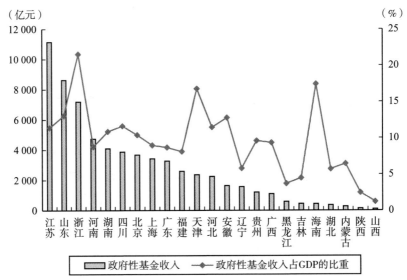

图 2 - 17 2019 年（分省份）城市政府性基金收入及其占 GDP 的比重

2.2.2 政府性基金收入与一般预算收入的比重

作为我国财政收支体系的重要组成部分，政府性基金已经成为除
税收外的第二大收入来源。图 2 - 18 显示了 2019 年各省份城市政府

性基金收入与一般公共预算收入的比重。贵州、河北、四川、江苏 4
个省份的城市政府性基金收入与一般公共预算收入的比值高于 1，即政
府性基金收入高于一般公共预算收入。浙江（0.98）、山东（0.77）以
及安徽（0.72）等 6 个省份的城市政府性基金收入与一般公共预算收
入的比值处于 0.5~0.98 之间，相对较高。政府性基金收入以国有土
地出让收入为主，表明这些地区的城市对土地的依赖度高。此外，包
括湖南、河南在内的 11 个省份的城市政府性基金收入低于与一般公
共预算收入的比值 0.5，主要分布在中部地区和东北地区。

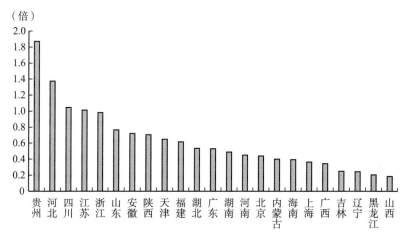

图 2-18 2019 年（分省份）城市政府性基金收入与一般公共预算收入的比重

注：部分省份因数据缺失并未在该图中体现，下同。

2.3 国有资本经营预算收入规模

国有资本经营预算收入包括依照法律、行政法规和国务院规定应
当纳入国有资本经营预算的国有独资企业和国有独资公司按照规定上
缴国家的利润收入、从国有资本控股和参股公司获得的股息红利收

入、国有产权转让收入、清算收入和其他收入。建立国有资本经营预算，将进一步明确政府与国有企业的责任和权利，调节资源性行业企业的收益水平，促进国有企业深化收入分配制度改革，促进社会公平和社会主义和谐社会的建设。图 2 - 19 刻画了 2019 年各省份城市国有资本经营预算收入占城市 GDP 的比重。各省份城市国有资本经营预算收入占 GDP 的比重处于 0.04% ~2% 之间，整体上对财政资金的贡献度远低于一般公共预算收入和政府性基金预算收入。其中河北（1.9%）和辽宁（1.58%）的城市国有资本经营预算收入占 GDP 的比重较高，均在 1% 以上；包括上海、贵州、天津等在内的 20 个省份的城市国有资本经营预算收入占 GDP 的比重均低于 1%。

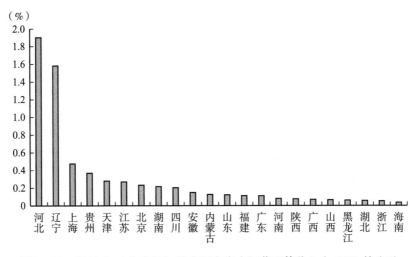

图 2 - 19　2019 年（分省份）城市国有资本经营预算收入占 GDP 的比重

2.4　社会保险基金收入规模

社会保险基金收入是由政府举办的主要由企业和职工缴费筹资的

社会保障计划，其缴费收入是政府重要的财政收入。社会保险基金收入是一种强制性的专款专用的财政收入形式，其收入要专项用于政府社会保险计划的开支。我国的社会保险基金收入按项目划分可分为基本养老保险基金收入、失业保险基金收入、基本医疗保险基金收入、工伤保险基金收入和生育保险基金收入。图 2 - 20 刻画了 2019 年各省份城市社会保险基金收入占 GDP 的比重以及人均社会保险基金收入。社会保险基金是社会保障体系的物质基础，是社会保障体系平稳运行的前提条件，随着社会保障体系覆盖全面，统筹层次不断提高，我国保险基金规模逐年递增，但各地之间的差异十分明显。从社会保险基金收入占 GDP 的比重来看，黑龙江（19.94%）、辽宁（15.67%）、北京（12.81%）、上海（12.08%）以及天津（10.74%）的城市社会保险基金收入占 GDP 的比重处于 10% 以上；河北（9.23%）、海南（9.07%）以及贵州（8.68%）等 15 个省份的城市社会保险基金收入占 GDP 的比重处于 5%~10% 之间；四川（4.78%）和福建（2.47%）

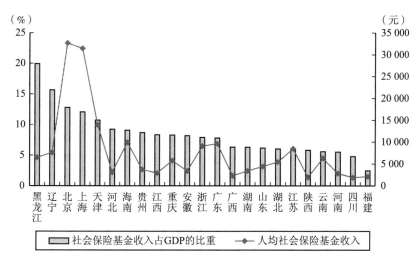

图 2 - 20　2019 年（分省份）城市社会保障基金收入占 GDP 的
比重及人均社会保险基金收入

的城市社会保险基金收入占 GDP 的比重不足 5%。从人均社会保险基金来看，各省份城市人均社会保险基金收入处于 1 890.32 ~ 32 663.06 元之间，地区间差异颇大。这与各地养老保险基金统筹级次密切相关。其中，北京和上海的人均社会保险基金收入分别为 32 663.06 元、31 429.74 元，而四川的城市人均社会保险基金收入仅为 1 890.32 元，不及北京和上海人均水平的 1/10。

2.5　本级可支配财力

地方政府财力与地方经济发展水平息息相关，是衡量该地区政府信用水平和偿债能力的重要基础和依据。图 2 - 21 报告了 2019 年各省份城市本级可支配财力以及人均可支配财力，其中，本级可支配财力的计算公式为：本级可支配财力 = 一般公共预算收入 - 上解收入。从本级可支配财力来看，排名前六名均来自东部省份，包括江苏（11 763.52 亿元）、山东（11 366.02 亿元）、广东（11 059.76 亿元）、河南（9 436.05 亿元）四个经济大省，以及北京（8 365.99 亿元）和上海（9 412.6）两大直辖市；湖南（7 916.39 亿元）、浙江（7 746.31 亿元）、辽宁（5 561.68 亿元）等 9 个省份的城市本级可支配财力超 3 000 亿元；陕西（2 931.59 亿元）、黑龙江（2 433.02 亿元）以及河北（2 300.62 亿元）等 7 个省份的城市本级可支配财力超 1 000 亿元；甘肃（510.17 亿元）、山西（502.05 亿元）、海南（258.53 亿元）、宁夏（166.08 亿元）等 7 个省份的城市本级可支配财力不足 1 000 亿元，主要分布在中西部地区。从人均可支配财力来看，上海（64 206 元）、北京（60 317.15 元）、天津（33 648.98 元）以及海南（41 697.61 元）的城市本级人均可支配财力明显高于其他地区。同样地，河北（3 614.43 元）、贵州（4 501.29 元）、甘肃

（3 264.56 元）等中西部地区的城市本级人均可支配财力处于落后状态。

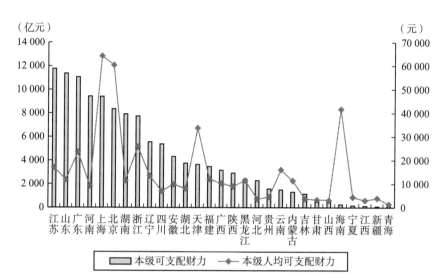

图 2 - 21　2019 年（分省份）城市本级可支配财力及本级人均可支配财力

注：部分省份因数据缺失并未在该图中体现。

2.6　不同地区财政收入特征

不同地区的财政收入规模与结构存在一定的差异性，我国在制定、调整税收政策的时候，应当充分考虑各个区域的差异性，注重因地制宜。同时，在严格遵循法定原则的前提下，可以适当给予地方政府一定的财政自主权，以增强财政调节经济的灵活性和区域适应性，从而促进区域经济协调发展。

2.6.1　东部地区

东北部地区的城市财政发展表现良好，不仅表现在 GDP 占比、人均财政收入水平等财政收入规模方面，而且体现在财政收入的结构上。首先，东部地区城市在企业所得税、个人所得税等直接税的占比上具有相对优势，对于调节收入差距、平衡利益分配和促进社会公平具有重要作用；其次，东部地区城市财政收入的稳定性、规范性较强，体现在一般公共预算收入中税收收入占比高、非税收入占比低。东部地区应在稳定城市财政资金来源的基础上，继续贯彻落实减税降费，进一步激发市场活力，将经济发展的红利惠及民生。

2.6.2　西部地区

西部地区的城市财政收入水平较低。从一般公共预算收入的规模来看，西部地区城市的一般公共预算收入占 GDP 的比重、人均公共预算收入均处于落后水平，难以满足西部地区发展的资金需求，对政府间转移支付的依赖度高。从一般公共预算收入的结构来看，西部地区城市的税收收入占比低、非税收入占比高，财政资金的稳定性和规范性较差。此外，西部城市人均社会保险基金收入较低，表明西部地区的社会福利水平有待提高。

2.6.3　中部地区

中部地区城市的人均一般公共预算收入水平较低，财政收入的保障作用较弱，财政收入结构有待进一步完善。具体表现为：一般公共预算收入中税收收入的占比较低，财政资金收入的稳定性不足，仍有较大提升空间；中部地区城市的个人所得税占税收收入的比重低，表明中部地区城市的人均收入水平有待提高，缺乏高新技术人才。中部地区应进一步提高人均收入水平，大量引进高新技术人才，为经济发展注入新的动力。

2.6.4 东北地区

近年来，随着"东北振兴计划"的推行，东北地区的经济发展水平有所提高，这为政府积累了财政资金来源，从而推动人均一般公共预算收入水平持续上升，但财政收入结构仍有待进一步优化。从城市一般公共预算收入的结构来看，东北地区城市税收收入占一般公共预算的比重与东部地区仍有较大差异。另外，东北地区城市的社会保险基金收入占 GDP 的比重较高，但人均社会保险基金收入与之并不匹配，远落后于东部地区。

第三章

我国城市财政支出总体状况

3.1 财政支出规模

3.1.1 一般公共预算支出占 GDP 的比重

财政是国家治理的基础和重要支柱，财政支出反映了政府的治理能力和治理水平，地方财政支出规模和结构关系着地方经济社会发展的水平和发展方向。当前，我国城市财政面临"支出盘子大"的问题，主要表现在一般性支出存量较大且难以压缩。为了衡量地方经济发展对于一般性财政支出的支持能力，本书构建城市一般公共预算支出占 GDP 比重这一指标。经计算，2019 年 298 个城市（包括直辖市、地级市）一般公共预算支出占 GDP 的比重平均为 24.44%。如图 3 - 1 所示，西藏（105.46%）、宁夏（38.28%）、甘肃（37.73%）、黑龙江（37.49%）、青海（37.19%）、吉林（35.26%）等省份城市财政支出规模较高，其中日喀则市（115.86%）、昌都市（140.02%）、那曲市（148.75%）一般性支出规模超过本年地方生产总值，这主要是因为欠发达省份具有一定的财政支出刚性，并且政府在社会投资中起到主导作用；虽然东部城市的一般公共预算支出总量较大（平均为 8 925 936.322 万元），但由于经济基本面较好，财政支出水平较为合理，留有一定的增长空间。

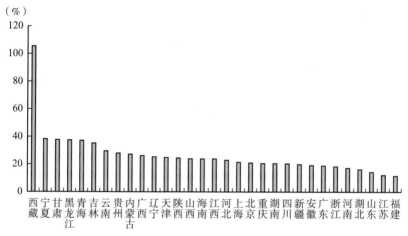

图 3 - 1　2019 年（分省份）城市一般公共预算支出占 GDP 的比重

在横截面对比一般公共预算支出规模的基础上，图 3 - 2 对比了 2015～2019 年东北、东部、西部、中部四个地区内城市平均一般公共预算支出占 GDP 比重的变化趋势。由图 3 - 2 可以发现，城市一般性公共预算支出规模呈现地区分化的特征。其中，东北三省城市的一般性支出增长最快，5 年内增长幅度超过 10%，西部地区城市一般性支出规模较大，但趋于稳定；东部地区城市一般性支出占比略有增长；中部地区城市一般性支出占比稳定在 20% 左右。这一结果表明西部省份、东北三省的城市财政可持续性仍有所不足，未来不仅要通过财力均衡措施提高财政稳健程度，更要扩大经济基本面，切实提高财政自给率。

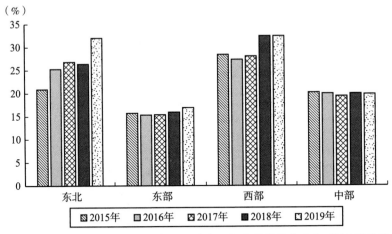

图3-2 2015～2019年（分地区）城市一般公共预算支出占GDP的比重

3.1.2 人均一般公共预算支出

人均一般公共预算支出可看作个人所分享到的政府推动经济社会发展、民生改善的成果，据此本书构建人均一般公共预算支出这一指标，其计算方式为：城市一般公共预算支出/城市年末总人口。图3-3展示了2019年各省份城市人均一般公共预算支出水平。上海、北京、西藏、天津、新疆位列前五，分别为55 679.27元、53 029.71元、50 093.41元、31 667.08元以及26 317.18元，湖南、河北、安徽、广西、四川、河南居于末尾，人均一般公共预算支出不足1万元。这反映了东部省份能够依托于良好的经济基础提高公共服务可得性，西部省份受益于中央转移支付与财政援助，补足公共支出的缺口，而中部省份人均公共支出相对不足，形成了一般公共预算支出"东西部增长，中部凹陷"的地理分布特征。

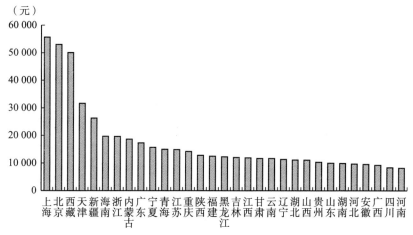

（元）

图 3 - 3　2019 年（分省份）城市人均一般公共预算支出

在横截面对比人均一般公共预算支出的基础上，图 3 - 4 进一步刻画了 2015～2019 年东北、东部、西部、中部四个地区内城市人均一般公共预算支出水平。由图 3 - 4 可以发现，各地区人均一般性公共预算支出均呈现稳步增长趋势，在地区分化上呈现"中部凹陷"的特征。其中，东部地区城市的人均一般公共预算支出最高，西部次之，东北三省及中部地区暂时落后。从增幅来看，西部增长最快，5年以来增长 4 052.52 元，表明近年来的"脱贫攻坚"对于提高西部城市公共服务水平具有突出效果；东部次之，5 年内增长 3 336.66元，反映了东部省份在城市化过程中一定程度上兼顾了公共服务资源的合理配置；中部城市和东北三省城市人均一般公共预算支出增长较缓，表明财力均衡措施要统筹考虑人口大省、人口输出省的利益，增加财政支出的普惠性和有效性。

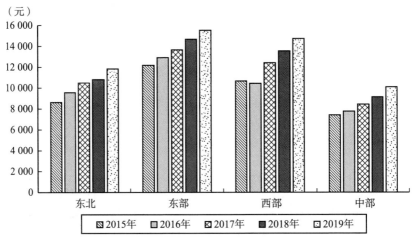

（元）

图 3 - 4　2015 ～ 2019 年（分地区）城市人均一般公共预算支出

3.1.3　教育支出

　　城市财政教育支出包括教育管理事务、普通教育、成人教育、职业教育、广播电视教育、留学教育、特殊教育、进修及培训、教育费附加安排的支出等诸多方面，这一支出项目有助于支撑、助力和引导城市人力资本培育，为建设高质量教育体系、加快推进教育现代化提供坚强保障。图 3 - 5 刻画了 2019 年各省份城市人均教育支出以及城市教育支出占 GDP 比重的分布情况。根据 2021 年全国教育财务工作会议要求，"十四五"时期要确保全年预算足额落实到位，积极争取更多新增财力，落实好教育支出占 GDP 比重超过 4% 的目标任务。从教育支出占比来看，仅有青海（7.82%）、甘肃（6.55%）、贵州（6.54%）、江西（5.09%）、广西（4.45%）、河北（4.28%）六省市实现 4% 的目标任务，而占比较低的新疆、山西均不足 1%，有较大的提升空间。从人均教育支出水平来看，北京（8 140.14 元）、上海（6 778.08 元）、天津（4 220.49 元）、广东（3 543.13 元）、浙江（2 991.80 元）、江苏（2 530.54 元）等东部发达省份城市人均教育支出较高，山西（369.81 元）、吉林（905.28 元）、黑龙江（1 158.21 元）、云南（1 254.25 元）、辽宁（1 290.25 元）等省份城市人均教育支出较低。

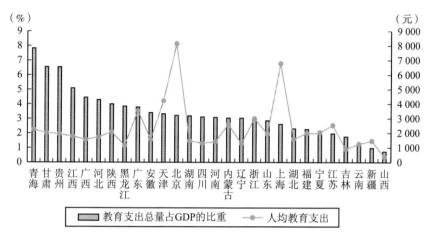

图 3 - 5　2019 年（分省份）城市人均教育支出及占 GDP 的比重

由图 3 - 5 分析可知，城市教育支出具有以下特征：第一，存在"高教育支出占比，低人均教育支出"的现象，如黑龙江教育支出占比 3.84%，而人均教育支出排名倒数第三，同样的现象也反映在安徽、湖南、四川、河南等中部省份城市中，这表明人口输出地与人口大省存在教育投入不足与教育普惠性不够的情况；第二，山西、新疆、云南、吉林四省份表现为城市教育支出"占比低，人均低"，反映了自然资源大省对于人力资本投入不足的现象，这一问题不仅加剧了人口外流，也阻碍了这些省份产业的转型升级；第三，地区之间教育发展不充分、不均衡的问题较为突出，教育发达城市和欠发达城市的差距较大。

3.1.4 科学技术支出

当今世界，新一轮科技革命和产业变革正在孕育兴起和交互影响，国际经济竞争更加突出地体现为科技创新的竞争。当前，我国经济发展进入新常态，依靠要素驱动和资源消耗支撑的发展方式难以为继，面临着动力转换、方式转变、结构调整的繁重任务。这就需要各级政府加大对科技创新的投入。城市科学技术支出包括科学技术管理事务、基础研究、应用研究、技术研究与开发、科技条件与服务、社会科学、科学技术普及、科技交流与合作、科技重大项目，旨在促进城市加快补齐科技创新和信息化短板，通过科技创新培育新动能、打造新优势、实现新发展。图3-6刻画了2019年各省份城市人均科学技术支出以及城市科学技术支出占GDP比重的分布情况。从科学技术支出占比来看，科学技术支出占GDP比重超过1%的仅有海南（2.10%）、北京（1.23%）、上海（1.02%），东部省份城市科学技术支出平均占比均超过0.5%，中部省份城市科学技术支出占比居中，而西部省份城市科学技术支出平均占比较为落后，其中新疆（0.10%）、内蒙古（0.05%）、山西（0.04%），均不足0.10%。从人均科学技术支出角度来看，位于前列的为北京（3 102.48元）、上海（2 651.46元）、海南（2 261.25元）、广东（1 695.71元）、天津（992.18元）；人均科学技术支出较少的省份大部分为西部及东北部省份，其中辽宁、河北、甘肃、吉林、广西、内蒙古、黑龙江、青海、山西人均不足100元。

由图3-6分析可知，城市科学技术支出具有以下特点：第一，呈现东部地区"领头雁"的特点，表现为东部城市人均科学技术水平高、相对占比大，而西部城市及东北部城市在人均水平及相对占比上均具有较大提升空间；第二，城市之间差异较大，科学技术支出占比最高的海南为 2.10%，而占比最低的山西仅为 0.04%，相差逾 50 倍，人均科学技术支出水平最高的北京（3 102.48 元）与最低的山西（20.23 元）差距甚至达到 150 倍；第三，"资源诅咒"现象在自然资源大省表现较为突出，诸如黑龙江、新疆、山西等省份，面临科学技术占比不高以及人均科学技术支出低下的问题，未来需要通过打造科技创新高地、增强创新能力、坚持特色创新、提高开放程度、优化创新创业生态等多方面推动科技创新高质量发展。

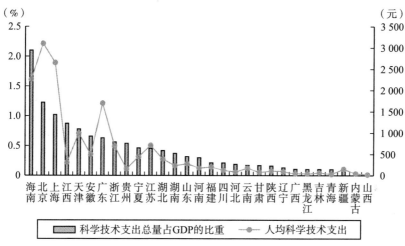

图 3-6　2019 年（分省份）城市人均科学技术支出及占 GDP 的比重

3.1.5　社会保障和就业支出

当前，国内外经济形势复杂严峻，我国经济社会发展面临需求收缩、供给冲击、预期转弱等诸多挑战，经济发展任重道远。作为"六稳"之首的"稳就业"，不仅是民生保障的最大根基工程，也是国民经济发展的"晴雨表"，更是社会大局稳定的"压舱石"。社会保障和就业支出反映政府在社会保障与就业方面的支出，具体包括社会保障和就业管理事务、民政管理事务、财政对社会保险基金的补助、补充全国社会保障基金、行政事业单位离退休、企业改革补助、就业补助、抚恤、退役安置、社会福利、残疾人事业、城市居民最低生活保障、其他城镇社会救济、农村社会救济、自然灾害生活救助、红十字事务等支出。社会保障和就业支出对于落实就业优先政策具有重要意义。图 3－7 刻画了 2019 年各省份城市人均社会保障支出以及城市社会保障支出占 GDP 比重的分布情况。从社会保障和就业支出占比来看，黑龙江（8.98%）、青海（6.72%）、辽宁（6.58%）、甘肃（4.68%）、内蒙古（4.66%）等省份社会保障和就业支出占 GDP 比重较高，主要分布在东北及西部；不足 1.5% 的省份为江苏（1.44%）、云南（1.37%）、福建（1.27%）、新疆（0.75%）、山西（0.62%）。大部分中西部省份社会保障和就业支出占比较高，表明近年来政策扶持以及脱贫攻坚工程对于提升西部社会福利、促进社会救助事业发挥了显著成效。从人均社会保障和就业支出来看，支出水平较高的为北京（6 964.76 元）、上海（6 805.99 元）、天津（4 972.71 元），而支出水平较低的河南、贵州、四川、山西，分别仅有 973.39 元、971.66 元、958.41 元、311.58 元，均不足 1 000 元。

由图 3－7 分析可知，城市社会保障支出具有以下特点：第一，东北三省城市社会保障支出占 GDP 比重较高，这主要是因为东北三省工业化程度较高，由国企改制、退休工人所导致的社保支出压力较大；第二，西部地区城市社会保障和就业相对占比和人均水平均较高，反映了政策扶持的积极效果；第三，作为以劳动密集型产业为主的河南、贵州、四川、山西等中部省份，人均社会保障支出相对不足，未来需要统筹用好就业补助资金等各类资金，加大对重点群体就业的帮扶，继续实施失业保险保障扩围政策，发挥保生活、防失业、促就业的功能作用。

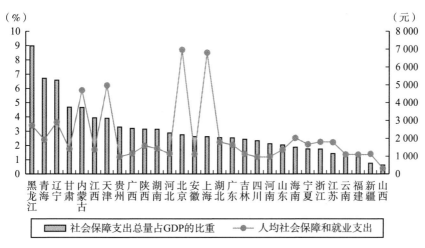

图 3 – 7　2019 年（分省份）城市人均社会保障支出及占 GDP 的比重

3.1.6　医疗卫生和计划生育支出

《中共中央关于制定国民经济和社会发展第十四个五年规划和二
〇三五年远景目标的建议》指出，要全面推进健康中国建设，把保
障人民健康放在优先发展的战略位置，坚持预防为主的方针，深入实
施健康中国行动，完善国民健康促进政策，织牢国家公共卫生防护
网，为人民提供全方位、全周期健康服务。在城市预决算体系中，医
疗卫生和计划生育支出（卫生健康支出）的内涵包括卫生健康管理
事务、公立医院、基层医疗卫生机构、公共卫生、中医药、计划生
育事务、食品和药品监督管理事务、行政事业单位医疗、财政对基
本医疗保险基金的补助、医疗救助、优抚对象医疗、医疗保障管理
事务、老龄卫生健康事务等诸多方面。图 3 – 8 刻画了 2019 年各省
份城市人均医疗卫生支出以及城市医疗卫生支出占 GDP 比重的分布
情况。从医疗卫生支出占比来看，青海（3.62%）、贵州（3.59%）、
江西（3.55%）、甘肃（3.21%）相对比重较高，这主要是由于西部

卫生健康工作取得了卓著成效，不断深化医疗卫生改革，提升医疗卫生服务能力，构建农村贫困人口基本医保、大病保险、医疗救助、补充保障措施"四重保障线"，实施健康扶贫；吉林、江苏、云南、山西、新疆医疗卫生支出占GDP比重较低，均不足1%。从人均医疗卫生和计划生育支出水平来看，北京（3 825.43元）、上海（3 358.74元）远远领先于其他省份；黑龙江（786.04元）、辽宁（753.25元）、云南（658.43元）、吉林（491.22元）、新疆（470.31元）、山西（293.83元）医疗卫生和计划生育支出水平较低，主要集中在东北三省及部分中部省份。

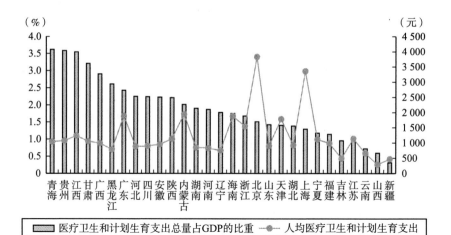

图 3 - 8   2019 年（分省份）城市人均医疗卫生支出及占 GDP 的比重

由图 3 - 8 分析可知，医疗卫生和计划生育支出具有以下特点：第一，西部省份城市医疗卫生支出占比较高，反映出地方政府对于这一方面较为重视，而受地方财政收入实力、人口总量等因素的影响，最终的人均卫生健康财政支出往往又呈现另一番局面，例如四川（2.24%）医疗卫生支出占比高于浙江（1.68%），而前者人均医疗支出规模显著低于后者；第二，医疗卫生支出占比与人均医疗卫生和计划生育支出较为不匹配，例如黑龙江医疗卫生支出占比为2.61%，排名第六，而人均支出规模仅为786.04元，排名倒数第六；第三，除北京、上海外，其他省份医疗卫生支出差异较小，绝大部分省份人均水平位于500～2 000元。

3.1.7 节能环保支出

节能环保支出涵盖环境保护管理事务、环境监测与监察、污染防治、自然生态保护、天然林保护、退耕还林、风沙荒漠治理、退牧还草、已垦草原退耕还草、能源节约利用、污染减排、可再生能源、循环经济、能源管理事务等方面。2018～2019年，我国环保政策密集出台，环保力度进一步加大，环保政策措施由行政手段向法律的、行政的和经济的手段延伸，第三方治理污染的积极性和主动性被充分调动起来。环保税、排污许可证等市场化手段陆续推出，政策红利逐步显现。根据2019年各地级市的决算报告数据，节能环保支出占GDP比重平均为0.79%。图3-9刻画了2019年各省份城市人均节能环保支出以及城市节能环保支出占GDP比重的分布情况。从节能环保支出占比来看，占比较高的有黑龙江（2.41%）、天津（1.72%）、青海（1.66%）、河北（1.52%），这些地区或是工业化程度较高，或是分布有生态环境保护区，表明生态保护对财政支出的作用越来越凸显；占比较低的为广西（0.44%）、云南（0.43%）、江苏（0.34%）、福建（0.33%）、新疆（0.24%）。从各城市人均节能环保支出来看，北京、天津、海南、上海、广东人均支出规模较高，分别为2 210.49元、2 186.69元、1 334.16元、1 253.23元、1 087.44元，福建（280.19元）、四川（259.79元）、辽宁（253.96元）、广西（161.02元）人均支出规模较低，均不超过300元。

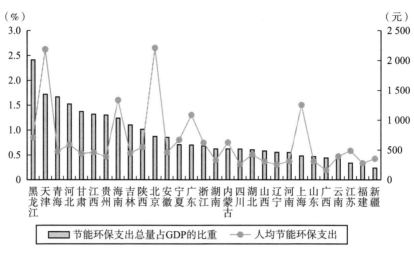

图 3-9　2019 年（分省份）城市人均节能环保支出及占 GDP 的比重

3.1.8　交通运输支出

交通运输建设是交通运输设施的建造和运输设备的购置活动。它是国民经济中最重要的基础设施建设之一，对直接生产部门的发展起着先行和保证作用，是现代社会生产的基础和前提条件，也是发展地区、部门、企业之间经济联系和增进国际交往的纽带。城市财政中交通运输支出的范围涵盖公路水路运输、铁路运输、民用航空运输、成品油价格改革对交通运输的补贴、邮政业支出、车辆购置税支出、其他交通运输支出等方面。图 3-10 刻画了 2019 年各省份城市人均交通运输支出以及城市交通运输支出占 GDP 比重的分布情况。从交通运输支出占比来看，内蒙古（1.80%）、黑龙江（1.24%）、浙江（1.19%）、河北（1.17%）、北京（1.14%）城市交通运输支出占 GDP 比重较高，相对比重在 0.50% 以下的为江苏、宁夏、山东、山西、福建、吉林、云南。从人均交通运输支出来看，城市人均支出超过 1 000 元的地区有上海（2 906.06 元）、北京（2 874.70

元)、内蒙古（1 616.92 元）、海南（1 177.29 元）、浙江（1 097.39 元），其中大部分为东部地区；人均交通运输支出水平较低的大部分为中部省份城市，例如吉林（200.66 元）、江西（195.69 元）、贵州（169.87 元）、云南（124.71 元）等。

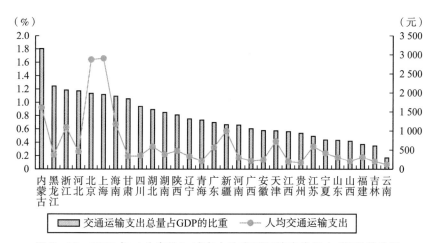

图 3 – 10　2019 年（分省份）城市人均交通运输支出及占 GDP 的比重

由图 3 – 10 分析可知，城市交通运输支出具有以下特点：第一，交通运输建设成本是影响交通运输支出占 GDP 比重的主导因素，位于平原地区的省份（如内蒙古、黑龙江、浙江等）相对比重较高，而地形崎岖度较高的地区（如山西、福建、云南）相对比重较低；第二，经济基本面与市场规模大小是影响人均交通运输支出的关键因素，其中城市化程度较高的东部地区人均交通运输支出规模较高，而中西部省份人均规模较低。

3.1.9　住房保障支出

2021 年国务院办公厅印发的《关于加快发展保障性租赁住房的

意见》要求，指导督促各地加快完善以公租房、保障性租赁住房和共有产权住房为主体的住房保障体系，通过政府提供土地、财税、金融等政策支持，引导各类主体加快发展保障性租赁住房，切实增加保障性租赁住房供给。城市财政中住房保障支出的范畴包括保障性安居工程支出、住房改革支出、城乡社区住宅等。图 3 - 11 刻画了 2019 年各省份城市人均住房保障支出以及城市住房保障支出占 GDP 比重的分布情况。从城市住房保障支出占比来看，海南（4.44%）、青海（2.24%）、甘肃（1.67%）、黑龙江（1.64%）、内蒙古（1.61%）名列前茅，其中大部分为西部省份；占比较低的地区除山西（0.13%）属于中部、云南（0.25%）属于西部外，其余如浙江（0.42%）、山东（0.40%）、北京（0.27%）、福建（0.20%）均属于东部，这表明在人口上净流入的东部地区城市需要适当增加住房保障支出，以惠及不断涌入城市的外来务工人员。从人均住房保障支出来看，海南、上海、内蒙古、新疆人均支出水平较高，分别为 4 780.84 元、1 861.81 元、1 760.73 元、1 075.72 元；人均

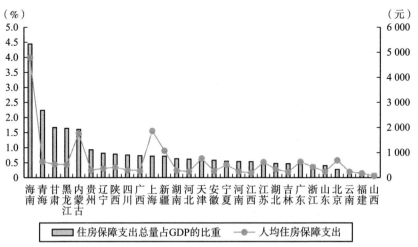

图 3 - 11　2019 年（分省份）城市人均住房保障支出及占 GDP 的比重

住房保障支出水平较低的包括山东（239.22 元）、云南（234.71 元）、吉林（228.35 元）、江西（186.11 元）、福建（170.59 元）、山西（65.34 元）。这一结果表明住房公共投资的普惠性具有地域差异，在此方面部分省份还具有较大的提升空间。

3.2　财政支出结构

在 2008 年全国"两会"上，我国政府首次提出了"民生财政"的概念，用以表达和传递政府改进民生和提高人民生活水平的决心。从此，民生财政成为政府重要的执政理念，而提高民生水平也成为财政追求的主要目标。民生财政，是指在整个财政支出中，用于教育、医疗卫生、社保和就业、环保、公共安全等民生方面的支出占到相当高的比例，甚至处于主导地位（安体富，2008）。

3.2.1　民生支出占 GDP 比重

民生支出是指各级财政部门用于建立覆盖城乡居民的社会保障体系，增加扩大就业、义务教育投入，提高城乡居民收入，建立基本医疗卫生制度等直接涉及群众利益方面的支出。本书选取教育支出、医疗卫生与计划生育支出、社会保障和就业支出、住房保障支出这四项最基本，同时也是争议最小、与居民生活直接相关的支出，作为基本民生支出的具体内容，并构建民生支出占一般公共预算支出的比重这一指标进行分析。经计算，2019 年全国 202 个公开民生支出数据的城市中，民生支出占一般公共预算支出比重的平均值为 41.40%，其中逾九成的城市民生支出占比超过 30%，表明我国市一级政府对于保障民生较为重视。图 3-12 显示了 2019 年各省份城市民生支出占一般公共预算支出比重的分布情况。内蒙古的城市平均民生支出占比最高，为52.59%；大部分省份的城市平均民生支出占比在40%～50%，且相互之间差异不大；值得注意的是天津、北京、浙江、上海等人口流入地民生支出占比均不超过40%，为了提高公共服务的普惠性和可得性，未来这些地区在保障民生方面还有一定提升空间；山西（9.00%）、新疆（15.15%）、云南（23.38%）、吉林（24.07%）、海南（25.42%）与全国均值尚有一定距离，有待于从教育投入、医疗卫生、社会保障、住房建设方面加大资金投入力度。

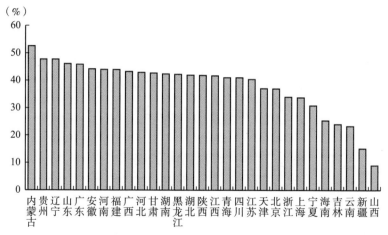

图3-12 2019年（分省份）城市民生支出占一般公共预算支出的比重

图3-13为2016～2019年分地区计算的城市平均民生支出占一般公共预算支出的情况。总体来看，2018年相比邻近年份，民生支出占比显著降低，这主要是由于财政积极发力迹象凸显，基建相关财政支出增速回升，导致民生相关财政支出相应回落；东北三省的城市平均民生支出占比呈现上升趋势，表明东北地区近年来较为重视提升民生方面的资金投入；东部地区城市除2018年以外，平均民生支出占比总体略有上升；西部和中部城市平均民生支出占比呈现下降趋

势，虽然 2019 年相比 2018 年有所回升，但仍未反弹至 2017 年的水平，这表明当前中西部城市发展仍以基建支出拉动为主要驱动力，整体财政压力较大，未来需要增强对外开放程度，为优化经济基本面提质赋能。

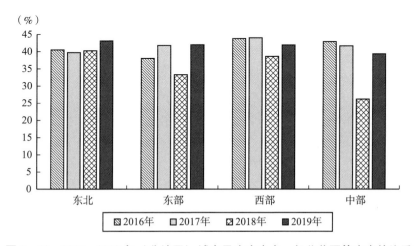

图 3 - 13　2016 ~ 2019 年（分地区）城市民生支出占一般公共预算支出的比重

3.2.2　民生支出构成

保障和改善民生，切实加大民生投入，一方面要保持城市财政中民生支出强度，不断增加民生支出相对比重，另一方面要从支出结构出发，不断提高财政资源配置效率和财政资金使用效率。图 3 - 14 展示了 2016 ~ 2019 年城市民生支出及分项支出占一般公共预算支出的情况。受到外部经济环境、减税降费政策以及专项债发行情况的影响，2016 ~ 2019 年民生支出占比呈现"上升—回落—反弹"的趋势，除 2018 年以外，其余年份这一比重均在 40% 以上。城市教育支出占一般公共预算支出的比重，也呈现"上升—回落—反弹"的趋势，其中 2016 年全国城市这一比重平均为 16.05%，于 2017 年上升至 16.07%，在 2018 年回落至 13.99%，2019 年上升到 15.66%。社会保障和就业支出占一般公共预算支出的比重，总体呈现上涨趋势且 2018 年回落幅度并不明显，由 2016 年的 12.35% 上升至 2019 年的 13.78%，表明我国应对经济新常态与外部环境的不确定性时，城市财政支出方面较好地兼顾了"六稳六保"，维护了社会福利与就业稳定。医疗卫生和计划生育支出占一般预算支出比重较为稳定，2016 ~ 2019 年最高为 9.26%，最低为 8.07%，变动幅度较小。住房保障支出占一般公共预算支出的比重呈现下降趋势，从 2016 年的 4.36% 下降至 2019 年的 3.15%，这主要是由于财政缺口导致的基建支出增加，与住房保障支出的范围具有一定重合性，对后者产生了挤出效应。①

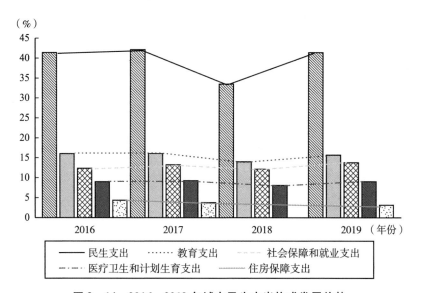

图 3 - 14　2016 ~ 2019 年城市民生支出构成发展趋势

在分析民生支出相对占比趋势的基础上，图 3 - 15 对比了 2016 ~

————————

① 城市决算报告中 2018 年"住房保障支出"项目缺失。

2019 年城市民生支出中教育支出、医疗卫生和计划生育支出、社会保障和就业支出、住房保障支出占一般公共预算支出比重的相对大小。如图 3-15 所示，对于民生支出的组成部分，教育支出占一般公共预算支出的比重最高，平均每年占比为 15.44%；社会保障和就业支出占一般公共预算支出的比重次之，平均每年占比为 12.88%；医疗卫生与计划生育支出与住房保障支出占比较小，分别为 8.84% 和 3.76%。可以看出，教育支出与社会保障和就业支出是民生支出的主要构成部分，决定了民生支出的相对规模和变化趋势。

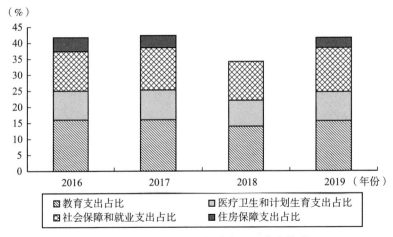

图 3-15　2016~2019 年城市民生支出构成

3.3　财政支出特征

3.3.1　东部地区：人均财政支出水平较高，财政支出结构有待优化

东部地区城市财政发展较好，主要特点为各项人均财政支出水平

均位于前列，不仅表现在一般公共预算支出水平上，而且在教育支出、科学技术支出、医疗卫生和计划生育支出、交通运输支出上具有较大的领先优势。然而值得注意的是，东部地区在财政支出结构上仍存在一些有待优化之处。具体而言，虽然东部地区城市对于民生支出的投入日益增加，但对于住房保障支出的关注稍显不足，这可能会降低不断涌入城市的外来人口在民生方面的惠及度。

3.3.2　西部地区：财政支出比重日益提升，需补足民生支出短板

由以上分析可知，西部地区城市总体财政支出比重有所提升，其中西藏、青海、宁夏等省份城市在一般公共预算支出占比上排名较前，部分西部省份城市较好地完成了4%的教育支出目标，社会保障和就业支出占GDP比重也位列前茅。相比于财政支出及具体项目的相对比重，西部地区的人均支出规模不高，表明虽然政府投资发挥重要作用，但受限于经济发展状况和财政资源丰沛程度，财政支出的实际效果可能较小。另外，从民生支出占一般公共预算支出比重来看，西部地区凸显的问题在于"重基建，轻民生"，民生支出呈现下降趋势。这表明，未来西部城市需要增强对外开放程度，为优化经济基本面提质赋能。最后，西部地区在财政支出上还存在"内部差异大，公共支出政府偏好导向"的特点，一方面表现在西部地区财政资源向大城市汇集，地区内部差异较大；另一方面表现在西部地区治理能力与治理水平较低，财政支出结构未能反映居民实际偏好，政府发展理念与职能有待转变。

3.3.3　中部地区：呈现财政支出"凹陷"

由上文分析可知，中部地区城市人均一般公共预算支出增长较

缓,财政支出的普惠性和有效性较弱。具体表现为:城市民生支出相对不足,教育投入不足与教育普惠性不够,同时人均社会保障支出水平较低。这主要是由于中部地区集中了大量的人口,然而人口流出较为严重,导致难以形成"教育投入—高素质人才增长—人力资本增加—新一轮教育投入"的良性循环。中部地区城市财政应立足于外向型经济导向与人才引进举措,增加高素质人才资金配套,并增强高技术产业财政支出,从源头上解决财政支出不足与结构不尽合理的问题。

3.3.4 东北地区:优化财政资源配置,推动产业转型

对于东北三省而言,其良好的工业化和城市化基础,导致财政资源更多投向民生支出方面,切实促进了居民在教育、医疗、社会保障和住房保障方面公共服务的可得性。然而这种支出偏好也衍生了两方面的问题:第一,"资源诅咒"现象在自然资源大省表现较为突出,面临科学技术占比不高以及人均科学技术支出低下的问题;第二,教育支出与社会保障和就业支出,存在"高 GDP 占比,低人均水平"的现象,表明人口结构、产业结构导致了东北地区城市财政压力较大,而财政政策的实际效果与支出规模并不完全匹配。

3.3.5 总体趋势:财政支出增长平稳,凸显"民生财政"特征

如表 3-1 所示,2015~2019 年,我国城市财政支出水平总体呈现上升趋势。一般公共预算支出占 GDP 比重呈现逐年上升趋势,由 2015 年的 21.43% 增长到 2019 年的 24.44%。这表明虽然城市财政

支出规模有所扩张，但仍处于较为合理的区间。从财政支出构成来看：教育支出、社会保障支出、医疗卫生和计划生育支出占 GDP 比重有所增长，表明近年来财政支出对民生领域的支持力度逐步增强；科学技术支出由 2015 年的平均占比 0.94%，下降至 2016 年的 0.24%，随后 3 年一直未超过 0.35%，说明我国城市一级财政支出未来要更为关注科学创新领域，以财政支出带动新产业、新业态的成长；节能环保支出和住房保障支出相对比重较为稳定；交通运输支出占比在 2015～2016 年经历较大的下降，由 6.46% 降至 0.83%，2016～2019 年维持在 0.69%～0.84%，表明我国城市财政支出正由"建设财政"转向"民生财政"。

表 3－1　　　　　　　　城市财政支出总体趋势　　　　　　单位：%

指标	2015 年	2016 年	2017 年	2018 年	2019 年
一般公共预算支出占 GDP 的比重	21.43	21.43	21.62	23.48	24.44
教育支出总量占 GDP 的比重	0.18	3.30	3.52	2.92	3.32
科学技术支出总量占 GDP 的比重	0.94	0.24	0.30	0.26	0.32
社会保障支出总量占 GDP 的比重	0.04	2.66	2.95	2.71	3.11
医疗卫生和计划生育支出总量占 GDP 的比重	0.40	1.88	2.06	1.74	1.95
节能环保支出总量占 GDP 的比重	0.71	0.60	0.68	0.60	0.79
交通运输支出总量占 GDP 的比重	6.46	0.83	0.84	0.69	0.78
住房保障支出总量占 GDP 的比重	0.86	1.04	0.93	—	0.72

注：2018 年城市决算报告中的住房保障支出规模数据缺失。

第四章

城市群与城市财政均衡

4.1 城市群发展与城市财政均衡的重要性

新中国成立以来，我国区域经济发展经历了"均衡—非均衡—非均衡协调发展"的三个阶段。改革开放后我国开始将发展重点放在沿海地区，采取效率优先的非均衡发展策略，沿海地区获得了较快发展的机会。随着沿海地域与内陆地区的经济差异不断扩大，我国采取了协调发展战略对这种情况进行平衡与协调。效率优先的非均衡发展，使得我国快速发展为世界第二大经济体，但也加重了区域经济发展不均衡问题。为解决社会主要矛盾，统筹区域经济协调发展，我国提出了共同富裕的发展方案。在实现共同富裕的过程中，我国对于多级发展及统筹发展的重视程度不断提升，开始将城市群建设作为促进城市可持续发展、经济高质量发展的重要举措。《中华人民共和国国民经济和社会发展第十四个五年规划和 2035 年远景目标纲要》明确提出："以促进城市群发展为抓手，全面形成'两横三纵'城镇化战略格局。优化提升京津冀、长三角、珠三角、成渝、长江中游等城市群。"城市群的规划部署，对区域协调发展和经济高质量发展意义重大，有利于构建新发展格局，提高区域政策的精准度；城市群的规划建设，能够加强区域合作、扩大对内对外开放，推动区域经济发展由传统的省域经济、行政区经济向城市群经济转变。

4.1.1 城市群发展相关政策梳理

2006 年，"城市群"概念第一次出现在中央文件中。此后，国家不断提出城市群相关政策，我国城市群发展进入起步阶段。2007 年，党的十七大报告指出，"要以大城市为依托，形成辐射作用大的城市群，培育新的经济增长极"；2012 年，党的十八大报告指出，"科学规划城市群规模和布局，增强中小城市和小城镇产业发展、公共服务、吸纳就业、人口集聚功能"；2014 年，《国家新型城镇化规划（2014—2020 年）》提出，"以人的城镇化为核心，有序推进农业转移人口市民化；以城市群为主体形态，推动大中小城市和小城镇协调发展；以综合承载能力为支撑，提升城市可持续发展水平"；《中华人民共和国国民经济和社会发展第十三个五年规划纲要》和党的十九大报告相继提出，要以城市群为主体构建大中小城市和小城镇协调发展的城镇格局。

2018 年国务院《关于建立更加有效的区域协调发展新机制的意见》的出台，标志着我国城市群进入快速发展阶段。2021 年，中央财经委员会第五次会议提出，"当前我国区域发展形势是好的，同时经济发展的空间结构正在发生深刻变化，中心城市和城市群正在成为承载发展要素的主要空间形式。"《2020 年新型城镇化建设和城乡融合发展重点任务》提出，要增强中心城市和城市群综合承载能力、优化配置能力，加快发展重点城市群；《中华人民共和国国民经济和社会发展第十四个五年规划和 2035 年远景目标纲要》规划指出，要以促进城市群发展为抓手，全面形成"两横三纵"城镇化战略格局。城市群在我国区域经济中的战略地位不断提高，国家对城市群认识和规划也经历了不断深入的过程。

4.1.2　城市群发展背景下的城市财政均衡

财力均衡指的是各地方政府为本地区提供公共服务水平的能力均衡，且各地方政府之间的财政资源配置达到帕累托最优。财力均衡分为地区自身税收收入与自身支出之间差额的纵向平衡与同级政府之间财政资源转移的横向平衡两种类型。纵向财政平衡指的是各级政府应该有足够独立的收入来源，以便为分配给它的支出责任提供资金。中央政府掌握着财政收入的绝大部分，但是其开支在全国政府总开支中的比重又很低，于是形成了央地财力纵向不均衡的现象。在大多数国家，其主要体现在对税收征收权限和收入的划分上。在地方同级政府之间，各区域之间的发展总是不平衡的，因而经常存在地区财政收入不平衡的现象。一方面，由于地区之间经济禀赋、自然资源等条件不同，这些因素对一个地区经济的发展会产生直接影响，而财政收入又主要来源于经济增长，因此就会影响到最主要的财政收入来源，并最终影响提供地方性公共产品和服务的水平。另一方面，地区间支出需求也存在差异。一些地区可能有特殊的支出需求，例如，如果贫困人口和老年人口比例很高，或者因为需要确保国家机场和港口等设施的正常运行，则可能产生部分特殊的需求。另外，由于地理特征（海拔、植被等）的差异，提供服务的成本也可能因地区而异。由于各地地方政府履行政府职能提供公共物品或服务的支出需求、提供服务的成本不同，与之相匹配的财力也有着不同水平，因此地区间财力绝对均衡是难以实现的。

财力不均衡的原因主要在于地区间发展不平衡，但中央政府合理调控的缺乏也可能扩大这种不均衡。一方面，地区间经济发展不均衡是由于资源禀赋和政策倾斜差异较大。在我国，东南沿海地区的经济增长长期以来高于西部地区。西部地区由于交通与自然环境等各方面的限制，导致经济发展速度缓慢。不同区域人们的收入水平也不同，在这种情况下导致经济欠发达地区的人口向经济发达地区迁徙，资源、人口的空间流动较大。另一方面，相关研究发现，分税制改革后我国各地区和区域内的财力差距在扩大。采用基尼系数衡量各省份之间各种指标在 1978～2006 年的散布程度，发现各省份财力均衡度差距呈显著扩大的趋势（赵志荣，2009）。这种非均衡性直接影响了地方公共产品的均衡供给以及政府社会治理实际效果，对各地区的基本保障、城市统筹建设等方面产生了重要影响（Sow & Razafimahefa，2015）。

财力均衡对区域协调发展具有重要意义。财政政策加强了对科技创新、高端产业培育、生态环境保护、基础设施建设、基本公共服务等正外部性较强的领域的投入力度（孙久文，2022），消除市场扭曲，增进社会的整体福利水平。均衡的地方财政能力有利于地区公共品的有效供给，改善区域内居民生活水平，而政府财政能力非均衡发展有可能出现地方保护主义行为和政府间不公平竞争（吴湘玲、邓晓婴，2006）。财政均衡的转移支付制度能够促进各地财政能力的相对均等化，支援欠发达地区，从而促进区域协调发展的公平性。

我国主要城市财政收入总体特征为财政分布不均衡，"东高西低"、"南强北弱"、向城市群都市圈核心城市"点状聚集"，这与我国当前经济发展格局、人口流动趋势相适应。部分地区财政形势严峻，财政收入东西分化、南北分化明显，南方收入超百亿城市数量是北方的 4 倍。经济与财政是一体两面的关系，东部、南部地区经济发达，人口持续流入、创造的经济效益高，推动财政收入规模提高。东北资源枯竭、西北区位因素较差，导致东北、西北经济发展较缓，人口流出，财政收入较低。从纵向财力均衡来看，2021 年 1～6 月全国一般公共预算收入 117 116 亿元，同比增长 21.8%，其中：中央一般公共预算收入 54 624 亿元，同比增长 23.2%；地方一般公共预算本级收入 62 492 亿元，同比增长 20.6%。从横向财力均衡来看，广东省 2021 年财政收入中，广东头部城市广、深、佛、莞的财政收入总和为 7 718 亿元，而潮州市财力仅有 51.8 亿元，仅占全省财力的 6.5%。

从城市群内部的财政支出来看，不论是从减少绝对幅度还是相对幅度，所有城市群内部的财政支出差距都有所缩小。从财政支出基尼系数来看，除成渝地区和珠三角地区外，其他城市群内部的财政支出基尼系数都减少了 10% 以上，京津冀、长三角、珠三角城市群内部财政支出基尼系数位居前三，而这三个城市群在减少内部财政差异的程度上也位于前列。传统上的经济强区的财政支出差距往往大于经济发展的差距，例如长三角、京津冀、珠三角和山东半岛。除了珠三角和成渝外，其他城市群财政支出差距相对于经济发展差距变得更小，财政均等化的速度要快于经济均等化。由于发达地区的中心城市拥有更多企业总部，在现行税制下容易转化为支出水平的不均等。在经济相对不发达地区，由于存在大量的中央财政转移支付，这些支付通常与最基本的公共服务支出相联系，因而起到一种均等化的效果。

城市群均衡发展，需要在基础设施、教育、公共服务设施、对外开放等方面加大投入力度。政府的公共支出转化为基础设施和各类公共服务，这些服务对资源要素的流动具有重要的影响。如果区域内公共支出差距拉大，则资源要素更有可能流向高公共支出的区域，造成内部发展差距拉大。此外，如果区域内公共支出差距越大，则公共服务水平相差也越大，要协同各子区域政策的经济和行政成本也越高。例如，在基础设施方面，西部地区部分省内交通形成了纵向联系，而县与县之间、市与市之间的横向联系仍然存在很大不足。2020 年中央强调要加大公共卫生服务、应急物资保障领域投入，加快 5G 网络、数据中心等新型基础设施建设进度。在教育方面，西部地区的双一流大学、学科仍然较少；东部地区教育资源集聚，教育发展总体水平较高，但城市群内部也存在教育分配不均衡的现象。

总之，平衡的财力与保持社会总供需平衡，实现地方经济高质量发展、促进共同富裕息息相关——政府部门需要投入大量财力来调节收入分配、兜底民生建设保障、促进公共服务均等化；地方政府财力的均衡度水平制约着区域内高水平的协同治理，影响城乡、地区间的协同发展和收入分配的公平化、公共服务的均等化。要实现区域均衡发展，就要加强财政对公共服务供给现代化的支撑作用，平衡区域内各地的财政能力，充分发挥财政资源配置和收入分配职能。

4.2 现有衡量财力均衡的指标体系及优劣比较

研究城市的财力均等化，可采用的统计指标有极差、差异系数、基尼系数、泰尔指数等，这些指标能够描述和衡量地区间人均财政支出水平离散程度。对于各个指标的计算和优劣比较如表 4 - 1 所示。通过比较各个指标的优劣和适用性，最终选择基尼系数作为衡量财力均衡度的指标。

表 4 - 1　　　　　　　　　　指标计算及其优劣比较

指标	公式	原理	优劣	来源
极差	$R = x_{\max} - x_{\min}$	极差分析测定的是最值的离散程度	计算简单、含义直观、运用方便，但未能利用全部测量值的信息，是总体标准偏差的有偏估计值	

指标	公式	原理	优劣	来源
变异系数	$CV = \dfrac{\sqrt{\dfrac{\sum\limits_{i=1}^{n}\left(y_i - \bar{y}\right)^2}{n-1}}}{\bar{y}}$	用人均财政收入（即人均一般预算收入）来计算变异系数，反映转移支付前各地区间的财力不平等程度；再用人均财政支出（即人均一般预算支出）来计算变异系数，反映转移支付后各地区间的财力不平等程度	优势为计算简便，但不能利用全部测量值的信息	董艳梅（2013）
泰尔指数	$T = \dfrac{1}{n}\sum\limits_{i=1}^{n}\dfrac{y_i}{\bar{y}}\log\dfrac{y_i}{\bar{y}}$	可从收入和支出两方面对泰尔指数进行计算，各省份收入权重和支出权重在下面统称经济规模权重，另一项权重则为人口权重。有泰尔 L 指数和泰尔 T 指数两种。前者对上层收入水平变化敏感，而后者对底层收入水平变化敏感	泰尔指数的分析近年来受到广泛使用，因为用泰尔熵指数来衡量不平等有一个最大优点：它可以衡量组内差距和组间差距对总差距的贡献。但计算公式较多；泰尔T指数对上层收入水平的变化很明显，而泰尔 L 指数和泰尔 V 指数对底层收入水平的变化敏感	孙开、温馨（2015）；鲍曙光（2016）（L 指数）
基尼系数	（1）$G_i = 1 - \sum\limits_{i=1}^{n}(P_i/P)(2W_i - R_i/R)$ （2）$G = \sum\limits_{k=1}^{n}\left[\mathrm{cov}(y_k, F)/\mathrm{cov}(y_k, F_k)\right]\left[2\mathrm{cov}(y_k, F_k)/m_k\right](m_k/m)$	总收入的基尼系数等于分项收入集中率的加权平均数，权重为分项收入占总收入的比重	基尼系数给出了反映居民之间贫富差异程度的数量，较客观、直观地反映和监测居民之间的贫富差距，数学推导严谨且能够分析不同分项收入的贡献值；相关研究中关于贫富、财产等差异程度的指标也普遍使用基尼系数。但国际上还没有制定基尼系数的准则，也没有统一的公式计算基尼系数	贾晓俊（2009）；涂立桥（2013）

4.3 区域财力均衡指标测算分析

4.3.1 地级市的城市可支配财力

本章选取 217 个地级市的财政数据，采用两种方式衡量地方财力，分别为：（1）"本级可支配财力 = 本级地方财政收入 + 上级的返还收入和补助收入 – 上解上级支出 – 对下级税收返还和补助下级支出"；（2）"本级可支配财力 = 本级地方财政收入 + 上级的返还收入和补助收入 + 政府性基金收入 – 上解上级支出 – 对下级税收返还和补助下级支出 – 政府性基金支出"。两个公式分别计算的是包括政府性基金与不包括政府性基金的城市财力。所得数据经对比差异较小，因此采取较为普遍使用的公式（1）进行财力的计算。根据各个地级市财力数据，用以下公式计算基尼系数，得出省份和城市群财力均衡度。

$$G_i = 1 - \sum_{i=1}^{n} (P_i/P)(2W_i - R_i/R)$$

计算所得的 2013～2019 年各省份和城市群财力均衡度（基尼系数）如表 4-2 和表 4-3 所示。

表 4-2 　　　　　　　　2013～2019 年全国各省份财力均衡度

省份	基尼系数						
	2013 年	2014 年	2015 年	2016 年	2017 年	2018 年	2019 年
河北	0.3294	0.7173	0.6993	0.4212	0.4887	0.2664	0.243
山西	0.3177	—	0.6696	0.7101	0.4104	0.2664	0.2781

续表

省份	基尼系数						
	2013 年	2014 年	2015 年	2016 年	2017 年	2018 年	2019 年
内蒙古	0.4023	0.8001	0.8001	0.585	0.5742	0.3663	0.3816
辽宁	0.3528	0.6435	0.6534	0.5535	0.603	0.396	0.2709
吉林	0.639	0.7875	0.7875	0.6318	0.6552	0.4887	0.6453
黑龙江	0.3897	—	0.7956	0.5472	0.7281	0.441	0.3339
江苏	0.2943	0.7731	0.8028	0.3294	0.3195	0.3123	0.3339
浙江	0.3951	0.7074	0.6723	0.5373	0.6102	0.4023	0.3861
安徽	0.387	0.8118	0.7596	0.5112	0.333	0.3987	0.3195
福建	0.2925	0.6966	0.5112	0.306	0.3744	0.3096	0.3285
江西	0.2511	0.7137	0.5256	0.5328	0.5238	0.3042	0.4968
山东	0.3195	0.5292	0.3591	0.3825	0.3681	0.3564	0.3447
河南	0.3555	0.8307	0.6525	0.5418	0.3186	0.3465	0.4554
湖北	0.4968	0.7524	0.7641	0.6012	0.7479	0.4752	0.5427
湖南	0.2574	0.8307	0.6993	0.4212	0.5346	0.2943	0.4608
广东	0.6759	0.8172	0.7497	0.7524	0.7812	0.5778	0.7452
广西	0.3843	—	0.8361	0.819	0.7434	0.4104	0.6453
海南	0.0441	—	0.45	—	0.0576	0.0639	0.0261
四川	0.3906	0.8496	0.8334	0.7506	0.6246	0.3492	0.4329
贵州	0.3681	0.6651	0.54	0.5931	0.4266	0.3465	0.3015
云南	0.4428	0.7479	0.7326	0.6219	0.6174	0.4338	0.3204
甘肃	0.3807	—	—	0.5157	0.6399	0.3978	0.3492
宁夏	0.5724	—	—	0.7497	0.7497	0.5094	0.5877
新疆	0.4293	0.675	0.6255	0.4221	0.6066	0.3141	0.4257

注：结果显示为"—"，表示该区域缺失数据较多，无法计算出合理结果。

表 4 - 3　　　　　　2013～2019 年全国各城市群财力均衡度

城市群名称	2013 年	2014 年	2015 年	2016 年	2017 年	2018 年	2019 年
京津冀 城市群	0.7866	0.77045	0.6802	0.71155	0.5567	0.6669	0.7429
长三角 城市群	0.798	0.80085	0.5149	0.54625	0.53105	0.51775	0.58615
成渝城市群	0.8911	0.8911	0.80845	0.6403	0.4864	0.5339	0.52915
晋中城市群	—	0.7125	0.7125	0.6061	0.39805	0.3591	0.5168
中原城市群	0.8664	0.665	0.589	0.34485	0.3629	0.40375	0.4408
呼包鄂榆 城市群	0.7125	0.53675	0.3401	0.3648	0.2451	0.2147	0.38475
辽中南城市群	0.6213	0.60705	0.53675	0.59375	0.44745	0.35245	0.41515
哈长城市群	0.855	0.75525	0.58425	0.6232	0.475	0.47215	0.64315
粤闽浙沿海 城市群	0.741	0.6175	0.52915	0.55955	0.3857	0.47405	0.5187
长江中游 城市群	0.8702	0.69065	0.6213	0.7258	0.43035	0.5662	0.5947
山东半岛 城市群	0.47405	0.2546	0.3401	0.33725	0.3306	0.29735	0.29165
粤港澳大湾区	0.79135	0.6327	0.67165	0.68875	0.4959	0.6631	0.75905
北部湾城市群	0.855	0.7809	0.76475	0.6726	0.30875	0.60895	0.418
黔中城市群	0.57855	0.4332	0.46455	0.3496	0.16055	0.2793	0.67545
滇中城市群	0.63365	0.63365	0.4009	0.3249	0.2432	0.24795	0.63365
关中平原 城市群	0.72485	0.6764	0.608	0.71155	0.51775	0.437	0.3401
兰西城市群	—	—	0.7125	0.6346	0.1805	0.55575	0.7125

城市群名称	2013 年	2014 年	2015 年	2016 年	2017 年	2018 年	2019 年
宁夏沿黄城市群	—	—	0.7125	0.7125	0.5206	0.50825	0.68875
天山北坡城市群	0.475	0.4237	0.4351	0.44175	0.42275	0.3268	0.475

注：结果显示为"—"，表示该区域缺失数据较多，无法计算出合理结果。

4.3.2　省级城市财政均衡度

2019 年的省级可支配财力的基尼系数最大值和最小值分别在广东省（0.85）和海南省（0.19）。自 2015 年起，广东省基尼系数在全国省份中持续最高，省内各个城市的财力非常不均衡，珠三角城市经济发达度远远大于其他城市。京津冀地区、沿海经济发达省份由于较早发展起来，省内各市的财力较强且更加均衡。而东北、西北地区的部分省份地方财政形势依然严峻。东北资源枯竭、西北区位因素较差，导致东北、西北经济发展较弱、人口流出，财力较弱，财力均衡度较低。例如，东北地区的沈阳、长春财力排在全国前 30 名，而大连、哈尔滨两个城市的财力均排在 100 名以外；2018 年、2019 年，吉林省均是除广东省外财力最不均衡的省份。在当前北上广深等特大城市已成为城市群内重要增长极的背景下，东北地区城市发展相对滞后，哈长城市群核心城市的发展优势下降明显。

4.3.3　城市群城市财政均衡度

根据 2018 年公布的《中共中央国务院关于建立更加有效的区域协调发展新机制的意见》，中国七大城市群分别为京津冀城市群、长三角城市群、粤港澳大湾区、成渝城市群、长江中游城市群、中原城市群和关中平原城市群。截至 2019 年 2 月 18 日，国务院先后共批复了 12 个国家级城市群，分别是：长江中游城市群、哈长城市群、成渝城市群、长三角城市群、中原城市群、北部湾城市群、关中平原城市群、呼包鄂榆城市群、兰西城市群、粤港澳大湾区、京津冀城市群、黔中城市群。此外，辽中南城市群、山东半岛城市群、滇中城市群、天山北坡城市群、粤闽浙沿海城市群、晋中城市群、宁夏沿黄城市群 7 个城市群属于待批复的城市群。对于全国 19 个城市群内部的财力均衡度，同样采用基尼系数测算的方法进行衡量。各城市群财力均衡度排名，如图 4-1 所示。

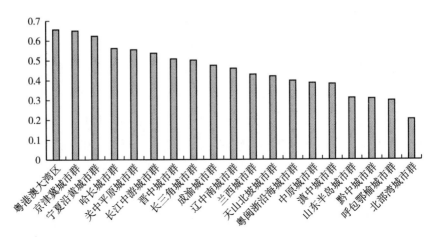

图 4-1　城市群财力均衡度排名

注：粤港澳大湾区未含中国香港、中国澳门数据。

排除部分财政数据来源、汇总、计算过程产生的误差，2013 ~ 2019 年城市群财力均衡度的基尼系数初步显示出以下特征：①整体呈现南强北弱、沿海大于内陆的趋势；②经济较为发达的城市群总体发展不均衡；③单核、双核城市群发展更不均衡。城市群财力均衡度按照差异由大到小排列为：京津冀城市群、粤港澳大湾区、长三角城市群、长江中游城市群、关中平原城市群、成渝城市群，而中原城市群内部区域财力差距最小。除 2017 年外，京津冀城市群和粤港澳城市群基尼系数均超过 0.6；财力较不均衡的其他城市群基尼系数也均在 0.4 以上，部分年份超过 0.6。而山东半岛城市群、辽中南城市群、哈长城市群、中原城市群等北方内陆城市群内部财力的均衡度则均较为均衡，各年的基尼系数均在 0.4 以下。

城市群的基尼系数总体要低于省级层面的基尼系数，最高不超过 0.66，总体在 0.2 ~ 0.65 之间分布，各个城市群之间虽有差异但分布较为集中。粤港澳大湾区总体上是财力最不均衡的地区，在 2013 年、2019 年基尼系数均为全国最高。基尼系数较低的城市群有呼包鄂榆城市群、北部湾城市群、滇中城市群、山东半岛城市群等经济稍显落后的城市群。

相较于长三角城市群这种多中心城市群模式，京津冀、珠三角城市群等单核、双核城市群中的财力更不均衡。可能的原因在于京津冀城市群和粤港澳城市群最早发展起来，城市群内部中心城市高度发达，对周边城市辐射带动的能力不足，广东、浙江等东部省份还存在经济较为发达、受中央直管的计划单列市，如广东深圳、浙江宁波、山东青岛等，导致部分城市群财力集中在省会城市，财力均衡度较低。成渝、长江中游城市群也属于省会城市，集政治、经济、文化、交通等多个中心于一身，表现为核心城市集聚效应明显的"单极模式"，而长三角城市群在区域创新、产业一体化、顶层设计和政策推动的推动下，各地市财力均衡度较为接近。表 4 - 4 列示了 2015 年财力排名前 36 位的城市。

表 4 - 4　　　　　　　　2015 年地方财力排名前 36 位的城市　　　　　单位：万元

排名	城市	财力（含政府性基金）	城市	财力（未含政府性基金）	排名	城市	财力（含政府性基金）	城市	财力（未含政府性基金）
1	深圳市	50669853	深圳市	50669853	19	烟台市	10374573	大连市	9226607
2	天津市	42042579	天津市	42042579	20	大连市	9226607	哈尔滨	9212609
3	南京市	21204701	南京市	19523950	21	哈尔滨	9212609	烟台市	9153836
4	郑州市	17802041	郑州市	17709318	22	厦门市	9037727	厦门市	9037727
5	宁波市	17267324	宁波市	17267324	23	盐城市	7451780	昆明市	8054923
6	青岛市	16624321	青岛市	16624321	24	昆明市	8054923	常州市	7967892
7	无锡市	14008205	无锡市	14008205	25	常州市	7967892	盐城市	7451780
8	长沙市	13746946	长沙市	13578025	26	淮安市	7160924	淮安市	7160924
9	沈阳市	13037394	沈阳市	13037394	27	长春市	7125888	长春市	7125888
10	西安市	12851530	西安市	12847378	28	金华市	6926536	乌鲁木齐	7019066
11	合肥市	11439120	合肥市	11430880	29	乌鲁木齐	7019066	金华市	6926536
12	济南市	11292740	济南市	11292740	30	鄂尔多斯	6506976	温州市	6717328
13	佛山市	11032178	福州市	11155795	31	温州市	6717328	南阳市	6714109
14	福州市	10949795	佛山市	11093436	32	南阳市	6714109	贵阳市	6532879
15	杭州市	10816940	杭州市	10816940	33	贵阳市	6532879	榆林市	6517648
16	徐州市	10790105	徐州市	10790105	34	榆林市	6517648	鄂尔多斯	6506976
17	南通市	10406952	南通市	10546260	35	泉州市	6494243	泉州市	6494243
18	东莞市	10392181	东莞市	10148765	36	石家庄	6180247	石家庄	6180247

从 2013～2019 年七大城市群财力基尼系数的变化情况可以大致得出城市群财力均衡度的变化趋势，如图 4 - 2 所示。从横向对比来看，城市群内部的财力差异大体上呈现缩小的趋势，可能是由于 2014 年、2015 年、2017 年前后，国家依次正式批复了七大国家级城市群。此外，还可以初步得出城市群的建立能够促进城市群内部财力均衡度提高的结论。以京津冀城市群为例，《中华人民共和国国民经

济和社会发展第十四个五年规划和 2035 年远景目标纲要》正式批复了京津冀城市群的成立，图 4-2 显示出 2014 年后京津冀城市群财力均衡度有了明显提高。

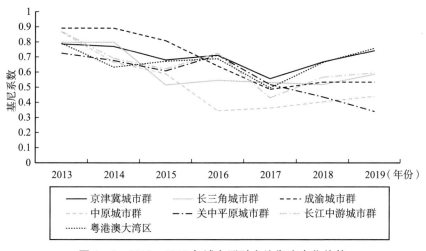

图 4-2　2013~2019 年城市群财力均衡度变化趋势

4.4　促进城市群财力均衡发展的政策建议

4.4.1　统筹城市群协调发展

促进城市群财力均衡发展，首先就要提升城市群协调发展水平。要稳定经济增长，提高地区生产总值和人均收入，保障地方政府财政来源。同时，也要统筹区域协调发展，缩小各区域内的财力差异。

一般而言，核心城市（超大城市或特大城市）是城市群的中心，在城市群内发挥着支撑和引领的作用，其发展水平在很大程度上决定着整个城市群的发展水平和发展方向。从目前的情况来看，我国城市群的一个突出特点是超大城市或特大城市的数量少，应强化城市群中的主导城市经济辐射能力，统筹经济管理功能。

我国城市群经济发展差距正在逐步加大，这与城市群内各个省市产业转型升级缓慢、经济结构不合理、区域内经济发展不平衡且日益加剧的背景有关。因此，促进城市群产业转型升级对促进我国区域经济协调发展具有重要意义。要充分发挥地区比较优势，促进区域均衡发展。对于经济发展好的地区而言，可以在一定范围内承载更多的产业和人口，不断发挥价值创造功能；对于经济欠发达地区而言，要找到自身的薄弱环节，重点突破，实现更加充分的高质量发展。各个地区都要打通自身生产要素的内循环，根据实际条件制定不同政策，设置对应的经济总量和税收增长要求。省会及核心大城市要带动地方城市共同发展，通过财政转移支付等方式，与地方城市共享发展成果，进而实现地区一体化和共同富裕。

在当前城市群的发展过程中，要充分释放城市群发展的结构性潜能，实现区域内各类要素自由流动，协同城市群绿色低碳转型，以城市群一体化助推区域均衡发展。要做到创新驱动产业转型升级，补齐创新短板，加快新旧动能转换，激活城镇化动力。充分发挥各个城市群的创新平台的作用，如东北地区在加快老工业基地创新发展的同时，全面推进改革试验区等平台建设，构建开放、协同、高效的共性技术研发平台、成果转化平台，充分释放创新活力；构建创新型产业体系，大力培育科技型创新企业，在一些核心技术上取得突破。在促进核心城市长足发展的同时，实现各个城市间的分工协作和优势互补，提高整个区域的自有税收水平，进而促进城市群财力一体化的均衡发展。

要实施分类管理的财政扶持政策，通过完善转移支付制度和税收制度，发挥二次分配的均等化效应，促进区域财力均衡，加强财政预算绩效管理和中长期规划管理，弥补财力差异，提高各级财政高质量发展建设中长期保障能力。

4.4.2　加强对欠发达地区的转移支付

党的十七届二次全会通过的《关于深化行政管理体制改革的意见》中明确提出，要"按照财力与事权相匹配的原则，科学配置各级政府的财力，增强地方特别是基层政府提供公共服务的能力"。省级政府要采取措施均衡各地级市的财政可支配财力，对发展水平比较低的地区要加强转移支付，完善省以下财政管理体制，充分调动各级政府增收节支的积极性，切实保证机关事业单位工作人员工资的及时足额发放和基层政权的正常运转。要合理界定省以下各级政府的事权范围和财政支出责任，合理划分省以下各级政府财政收入，逐步缩小辖区内地区间财力差距，促进国民经济及各项事业的持续快速健康发展。

明确划分各级政府财政支出责任。我国省级地方政府应承担辖区经济发展、产业结构调整、跨市县基础设施建设、文化教育等职能，同时，还要承担社会救助和保障性住房建设的补助等职能；市级地方政府则主要承担辖区经济社会发展、基础设施建设、提供相应的社会公共服务事项，以及对县级政府的社会救助等职能；县级地方政府主要承担相应的社会公共服务、兑现各种基本保障制度，以及组织辖区内生产性基础设施建设等职能。基于这样的政府事权及相应的财政支出责任的划分，再加上各地经济发展的不均衡情况，我国省级以下地方政府转移支付制度改革的目标应确立为实现公共服务均等化，同时，通过制定并颁布相应的法律法规将其明确下来，对这一制度的配套措施，以及具体的监督形式和处罚规则等也应有详细规定，并成立专门的机构，对转移支付的政策目标实现程度进行科学的评估。应创新完善省对市县的财政体制，加大省对市县财政转移支付的调节力度并提高调节的精准性。探索深化收入激励奖补、分类分档财政转移支付、区域统筹发展等方面的改革。建立健全常态化财政资金直达机制，更加精准高效直接地惠企利民。

4.4.3　加强区域内府际合作

由于受地方保护主义、行政壁垒、晋升机制及财政竞争等因素影响，我国区域治理融合度不高，需要从国家层面进行顶层设计和全面深化改革，加强府际合作关系。空间异质性、空间溢出效应为政府间财政合作提供了条件。城市要做好功能定位，实现错位发展、优势互补。随着工业化进程的不断加快，城市群内城市之间有了一定的分工和协作，有的城市已经形成比较完整的产业体系。但是在一些区位相近的地区，自然资源条件相似，产业同构现象较为严重。城市间分割多于依存、竞争多于合作，互补性不强，没有形成合理的分工。另外，我国很多城市群正处于快速发展期，受经济发展模式影响，各城市更关注经济发展目标的实现，因此，在行政区利益和城市群利益的博弈中，地方政府应当优先考虑城市群的整体利益，在城市群基础设施领域防止重复建设，以减少资源的错配和浪费。

为解决城市群内发展差距过大问题，实现共同富裕目标，财政体制应更加注重平衡功能，提高区域间基础设施和基本公共服务均等化，保障区域协调发展。一方面要继续加快实现基础设施通达程度区域均衡；另一方面要尽快尝试养老保险全国统筹，以及医疗、教育、社保等在全国范围内实现制度统一和区域间互助共济。另外，应加快完善土地、户籍及福利支付等配套政策，加快土地管理制度改革，提高城市群承载能力，促进城镇化水平进一步提高，实现迁移人口稳定落户，促进全民共同富裕。

第五章

新发展格局与城市土地
财政转型发展

5.1 新发展格局对城市土地财政模式的影响

5.1.1 土地价值捕获理论

"土地价值捕获"理论最早由大卫·李嘉图（David Ricardo）在18世纪提出，他认为因公共投资导致的资产溢价理应捕获并投入社会。19世纪的美国经济学家亨利·乔治在《进步与贫困》（*Progress and Poverty*）一书中表示，土地的价值不仅由自身价值和个人投资决定，而且受到公共基础设施、制度、人口、经济发展等多种因素的影响。由个人投资带来的土地增值收益归于个人所有似乎没有争议，而由公共投资行为带来的增值收入应该如何分配尚存争议。一种观念认为，土地溢价是由公共服务或公共投资带来的资产溢价，属于公共行为结果，不能归属于个人行为，所以公共投资行为带来的土地溢价应当由公共部门借助一定的捕获工具回收，从而保证公共产品和服务的持续供给（Smolka & Amborski，2000）。另一种观点认为，如果房产或者土地的所有权归属于私人部门，即便公共投资产生资本化效应，增值收益也应当看作私人部门投资选择的结果。国外不断探索如何处理土地价值捕获过程涉及的效率与公平的问题，由此产生了土地价值捕获策略（Robinson，1943）。土地价值捕获的逻辑起点是公共产品或者公共服务资本化，资本化效应在公共开发领域尤其是交通基础设施领域最为显著。亚科诺等（Iacono et al.，2009）以轨道交通建设为例，分析了财政收入、价值捕获和使用者付费三种土地价值捕获策略。

现有实践中主要通过两条途径对土地价值进行捕获，即税费方式和开发方式，两种方式下捕获的机制和具体内容如图 5 - 1 所示。税费方式下的土地价值捕获内容包含财产税、土地增值税、所得税等，这一类价值捕获工具与国家或地区的财税体制密不可分。开发方式下的土地价值捕获工具是指依赖于土地开发的价值捕获，例如土地出让、租赁、城市再开发等。开发方式捕获是现有最为广泛的价值捕获方式，政府借助土地批租制度捕获土地增值，并将这部分收入直接运用于公共基础设施建设投资。在这种方式下，地方政府垄断土地市场，掌握土地控制权、分配权，对土地资源进行集中开发、使用，出让给开发商，定期收取租金，从而保证政府既能够筹集一定的财政资金提供公共产品，也能够凭借对土地的所有权参与土地剩余价值分配，分享土地剩余价值（Bourassa & Hong，2003；Peterson & Kaganova，2010；Hui et al.，2004）。然而，这种土地批租制度使得政府过多地干预土地资源配置，影响了土地资源配置效率，最终的结果是低效率的，但以房地产税等为主的税费方式土地价值捕获工具具有税基不流动、税源稳定有弹性、地方政府征管便利等优点，在支持城市基础设施建设的同时也不会对土地市场造成扭曲（Batt，2001；Hong & Brubaker，2010）。近年来，国内一些学者从价值捕获的视角倡导推行房地产税，如何杨等（2015）认为，房地产税可以作为公共服务资本化的增值捕获工具，但需要协调好房地产税与其他价值捕获工具之间的关系。任强等（2017）借助小学合并的外生政策冲击，利用微观房产交易数据验证基础教育资本化效应，主张全面开征房地产税以捕获公共服务资本化造成的增值，调节收入分配。

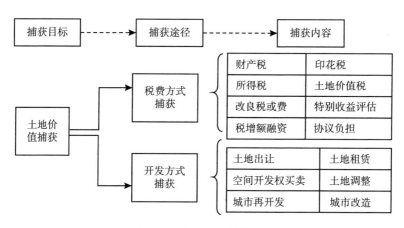

图 5-1　土地价值捕获体系

　　由于价值捕获工具不同，现有研究资料还没有统一的测算价值捕获能力的指标。沃尔特斯（Walters，2013）尝试解决价值捕获工具是否有效、持续的问题，通过评估土地价值捕获工具的有效性，发现土地价值捕获是有效的，提出按年征收土地租金，重构现行的土地制度。吴等（2019）以杭州西湖历史文化风景区为例，运用特征价格法和空间自回归模型分析西湖风景区对周边房价的空间溢出效应，对比了土地公开拍卖环节的土地出让金、保有环节的房产税、交易环节的契税三种价值捕获手段的优劣，认为房地产税能够捕获更多的西湖文化风景区产生的溢价效应。梅布（Mabe，2016）以加纳大都市为例，结合定性和定量分析方法，发现该城市房地产税占基层财政收入的 28%，支撑着 84% 以上的财政支出，从而验证了房地产税作为地方公共服务支出的融资手段的论断。

5.1.2　城市财政可持续理论

财政可持续性是各国和国际组织经常讨论的一个话题。早在 20 世纪 20 年代初，凯恩斯在论述法国面临的公共债务问题时提到，法国政府需要实施可持续的财政政策以满足其预算约束，并指出当国家的合同债务占国民收入的比例过高时就会明显缺乏可持续性。对于财政可持续性的定义，现有文献已有共识，它是指当前财政政策对未来的影响，更准确地说是指政府能否在不危及其偿付能力的情况下继续推行其预算政策。如果随着时间的推移，现有财政政策会导致政府偿付能力降低，那么它可能被认为是不可持续的，因此现有研究大多以考察政府偿付能力为起点来评估财政可持续性（Buiter，1985；Spaventa，1987；Blanchard，1990）。现有实证文献中评估可持续性的方法主要为可持续性测试法和可持续性指标法。可持续性测试的目的是验证偿付能力状况是否适用于过去的预算政策，并根据这些结果试图推断出未来的情况。可持续性指标法是通过预测政府赤字缺口等方式来衡量当前财政政策的可持续性（见图 5 - 2）。已有不少研究探讨了财政政策可持续性问题，并对现值预算约束条件（present value budget constraint，PVBC）进行了实证检验。安东尼奥·阿方索（António Afonso，2004）利用欧盟委员会（European Commission）AMECO 数据库对 1970～2003 年的欧盟国家进行了公共支出和公共收入之间的协整检验，实证结果发现，除了少数国家出现可持续发展问题的可能性较小外，其他国家的财政政策可能无法持续。

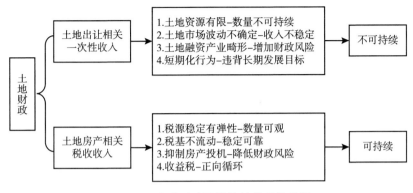

图 5 - 2　土地财政可持续性的理论分析

通过对城市财政可持续理论分析得知，财政的可持续建立在政府能获取兼具稳定可靠与数量可观两个特性的收入的基础上。然而我国现行的土地财政主要是通过土地开发手段来捕获土地价值，相关的税费很少，导致地方财政对土地出让环节收入形成较大依赖，这种依靠增量土地获取财政收入的模式直接使得地方财政面临不可持续风险。首先，由于土地是一种稀缺和有限的资源，加上不能无限制转用农用耕地，可供开发利用的土地资源会越来越少，最终导致地方政府无地可供出让，因此从长期来看此项收入在数量上不可持续。其次，土地市场受宏观经济和房地产行业的波动影响较大，依靠土地市场获取的财政收入不具有稳定性和确定性。亚当·斯密曾提出地方政府的不确定收入相较于税收的不公正性危害更大，更不利于财政的可持续性。再次，土地出让收入是政府将未来几十年的土地使用费提前获取并用于当期支出，这种预支方式不仅违背了代际公平，并且引发的地方政府超额出让土地等短期化行为会与城市的长期发展产生冲突。最后，土地财政还可能会引发一系列财政金融风险，例如由土地抵押或质押带来的地方债等金融风险，土地财政模式下导致的房地产行业畸形发展、阻碍城市产业升级等风险，都对地方财政的可持续发展造成潜在威胁。

以税费方式捕获土地价值为主的土地财政将具有较好的可持续性，尤其是以房屋保有环节的税收方式。现以各国实践中较有代表性的房产税为例。首先，由于房产税征税对象为房屋，房产数量庞大，征收额根据房价变动而变动，因而房产税税源稳定且具有弹性，为可观的财政收入规模提供了保障。其次，由于房产税按年征收，房屋不易损耗且不可流动，因此房产税拥有稳定的税基，能带来稳定可靠的财政收入。再次，房地产具有收益税的特点，可以作为各国政府的重要财政收入的组成部分，投向公共基础设施和服务的建设，促进地区房产价值的提升，形成正向循环。最后，由于房产相关税收属于直接对纳税人财产征收的直接税，可以起到调节收入分配、促进社会公平的作用，并且房产税增加了房屋持有环节的成本，能在一定程度上抑制房地产市场的投机需求，避免房地产市场的异常发展以及经济和财政对房地产行业的过度依赖，降低财政风险。

5.2 城市土地财政的衡量及影响分析

5.2.1 城市土地财政依赖度的指标衡量

通过梳理现有文献关于土地财政的衡量指标，本书将其定义为较广义的土地财政，即土地出让收入与土地相关税收之和，其中与土地直接相关的税收包含房产税、城镇土地使用税、土地增值税、耕地占用税、契税五种。鉴于土地间接税收（如来自建筑业和房地产业与土地相关的增值税、所得税等）数据难以分离和统计，这里暂不将其计入土地财政。土地财政反映的是地方政府与土地相关的收益，但土地财政规模作为一种绝对指标忽略了不同地区的个体差异，相同的土地财政规模对于不同发展水平的城市而言代表着不同的含义，因而本书以土地财政收入占城市财政收入的比重作为衡量城市土地财政依赖度的代理指标，使用土地财政依赖度等相对指标对城市土地财政状况进行衡量，避免了使用土地财政规模等绝对指标所存在的缺陷。相比于以往研究对土地财政依赖的定义，本书对土地财政依赖度的衡量进行了细化，按照土地的出让、流转和房屋持有各环节，划分为以下四种土地财政依赖度。

（1）土地交易环节依赖度

土地交易环节涉及的土地财政收入主要以纳入城市政府性基金收入的国有土地使用权出让收入为主，其他例如国有土地收益金等土地类相关收入都是基于此项收入提取的，因而本书以国有土地使用权出让收入作为土地交易环节的土地财政收入，以其占财政收入的比重作为土地交易环节的土地财政依赖度，定义为土地财政依赖度1（$land1$）。

（2）房屋交易（土地转让）环节依赖度

房屋交易环节涉及的土地类相关收入主要包含城市一般公共预算收入中的土地增值税和契税收入，本书以土地增值税和契税之和作为房屋交易环节的土地财政收入，以其占财政收入的比重作为房屋交易环节的土地财政依赖度，定义为土地财政依赖度2（$land2$）。

（3）房屋持有环节依赖度

房屋持有阶段涉及的土地类相关收入主要包含纳入城市一般公共预算收入中的房产税、城镇土地使用税和耕地占用税，本书以房产税、城镇土地使用税和耕地占用税之和作为房屋持有环节的土地财政收入，以其占财政收入的比重作为房屋持有环节的土地财政依赖度，定义为土地财政依赖度3（$land3$）。

（4）土地财政总依赖度

本书界定的土地财政总收入包含国有土地使用权出让收入和土地

相关的直接税收收入，即房产税、土地增值税、城镇土地使用税、契税和耕地占用税五项税收收入。以土地财政总收入占地方财政收入的比重作为某一城市的土地财政依赖度，定义为土地财政总依赖度（*landsum*）。该指标越高，表明某城市的土地财政收入对地方政府财政收入的贡献越大，土地依赖程度就越高。

现有关于土地财政依赖度的衡量中，大多数学者采用一般公共预算收入作为地方财政收入，即土地财政依赖度衡量公式的分母。这种衡量方法实际上并不严谨。城市全口径的财政收入包括一般公共预算收入、政府性基金收入、国有资本经营预算收入和社会保险基金预算收入，土地出让收入不属于一般公共预算而统计在政府性基金预算中，于是在测算土地财政依赖度时，分母需要加上政府性基金收入（柴铎等，2018）。同时，由于国有资本经营预算和社会保险基金预算都是专款专用类账户，不能用于平衡一般公共财政预算，因此计算土地财政依赖度时不计入此两项收入。据此，本书将城市财政收入定义为一般公共预算收入与政府性基金收入之和，土地财政依赖度计算公式为：土地财政收入/（一般公共预算收入 + 政府性基金收入）。本书关于土地财政依赖度的衡量体系所使用的指标定义和度量方法如表 5 – 1 所示。

表 5 – 1　　　　　　　　　　指标定义和度量方法

一级指标	二级指标	定义	度量方法（单位：万元）
土地财政	土地出让收入	土地出让金	全市政府性基金收入：国有土地使用权出让收入
	土地直接相关税收收入	房产税 城镇土地使用税 耕地占用税 土地增值税 契税	全市一般公共预算收入：房产税 全市一般公共预算收入：城镇土地使用税 全市一般公共预算收入：耕地占用税 全市一般公共预算收入：土地增值税 全市一般公共预算收入：契税

续表

一级指标	二级指标	定义	度量方法（单位：万元）
土地财政依赖度	*land*1	土地交易环节依赖度	国有土地使用权出让收入/城市财政收入
	*land*2	房屋交易环节依赖度	（土地增值税＋契税）/城市财政收入
	*land*3	房屋持有环节依赖度	（房产税＋城镇土地使用税＋耕地占用税）/城市财政收入
	landsum	土地财政总依赖度	（国有土地使用权出让收入＋五税）/城市财政收入
城市财政收入		一般公共预算本年收入＋政府性基金本年收入（单位：万元）	

5.2.2　城市土地财政依赖度衡量结果及分析

根据原始数据来源的统一性和可得性选择不同地区和不同等级的200个城市作为衡量对象，覆盖全部直辖市、副省级城市、省会城市以及各省份大部分中心城市，占2018年全国294个城市的68%。本书数据跨度为2015～2018年。国有土地使用权出让收入、相关税收，以及地方一般公共预算收入、政府性基金收入数据均来源于各城市人民政府官网、城市财政局官网公布的财政决算报告。本书关于城市土地财政依赖度衡量体系所使用的相关指标均由以上数据整理、汇总和处理得出，是目前地级市层面最具准确性、时效性和全面性的土地财政数据。

（1）测算结果及区域分析

为了解和比较我国不同区域、不同省份之间土地财政依赖的情况，首先对200个城市2015～2018年的土地财政依赖度进行了均值估计，并按照 2019 年国家统计局经济地带划分标准①将 200 个城市归入东中西三大区域，在表 5 – 2 里显示了按照东、中、西和东北四大区域列示的土地财政依赖度排名结果②。

表 5 – 2　　2015 ~ 2018 年我国城市土地财政依赖度的均值估计

区域	城市	所属省份	land1	land2	land3	landsum
东部	常州市	江苏	0.5453	0.0425	0.0338	0.6216
	汕尾市	广东	0.5120	0.0611	0.0380	0.6111
	威海市	山东	0.4145	0.0827	0.1047	0.6019
	南京市	江苏	0.5051	0.0617	0.0296	0.5964
	杭州市	浙江	0.5145	0.0566	0.0201	0.5913
	福州市	福建	0.4884	0.0768	0.0245	0.5897
	佛山市	广东	0.4769	0.0647	0.0429	0.5845
	保定市	河北	0.4699	0.0747	0.0332	0.5778
	温州市	浙江	0.4882	0.0597	0.0295	0.5774
	南通市	江苏	0.4639	0.0443	0.0667	0.5748
	唐山市	河北	0.2619	0.0474	0.0833	0.3926
	东莞市	广东	0.2651	0.0749	0.0481	0.3881
	龙岩市	福建	0.3019	0.0471	0.0314	0.3804
	滨州市	山东	0.2063	0.0372	0.1367	0.3803
	天津市	天津	0.2716	0.0725	0.0303	0.3744
	烟台市	山东	0.1825	0.0891	0.0946	0.3662
	北京市	北京	0.2635	0.0599	0.0340	0.3574

① 参考国家统计局 2019 年 12 月公布的 2019 年 1 ~ 11 月份全国房地产开发投资和销售情况中对东、中、西部和东北地区划分方法：东部地区包括北京、天津、河北、上海、江苏、浙江、福建、山东、广东、海南 10 个省（市）；中部地区包括山西、安徽、江西、河南、湖北、湖南 6 个省；西部地区包括内蒙古、广西、重庆、四川、贵州、云南、西藏、陕西、甘肃、青海、宁夏、新疆 12 个省（市、自治区）；东北地区包括辽宁、吉林、黑龙江 3 个省。

② 由于篇幅所限，表中仅列示东、中、西三大区域排名前 10 位和后 10 位、东北地区前 5 位和后 5 位城市数据。

续表

区域	城市	所属省份	land1	land2	land3	landsum
东部	无锡市	江苏	0.2409	0.0478	0.0522	0.3409
	上海市	上海	0.2313	0.0746	0.0263	0.3322
	东营市	山东	0.1552	0.0372	0.1198	0.3123
	61 城均值		0.3528	0.0695	0.0560	0.4784
中部	阜阳市	安徽	0.5418	0.0799	0.0279	0.6495
	驻马店市	河南	0.5057	0.0592	0.0655	0.6304
	衡阳市	湖南	0.5001	0.0712	0.0374	0.6087
	合肥市	安徽	0.4688	0.0826	0.0293	0.5807
	抚州市	江西	0.4242	0.0722	0.0724	0.5688
	武汉市	湖北	0.4475	0.0811	0.0269	0.5555
	濮阳市	河南	0.3975	0.0540	0.0867	0.5382
	赣州市	江西	0.3906	0.1266	0.0191	0.5363
	荆门市	湖北	0.4002	0.0600	0.0749	0.5351
	太原市	山西	0.4407	0.0711	0.0221	0.5339
	运城市	山西	0.2297	0.0391	0.0637	0.3324
	池州市	安徽	0.1427	0.0704	0.1140	0.3272
	张家界市	湖南	0.1682	0.0974	0.0570	0.3225
	郴州市	湖南	0.1910	0.0788	0.0504	0.3201
	宣城市	安徽	0.1592	0.0647	0.0810	0.3049
	淮南市	安徽	0.1940	0.0539	0.0469	0.2947
	咸宁市	湖北	0.1072	0.0853	0.0850	0.2775
	湘潭市	湖南	0.1605	0.0707	0.0417	0.2729
	朔州市	山西	0.1864	0.0171	0.0632	0.2667
	长治市	山西	0.1362	0.0230	0.0440	0.2032
	47 城均值		0.3036	0.0718	0.0619	0.4373
西部	眉山市	四川	0.5737	0.0648	0.0515	0.6901
	铜仁市	贵州	0.5130	0.0582	0.0938	0.6650
	自贡市	四川	0.5279	0.0658	0.0458	0.6394
	广安市	四川	0.5162	0.0700	0.0498	0.6360

续表

区域	城市	所属省份	land1	land2	land3	landsum
西部	安顺市	贵州	0.4360	0.0743	0.1243	0.6346
	巴中市	四川	0.5167	0.0623	0.0335	0.6124
	中卫市	宁夏	0.3703	0.0549	0.1726	0.5979
	南充市	四川	0.4615	0.0760	0.0590	0.5965
	毕节市	贵州	0.4243	0.0701	0.0929	0.5873
	重庆市	重庆	0.4278	0.0627	0.0877	0.5783
	嘉峪关市	甘肃	0.0743	0.0442	0.1673	0.2858
	临沧市	云南	0.2033	0.0340	0.0406	0.2779
	庆阳市	甘肃	0.1995	0.0289	0.0464	0.2748
	鄂尔多斯市	内蒙古	0.0305	0.0167	0.2129	0.2602
	金昌市	甘肃	0.0778	0.0324	0.1372	0.2474
	昭通市	云南	0.1698	0.0184	0.0313	0.2195
	普洱市	云南	0.1492	0.0259	0.0370	0.2120
	宝鸡市	陕西	0.1558	0.0202	0.0295	0.2054
	曲靖市	云南	0.0910	0.0341	0.0485	0.1736
	榆林市	陕西	0.0425	0.0085	0.0544	0.1054
	64 城均值		0.3020	0.0546	0.0778	0.4344
东北	吉林市	吉林	0.2774	0.0935	0.1233	0.4941
	盘锦市	辽宁	0.2925	0.0355	0.1100	0.4380
	长春市	吉林	0.3001	0.0856	0.0448	0.4305
	四平市	吉林	0.2147	0.0557	0.1554	0.4257
	哈尔滨市	黑龙江	0.2467	0.1186	0.0567	0.4221
	双鸭山市	黑龙江	0.0912	0.0556	0.0867	0.2335
	伊春市	黑龙江	0.0777	0.0659	0.0873	0.2309
	七台河市	黑龙江	0.0904	0.0345	0.1050	0.2300
	鸡西市	黑龙江	0.0730	0.0434	0.0837	0.2001
	黑河市	黑龙江	0.0611	0.0598	0.0692	0.1901
	28 城均值		0.1701	0.0614	0.0947	0.3263
总体	200 城均值		0.2994	0.0641	0.0698	0.4334

　　总体来看，我国地级市的土地财政总依赖度均值为 0.4334，代表着我国 200 个城市的财政收入中平均有 43.34% 来自土地财政收入，而土地交易环节的依赖度达到 0.2994，占土地财政总依赖度近 70%，说明当前我国城市的土地财政依赖主要是对城市地方政府对土地交易环节的国有土地使用权出让收入的依赖。分区域来看，东部地区土地财政总依赖度均值为 0.4784，明显高于其他三个区域，具体到土地流转环节，发现东部地区总依赖度偏高是由其土地交易环节的依赖度远高于其他区域所致；东北地区土地财政总依赖度均值为 0.3263，明显低于其他区域，分析发现这是由其土地交易环节依赖度远低于其他三大区域所致，而其房屋持有环节土地财政依赖度高于其他区域；中部和西部区域土地财政总依赖度以及土地交易环节依赖度情况基本相同，并且与总体城市的均值情况基本吻合，仅存在的差异在于中部地区房屋交易环节依赖度略高于西部地区，而房屋持有环节依赖度略低于西部地区。区域内部来看，首先东部区域排名靠前的大多属于杭州、南京等新一线城市和常州、温州等二线城市，而东部地区的三个直辖市北京、上海和天津都排名靠后；西部区域依赖度较高的城市多分布于四川省；东北区域依赖度较高的城市多分布于吉林省，而排名靠后的五个城市均属于黑龙江省。

　　对 2015～2018 年 200 个城市四种土地财政依赖度的均值进行描述性统计的结果（见表 5 - 3）显示，土地财政总依赖度 *landsum* 均值为 0.4334，表明我国 200 个城市 2015～2018 年的财政收入中平均有 43.34% 来源于土地财政收入，其中土地财政总依赖度最高值为 0.6901，为四川省眉山市，表明眉山市 2015～2018 年财政收入中平均有 69.01% 来源于土地相关收入；最低值为 0.1054，为陕西省榆林市，表明榆林市 2015～2018 年财政收入中平均仅有 10.54% 来源于土地相关收入；标准差为 0.1248，极差达到 0.6，最高城市土地财政依赖度为最低城市的 7 倍，表明我国城市土地财政依赖度情况在不同城市之间差异较大，土地财政依赖度数值分布的跨度较宽；土地交易环节依赖度 *land*1 均值为 0.2994，说明我国 200 个城市 2015～2018 年的财政收入中平均有 29.94% 来源于国有土地使用权出让收入，占土地财政总依赖度的 69.09%（0.2994/0.4334），说明我国城市的地方政府土地收入集中在地方的土地使用权交易环节；房屋交易环节依赖度 *land*2 均值为 0.0641，说明我国 200 个城市 2015～2018 年的财政收入中平均有 6.46% 来源于土地增值税和契税，占土地财政总依赖度的比重为 14.80%（0.0641/0.4334）；房屋持有环节依赖度 *land*3 均值为 0.0698，说明我国 200 个城市 2015～2018 年的财政收入中平均有 6.98% 来源于房产税、城镇土地使用税与耕地占用税，占土地财政总依赖度的 16.11%（0.0698/0.4366）。整体来看，我国城市土地财政依赖度处于较高水平；分环节来看，城市的土地财政依赖主要体现在土地交易环节，而对房屋交易和持有环节依赖较低。

表 5-3 200 个城市土地财政依赖度描述性统计表

变量	观测数	均值	标准差	最小值	最大值
*land*1	200	0.2994	0.1248	0.0305	0.5737
*land*2	200	0.0641	0.0236	0.0085	0.1651
*land*3	200	0.0698	0.0407	0.0191	0.2897
landsum	200	0.4334	0.1182	0.1054	0.6901

（2）聚类结果分析

目前对于土地财政依赖度划分并无共识，为了对我国城市的土地财政依赖程度进行分类考察，本书采用聚类分析法将 200 个地级市的土地财政依赖度划分为高、中、低三级。借助 Stata15.1 统计分析软件，对 200 个地级市的 *land*1、*land*2、*land*3 和 *landsum* 四项指标的样本数据进行 k 均值聚类分析。由于需要进行聚类分析的数据量较大且不止一个指标，故选择在实际应用准确性较高、适用于大量数据且需预先确定类别数量的 k 均值聚类方法。k 均值算法是典型的基于距离的聚类算法，以距离为相似性的评价指标，即默认如果两个对象的距离越近，两者之间就更相似，即将任意样本都分类到与其距离最小的均值所属类别之中。分类操作通过以下过程达成：①将样本分为 k 组初始类。②逐步修改，将样本逐个归类到与其距离最近均值的类别中，再次对接受新样本的类别和失去样本的类别均值进行计算。③不断重复执行前一步操作，当每一类都没有样本新增或减少时，聚类过程结束。对 200 个地级市进行的 k 均值聚类的结果如表 5 - 4① 所示，同时表 5 - 4 列示了分组别的各指标的描述性统计情况。

表 5 - 4　　　　　　　　　　分组描述性统计

变量	观测数	均值	标准差	最小值	最大值
低度依赖					
land1	57	0.1515	0.0511	0.0305	0.2597
land2	57	0.0525	0.0228	0.0085	0.1005
land3	57	0.0894	0.0464	0.0263	0.2129
landsum	57	0.2934	0.0577	0.1054	0.3829
中度依赖					
land1	76	0.2927	0.0410	0.2097	0.3665
land2	76	0.0706	0.0228	0.0201	0.1282
land3	76	0.0664	0.0395	0.0238	0.1618
landsum	76	0.4297	0.0441	0.3263	0.5178
高度依赖					
land1	67	0.4321	0.0594	0.1937	0.5737

---

　　① 由于聚类过程是根据四个依赖度指标进行综合计算分类的，但此表结果中只列示出总依赖度 landsum 的指标值，因此会出现较低依赖组 landsum 最大值高于较高依赖组 landsum 最小值的情况。

变量	观测数	均值	标准差	最小值	最大值
land2	67	0.0672	0.0217	0.0419	0.1651
land3	67	0.0566	0.0277	0.0191	0.2897
landsum	67	0.5559	0.0577	0.4822	0.6901
总体					
*land*1	200	0.2994	0.1248	0.0305	0.5737
land2	200	0.0641	0.0236	0.0085	0.1651
land3	200	0.0698	0.0407	0.0191	0.2897
landsum	200	0.4334	0.1182	0.1054	0.6901

由聚类结果可见，低度依赖组包含 57 个城市，土地财政总依赖度均值 0.2934，土地交易环节依赖度贡献约为 50%，其中除了上海、无锡基本上都属于城镇发展水平较低、土地市场不够完善的欠发达城市；中度依赖组包含 76 个城市，土地财政总依赖度均值 0.4297，土地交易环节依赖度贡献率约为 68%，其中省会以上城市 12 个，占样本中省会以上城市总数超过 50%；高度依赖组包含 67 个城市，土地财政总依赖度均值达到 0.5559，土地交易环节依赖度贡献率约为 78%。可见，随着土地财政总依赖度的提高，土地交易环节依赖度对总依赖度的贡献越来越高，再次反映出我国土地财政依赖主要是对土地交易环节的依赖，其中包含省会以上城市 11 个，占比 44%。

由此可得出以下结论：①发达地区普遍具有较高的土地财政依赖，高度依赖城市组中的大多数城市具有较成熟的土地市场，并且房地产行业发展处于较完善的阶段，多分布于东南沿海等发展水平较高的地区；②低度依赖组中大多数城市属于土地市场发展不够完善、城市化水平较低的城市；③但就高发展水平城市而言，其内部又有明显区分，如北京、上海等高发展水平的城市，其财政体制也较为先进和成熟，对土地财政的依赖度较低，而新一线、强二线等发展水平较高、经济增速较快的城市，由于正处于城市化关键进程，财政支出需求较大，有着较高的土地财政依赖。其中第三点也与部分现有研究的结论一致，即地方政府要想从根本上摆脱土地财政依赖，就需要从地区经济的发展入手。当城市的城镇化达到较高水平，基础设施等投资扩张需求降低，经济的增长模式和财政的职能发生转变后，随着缺少扩大财政收入的动机，政府对土地财政收入的高度依赖就会自然而然得以减轻（柴铎、吴云艳等，2018）。

5.2.3　省内不同城市间土地财政依赖度差异分析——以山东省为例

为考察同一省份内不同城市间的土地财政依赖度情况，这里选取山东省为例进行详细分析。选择理由如下：首先，我国 200 个地级市样本中共计 14 个城市属于山东省，仅次于纳入样本所含城市最多的四川省（17 个）。根据聚类结果显示，四川省有 13 个城市分布于高度依赖组，3 个城市（德阳市、广元市、宜宾市）分布于中度依赖组，仅有 1 个城市（攀枝花市）分布于低度依赖组，说明四川省各城市地方政府对土地财政依赖程度普遍较高，而山东省各城市分布则较为均衡，14 个城市中有 3 个分布于低度依赖组，4 个分布于高度依赖组，7 个分布于中度依赖组，与我国 200 个地级市的分布情况较为相似。其次，山东省济南、潍坊、日照、临沂、滨州 5 个城市财政数据的公开性、规范性和连续性较高，能够获取其 2013～2018 年土地财政相关数据，其中，济南、潍坊归类于高度依赖组，日照、临沂归类于中度依赖组，滨州归类于低度依赖组。选择这 5 个城市对山东省辖区的地级市整体情况进行分析，可以认为具有较好的代表性。

从图 5-3 可见，从土地财政收入的绝对规模来看，以上 5 个城

市的土地财政收入变化具有基本一致的规律。总体来看，2013 ~
2018 年处于增长趋势，但在 2015 年以上 5 个城市皆出现较明显的下
滑，2015 年之后各市土地财政均呈现上涨趋势。以上涨趋势较为突
出的省会城市济南为例，2013 年土地财政收入为 4 232 354 万元，
2018 年则达到 14 005 747 万元，短短 5 年间土地财政收入规模上涨
了 2.3 倍。2013 ~ 2015 年土地财政收入呈现波动下滑的主要原因在
于我国土地收入受政策调控影响比较明显，年度波动较大。2013 年
房地产、土地市场交易活跃，增速达到历史新高，但是从 2014 年 4
月以来，房地产市场出现房屋交易量和行业投资增速双重下滑的现
象，房地产市场的消极态势蔓延到土地市场，导致土地出让面积和土
地价格下跌，土地市场日渐低迷。而各市土地财政收入自 2015 年末
开始逐渐回升，则是由于 2015 年无论是中央政府还是地方政府都不
断出台有利于房地产行业发展的积极政策，刺激了 2015 年下半年房

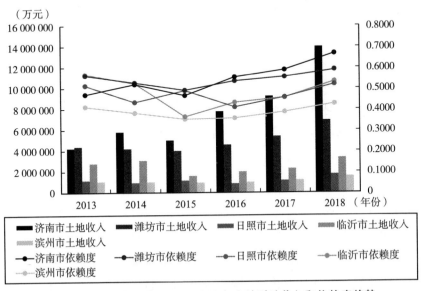

图 5 - 3　山东省五市 2013 ~ 2018 年土地财政收入和依赖度趋势

地产行业的市场需求，市场的积极信号进一步传递到土地市场，带动土地市场回暖。而从 2016 年开始至 2018 年，房地产"去库存"仍是经济工作中的重要任务，因此这期间土地财政收入规模开始逐步上升。

图 5 - 3 显示，各城市的土地财政收入规模大体呈现不断增长的趋势。由于城市的财政收入也在逐年增长但增长趋势可能存在差异，使得各城市的土地财政依赖度变化趋势不尽一致。整体来看，除日照市外各城市的依赖度都在 2015 年下降到最低值，随后逐渐上升，基本与土地出让收入规模的变化趋势保持一致。其中，处于低度依赖组的滨州市土地财政依赖度波动较小，6 年间经过略微的下滑和回升，2018 年的依赖度又回到 2013 年的初始水平。处于中度依赖组的临沂市和日照市土地财政依赖度波动较大，临沂市在 2015 年陡然下滑至低度依赖组滨州市的水平，日照市由于土地财政收入规模较低但 2015 年土地收入规模略有上升，作为四线城市相较于其他城市其财政收入规模体量低，并且同时对土地的依赖度较高，因而其土地财政依赖度对土地财政收入规模的变化较为敏感，在 2015 年和 2016 年都与其他城市表现出不同的变化趋势。处于高度依赖组的济南市和潍坊市都是省内城市发展水平较优的二线城市，土地收入规模远高于其他三市，土地财政依赖度的变化趋势基本与五市整体变化情况相吻合，在 2015 年降到最低值后逐年上升。

图 5 - 4、图 5 - 5、图 5 - 6 分别显示了五市在土地交易、房屋交易、房屋持有环节土地财政依赖度的变化趋势，观察图 5 - 3 中各市土地交易环节依赖度与图 5 - 4 中总依赖度变化趋势一致，由此也可印证我国各城市的土地财政收入主要来源于土地出让金的事实；由图 5 - 3 与图 5 - 6 可发现各市土地交易环节依赖度（land1）与房屋持有环节依赖度（land3）的整体变化呈完全相反的趋势，各市的土地交易环节依赖度自 2015 年后开始逐渐上升，而房屋持有环节依赖

度自 2015 年开始下降，主要原因在于房屋持有环节的房产税等税收收入远小于土地出让金收入，而当 2015 年土地出让金开始增长时，由于房产税等收入属于比较稳定的税收收入，不会因宏观政策等大幅增长，即使小幅增长相对于土地出让金的增量也无足轻重，因而 land3 衡量公式中的分母，即地方财政收入（包含以土地出让金收入为主的政府性基金预算收入）增长量远高于其分子——房屋持有相关税收收入的增长，导致房屋持有环节依赖度自 2015 年后逐年降低。而观察图 5－5 发现各市房屋交易环节依赖度无明显规律，除潍坊市外基本变化趋势相同，2013～2017 年先降后增，2018 年又出现下降趋势。经比较分析可发现，各市在土地交易环节和房屋交易和持有环节土地收入呈现高度不均衡，交易环节土地出让收入独大且土地出让收入形成政府收入的表现形式为"一次性"，而房屋持有环节的税费很低或无税，土地（及其附属物）持有环节的税种例如房产税和城镇土地使用税均只对经营性房屋征收，规模较小。

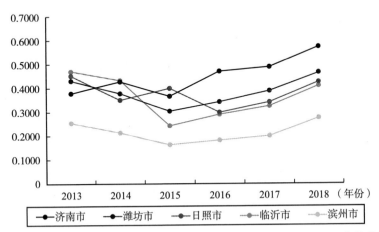

图 5－4　山东省五市 2013～2018 年土地交易环节依赖度（land1）变化趋势

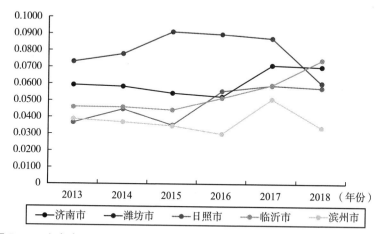

图 5-5　山东省五市 2013~2018 年房屋交易环节依赖度（*land*2）变化趋势

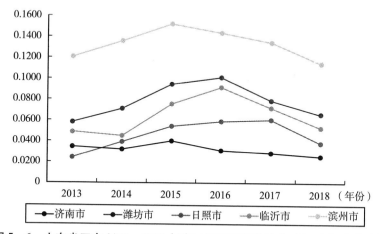

图 5-6　山东省五市 2013~2018 年房屋持有环节依赖度（*land*3）变化趋势

5.3 城市土地财政转型的典型案例

土地价值捕获本质上是将土地价值的增值全部或部分回收，再次投入到土地建设、基础设施完善等方面，为土地开发、城市建设提供持续的资金保障。对于价值的捕获，具体实践方式主要有宏观价值捕获、直接价值捕获和间接价值捕获。其中，直接价值捕获通常被看作一种税收，需要立法机关的强制执行，土地的价值增加主要来源于自然增值和获得增值。对于自然增值，随着整体经济形势向好和社会的发展，土地价值自然上升，与政府的具体调控无关；而获得性增值是指由于政府提供的基础设施建设或公共服务带来了土地价值的增加。间接的价值捕获一般是通过为特定的公共服务创造收入或者实物替代品来实现，而不是获取土地本身的附加值。在全球一体化和市场经济不断发展的过程中，世界各国不断健全财政体制，为基础设施建设和公共服务寻求可持续的财政来源，以保障国家正常运转以及社会民众的福利获得。

土地价值捕获理论自从提出以后，历经几个发展阶段，由于其具有坚实的理论根基，而被各国广为接受。但土地价值捕获的具体实现方式有很多种，如修缮捐款、建筑权收费、开发权转移等措施，分别适用于不同经济背景。多种土地价值捕获的方式各具优缺点，仅仅依靠单一的措施很难达到获取充足资金的目的，因此需要采取不同手段灵活结合、搭配使用。与此同时，国与国之间在具体实践方面各具特色，且处于发展的不同阶段。一些发达国家经济实力较为雄厚、理论建立时间较早，目前走在土地财政转型的前列，如美国、英国。一些发展中国家面临土地建设和设施完善的资金困境，也开始寻求突破，但发展尚未成熟，如巴西、印度。对比来看，基于前文的测算，我国绝大部分地区仍然严重依赖于土地财政中一次性土地出让收入，以其作为城市建设的资金来源。这种资金来源结构，虽然在前期能够满足建设的融资需求，但长远来看可持续性不强。除财政资金急需满足外，我国的房价和地价不断上涨，刺激投机者在此过程中赚取高昂利润，土地超常增值在为城市基础设施和住宅建设带来不利影响的同时，也会导致土地投机行为的恶性循环。出于对投机行为的管理和控制，土地价值捕获的政策推行迫在眉睫。在我国，虽然土地价值捕获的整体普及度不高，但仍有一些地区和城市尝试改革和突破，如香港特别行政区基于公共租赁制度的土地价值捕获、上海和重庆的房地产税试点、南昌 TOD（tranist-oriented development，公共交通导向型）开发，都为我国今后的政策创新和推行积累了宝贵经验。下面将借助发达国家的典型案例，分析可取与不足之处，并结合我国处于改革前列城市的试点经验，提出适合于中国国情的土地价值捕获政策建议。

5.3.1 美国——以波士顿为例的土地价值捕获机制

目前的研究一致认为美国是开发价值获取工具的最富饶的孕育地之一。该国将直接价值捕获和间接价值捕获多种手段相结合，通过各地方政府因地制宜的自主掌控，建立了财政性手段和管理手段灵活搭配的获取机制。财政手段主要是政府通过收税、收费的方式直接对土地增值部分进行回收，而管理手段则是美国发展较为完善的独特捕获手段。各地方政府结合本地的实际情况，要求土地所有者或开发商将土地增值的部分资金投入到公共基础设施建设或公共服务当中去，以实物支付的形式直接实现对社会公众的土地价值归还。到目前为止，相关的法律和制度框架使得美国的分区实践极其多样化、本地化。每个城市基本上都有自己的土地管理使用的方式。另外，这种多样性使美国区划成为一个非常有趣的研究对象，因为通过比较不同的地方实践，可以收集到关于监管设计和政治背景差异可能导致的不同结果。具体来说，美国的管理手段通常是奖励区划、额外收费、发展权转移、包含区划、开发协议、土地征用六种形式。其中，"奖励区划"和"包含区划"在美国经验较为成熟，"奖励区划"是指如果土地开发商能够确保在社区开发过程中为社会公众提供额外福利，则地方政府可以对原有的区划控制做出调整，从而提升了区划控制的弹性。"包含区划"是指地方政府可以允许开发商在一定程度上将住房套数建设超出原有规划，但是必须提供一部分保障性住房，为中低收入群体解决住房负担、缓解政府的财政压力。

一项对美国五大城市——波士顿、芝加哥、纽约、旧金山和西雅图的分析显示，这些城市正在深入利用它们的土地使用监管权力，采用了一种或多种土地利用监管手段，从大规模开发中获取公共利益。这五个城市在谈判特定项目的公共福利方案时也有非常特殊的程序和公认的规范。例如，在对公共价值的获取上，波士顿的行政部门充当了所有开发谈判的信息交换中心；由该市的规划与发展机构管理大型开发项目的正式公共审查程序；公众被邀请参加该机构主办的公开会议；对于需求进行公开征集并形成书面意见，最终与开发商协调以便有针对性地满足公众需求。据统计，在美国 90 个分区项目中，有 79 个项目要求并获得了公共福利。较为典型的案例是，在波士顿的"南湾"项目中，开发商被允许提高了建筑物的高度和容积率。在基本分区中，建筑物的高度一般不得突破 45 英尺（约合 13.7 米）、容积率需要控制在 2.0 以内。但在"南湾"项目的实施过程中，建筑物的最高高度被允许放宽到 65 英尺（约合 19.8 米）、容积率扩大到 3.0 以内。作为交换条件，开发商必须承诺创造新的开放空间，包括人行庭院、宠物公园和游乐场、经济适用房，向各种社区组织和社区美化项目提供约 120 万美元的赞助资金。开发商的特许权将会作为分区合作协议文本的一部分，由波士顿市政府创立合作协议，用于所有获取公共价值的项目①。

5.3.2　英国——以布里斯托尔为例的土地价值捕获机制

布里斯托尔是英国西南地区面积最大的城市，自中世纪起已是一个重要的商业港口，地位一度仅次于伦敦，直到 18 世纪 80 年代被利物浦、曼彻斯特、伯明翰超过。现今的布里斯托尔是英国重要的航天、高科技及金融贸易中心。而对于其废弃的工业港口如何重建成为当地政府面临的重要问题。由于其中包括很多废旧铁路和工业区，巨大的财政压力使得政府无法独自承担城市更新建设，未来土地使用方向如何、将会带来多大的价值和利润，一切都是未知，因此开发商并不想冒险重建，项目进程缓慢。

地方政府批准了布里斯托尔的第 4 号补充规划文件（SPD4），该文件主要为布里斯托尔的发展项目制定了配套标准，规定了住宅开发项目中必须提供的经济适用房比例，提供的基础设施中必须包含教育设施的支付金额比例。此文件颁布以后，布里斯托尔所有的开发申请都要以此为配套标准参考。由于文件的提前公开，私人开发商对自己即将承担的公共支出部分已经具备心理预期，因此更容易付诸实施。此文件的各项标准并非严格规定，可以在此基础上结合实际情况进行灵活调整。该项目后期已建成 495 套公寓、6.1 万平方米办公区和 7 000 平方米休闲空间。私人开发商同时建立了社区图书馆、保

---

① 从"绿道"到"科创"，一路"更新"的波士顿［EB/OL］.（2022 - 09 - 19）. http://www.urbanchina.org/content/content_8356587.html.

障性住房等，为当地的基础设施建设和公共服务做出了直接贡献①。

5.3.3 中国——以交通轨道建设为例的土地价值捕获机制

我国由于国土面积辽阔，城市轨道交通建设需求巨大，近年来投资规模迅速增长。2001～2005 年，城市轨道交通建设里程为 399 千米，投资 290.9 亿美元；2006～2010 年，建设里程约 885 千米，投资 747.4 亿美元；2011～2015 年，建设里程约 1 900 千米，投资 1 793.7 亿美元。巨大的资金需求使得各地方政府在交通融资方面面临巨大挑战，地方政府开始积极寻求应对措施、探索城市基础设施融资新模式。土地价值获取理论同样可以为探索城市轨道交通新型融资模式提供理论基础。

武汉市是我国最早获得城市轨道交通规划建设权的城市之一。武汉市早在 2000 年 12 月就开始轨道交通建设，并于 2004 年建成首条轻轨，是全国第 7 个成功运营轨道交通的城市。截至 2012 年底，武汉城市轨道交通已形成横跨长江的 "H" 形网络，全长 73.4 千米，包括地铁 1 号线、2 号线、4 号线一期工程。在长期总体规划中，武汉市将进一步扩大和完善地铁网络，扩大中心城区的覆盖范围，目标是建立一个总长 220 千米的完整地铁网络，包括 7 条地铁线路，其中 3 条穿越长江。

在 2010 年武汉市土地拍卖中，武汉地铁集团保留的 P（2010）150 号地块以 5.8 亿美元成交，刷新了该市土地成交价最高纪录。150 号地块位于积玉桥，靠近地铁 2 号线，形状较规则、地形较平

---

① 英国 "M4 科创走廊" 的心脏，为何是小城市布里斯托尔 [EB/OL]. (2022 - 07 - 07). http://www.urbanchina.org/content/content_8300886.html.

坦。建筑物密度较市区平均水平低，拆迁准备工作难度较小。150 号
地块作为地铁 2 号线建设预留地块之一，于 2006 年底经武汉市土地
储备中心授权委托轨道交通公司——武汉地铁集团进行预留，与地铁
2 号线规划同步进行。经过近 3 年的储备，该地块于 2010 年由武汉
市土地交换中心公开招标。所得收入扣除相关税费后，返还武汉地铁
集团，用于地铁 2 号线建设。武汉长江隧道的建设，推高了积玉桥区
内地块的价值。更重要的是，地铁 2 号线的规划建设对这些地块产生
了重大影响，这导致一些地块的平均地板价格迅速大幅度上升。最
终，150 号地块"打包"以 5.8 亿美元售出。在扣除 1.5 亿美元的储
备成本和其他费用后，成功为地铁 2 号线的建设提供了近 3.4 亿美元
的资金。这一地块的成功拍卖，无疑标志着武汉城市轨道交通在土地
价值捕获实践中取得了重大成就①。

　　土地价值捕获理论在很多国家创造了成功案例，在不增加政府财
政负担的前提下，开发商在开发建设土地的同时，也为社会民众提供
了良好的公共服务，真正实现了将土地的增值还给公众的最初目标。
但是由于土地价值捕获理论尚未在全球普及，理论接受程度较低，具
体措施有待进一步挖掘和创新。该理论在实践上仍存在着诸多不足；
首先，鉴于目前数据的获取难度较大，很难用实证研究说明土地价值
捕获到何种程度才能够称为实践成功，评判标准尚未达成一致；其
次，土地价值捕获后，提供的公共服务在惠及公众时是否可实现社会
公平，尽力照顾低收入群体，而非投向高附加值的豪华住宅，以至于
进一步拉大贫富差距；最后，由于地方政府对土地财政的依赖惯性，
可持续性的健康财政模式尚未建立。同时，我国的特殊国情使得国外
成熟经验难以照搬，如何将土地价值捕获理论成熟应用，并与我国国

---

① 王迎. 轨道交通对土地价值影响及土地价值捕获机制研究［D］. 武汉：华中农业
大学，2020.

情相结合，成为政府和学界应继续深入探索和思考的问题。

5.4 土地价值捕获理论与中国实践的结合探讨

通过本章所作的数据分析，可以看出政府财政对于土地依赖程度较大。地方政府通过土地出让所获得的收入在财政收入总量中占有重要比重，并主要用于基础设施、房地产开发等城市建设当中。由于政府依赖土地财政缓解了支出压力、促进了经济增长，表面上的经济指标增长带来了土地出让的恶性循环。究其原因，首先，1994年的分税制改革将税收收入分成重新划分。由于分税制的规定，土地流转金的控制权大部分掌握在地方政府手中，因此，土地收入逐渐成为地方政府弥补资金缺口的重要方式。其次，随着经济的快速发展，城市化进程的逐渐加快，地方政府需要大量资金应对城市化和工业化建设，资金需求量的大幅增加促使地方政府通过土地出让的方式，一次性快速获取大量财政收入，以满足短期内的支出需求。最后，地方政府的考核评价指标成为土地财政的催化剂。地方政府急于满足短期地方经济水平的提升，而放弃长远打算。出于主观能动性，刻意选择了依赖土地获得收入，进一步加深了对于土地财政的依赖程度。

财政收入制度如何实现顺利转换和调整，确实是我国未来城市土地制度乃至财政体制改革所不得不面临的巨大挑战。在转型的过程中，应当保持合理期盼，充分认识到改革应是一个循序渐进的过程。当前形势下，我们应借鉴国外经验，逐步缓解财政对土地收入的依赖，缩小城市建设资金中土地出让收入的比重，实现商住用地建设和居住用地建设的"专款专用"。商住用地的土地增值收益在土地出让过程中已经被地方政府基本捕获，并投入城市建设资金当中，而企业获利也同样主要依赖于城市交通、能源、水利等公共基础设施建设，双方在这方面是可以相互契合的，理论上能够逐步实现商住用地的土地增值循环利用和专款专用。因此，当前的改革重点应聚焦于居住用地如何实现土地价值捕获。

5.4.1 开辟税收来源——推进房地产税税制改革

通过开辟税收来源，推进房地产税的税制改革，缓解分税制改革造成的地方政府财权与事权不匹配的现状。当前，我国提出的房地产税与已实行的房产税有两个主要的不同。区别之一在于计税依据中是否包含了地价。如果体现了地价部分，则称为"房地产税"；反之，如果房价和地价分别独立计征，则称为"房产税"。中央以"房地产税改革"代替"房产税改革"的一个重要出发点就是纠正房产税征收模式的偏误，未来将房产税和城镇土地使用税合二为一，朝着真正的"房地产税"方向改进。区别之二在于居住用地是否包含在征收范围内。房地产税改革的重要突破就是对居住用地征税，考虑到社会民众的主观纳税意愿和客观支付能力，我们应予以明确的是，房地产税短期内不会成为地方政府主要收入来源，房地产税的意义更在于减少对一次性土地出让的依赖，赋予地方政府一定税收自主权，健全地方税制，缓解地方政府的事权与财权不匹配的状况。我们更应侧重的是房地产税的受益税性质，将税款"取之于民，用之于民"，高效精准地投入到对社会民众有益的地方去，进而降低房地产税的征收困难，形成良性循环。降低地方政府对中央政府资金转移支付的依赖性，缓解财政压力，促进财政体制健康发展。将房地产税的收入主要应用于社区公共服务、居住环境改善以及医院、学校等民生设施的配备。在居住用地的基础设施建设方面，减少对土地出让金的依赖，开创新的税收来源，真正实现土地价值增值的捕获和利用。

5.4.2　开拓建设主体——与土地开发商形成稳定合作

为缓解居住用地公共设施和公共服务的资金需求压力，地方政府可以借鉴"奖励区划""包含区划"的案例经验，通过对区划建设的规定、标准做出一定程度的让步，以此换取土地开发商投入到公共服务和公共设施的建设，实现部分事权转移。参考"奖励区划"和"包含区划"的思路，与土地开发商形成合作协定，放宽部分建设要求，换取相应的社区绿化、民生基础设施建设等事权的转移。开拓建设主体并形成稳定合作，在资金需求端进行改善，缓解地方政府的财权与事权不匹配的现状，逐步摆脱对土地出让金的依赖，利用土地价值捕获理论，形成体系内的良性循环。

第六章

城市投融资与债务风险控制

6.1　城市投融资的不同模式比较

6.1.1　财政融资

财政融资是指地方政府利用财政资源为城市建设筹资的方式，包括地方本级财政收入、上级转移性收入以及利用土地这一重要财政资源进行融资三种。这种模式适用对象为资金需求不大的综合整治项目、公益性较强的民生项目、收益不明确的土地前期开发项目。其优势是项目启动速度快，政府容易进行整体把控；劣势是财政资金总量有限，建设强度一般不高。

1. 税收收入

税收收入是指国家按照预定标准，向经济组织和居民无偿地征收实物或货币所取得的一种财政收入，也是各级政府预算内资金的重要来源。2020 年，税务部门组织的税收收入占一般公共预算收入比重为 75.5%，表明税收发挥了为国聚财的关键职能①。从城市财政融资角度来看，由于税收的强制性、无偿性和固定性，与其他收入形式相比，税收收入具有稳定性、可预测性和可持续性的优势（郭庆旺，2019）。目前，地方税收收入由地方税种与中央地方共享税组成，包括土地增值税、房产税、契税、城镇土地使用税、耕地占用税、车船税、烟叶税和环境保护税 8 种地方独享税，以及国内增值税（中央与地方分配的比例是 50∶50）、企业所得税（中央与地方分配的比例是 60∶40）、个人所得税（中央与地方分配的比例是 60∶40）、资源税（海洋石油企业部分归中央支配，其他企业缴纳的归地方所有）、城市维护建设税（铁路总公司、各银行总行、各保险总公司缴纳的部分归中央，其余归地方）和印花税（证券交易当中涉及的印花税归中央支配，其余归地方）6 种中央地方共享税。

2. 非税收入

非税收入是指除税收以外，由各级政府、国家机关、事业单位、代行政府职能的社会团体及其他组织依法利用政府权力、政府信誉、国家资源、国有资产或提供特定公共服务、准公共服务取得的财政性资金，是政府财政收入的重要组成部分。非税收入遵循受益公平和成本补偿原则，通常用于弥补政府提供特定公共服务的成本支出，实行专款专用。城市非税收入由专项收入、行政事业性收费收入、罚没收入、国有资本经营收入、国有资源（资产）有偿使用收入、捐赠收入、政府住房基金收入、其他收入构成。近年来，各级政府不断规范非税收入征收管理措施，非税收入占总财政收入的比重呈上升趋势，最高在 2019 年达到 25.85%，如图 6-1 所

---

① 国家税务总局.2020 年全国税务部门组织税收收入情况［EB/OL］.（2021-01-20）. http://www.chinatax.gov.cn/chinatax/n810214/n810641/n2985871/n2985918/c5160638/content.html.

示。非税收入已成为我国重要的财政收入来源之一，有效缓解了地方财政收支矛盾。

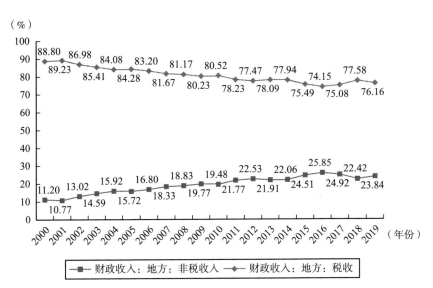

图 6-1 2000～2019 年我国非税收入与税收收入占比情况

资料来源：CEIC 数据库。

3. 转移支付

转移支付作为财政分权体制的重要制度安排，不仅可以弥补地方政府财政缺口，而且也是中央政府治理地方政府的重要激励机制（李永友和张子楠，2017）。广义的转移支付既包括上级政府对下级政府财政收入的补助，也包括下级政府对上级政府财政收入的上解，以及地方同级政府间的横向收入转移。其中对于地方政府而言，最主要的是来自上级政府的财政收入补助，包括一般性转移支付和专项转移支付两种。一般性转移支付是为了弥补经济薄弱地区的财力缺口、均衡地区间财力差距而设计的一种政府间补助形式，通常采取"因素法"进行公式化资金分配，不限定用途；专项转移支付是指上级政府为实现特定的政策目标，以及对委托下级政府代理的一些事务进行补偿而设立的一类转移支付，通常按照项目进行资金分配（马光荣等，2016）。转移支付通过政府间的二次分配、地区间财力均等化，为城市投资建设补足了资金缺口，有助于激励地方公共物品供给。然而由于政府间转移支付的"粘蝇纸效应"，地方在进行公共支出决策时，会低估提供公共服务的成本，阻碍城市公共物品供给效率的提升（毛捷等，2015）。同时，专项转移支付资金在使用过程中存在严重的挪用和挤占现象，其覆盖面过宽、使用过于分散也导致了规模效益难以发挥。

4. 土地融资

我国独特的土地制度赋予地方政府在土地征收和出让市场的垄断权力，由此形成土地引资、土地财政和土地金融相结合的土地筹资模式（刘元春和陈金至，2020）。地方政府可以通过土地获取大量财政资金，一方面表现为土地使用权出让收入、土地出让过程中的各项税费（例如2016年之前的营业税），另一方面是土地引资带来的后续税收收入、土地抵押融资收入等①。如图6-2所示，土地市场包括土地一级市场与二级市场，前者突出了土地资产的抵押价值，后者表现了土地资产的市场价值。一方面，地方政府通过财政拨款或注入储备土地、公益性资产等设立融资平台公司，融资平台公司进而以土地为依托向金融机构进行举债，从而实现地方政府通过土地一级市场的直接融资（毛捷和曹婧，2021）。另一方面，地方政府通过直接或经由融资平台公司向市场高价出让商业和住宅用地，在土地二级市场上

---

① 与土地相关的税种包括城镇土地使用税、耕地占用税（持有环节）、房产税、土地增值税、契税、增值税、企业所得税、个人所得税、印花税、城市维护建设税。

获取高额土地出让收入。"土地财政"模式使地方政府通过出让土地使用权完成了城市的原始资本积累，以此推动城市的工业化与城镇化发展，正向作用十分显著（田文佳等，2019）。但"土地财政"的负面效应主要在于其已经逐渐成为导致房价过快上涨的重要因素之一，同时也诱发土地买卖和非法转让、破坏耕地、未经批准占地、非法批地和低价出让土地等方面的土地违法问题。高房价推高人力成本上升的同时也推动了投机行为，对实体产业产生挤出效应，阻碍产业升级，并损害社会公平、固化贫富差距，高库存和高债务则暗含系统性金融风险。以上问题都有可能成为经济发展的潜在隐患。

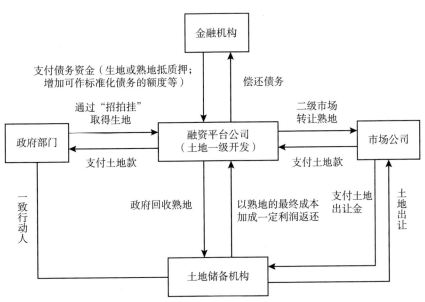

图 6 - 2　城市融资与土地资产关联示意图（2014 年之前）

资料来源：毛捷，徐军伟. 中国地方政府债务问题研究的现实基础：制度变迁、统计方法与重要事实 [J]. 财政研究，2019 (1)：3 - 23.

6.1.2 资本市场融资

1. 债务融资

地方政府融资平台是由地方政府及其部门和机构、所属事业单位等通过财政拨款或注入土地、股权等资产设立，具有政府公益性项目投融资功能，并拥有独立企业法人资格的经济实体，包括各类综合性投资公司，如建设投资公司、建设开发公司、投资开发公司、投资控股公司、投资发展公司、投资集团公司、国有资产运营公司、国有资本经营管理中心等，以及行业性投资公司，如交通投资公司等①。融资平台公司举债融资实质上是以地方国企为实施主体，通过承接债券资金与配套融资、发行债券、政策性银行贷款、专项贷款等方式筹集资金的方式。

图6-3为地方融资平台的发展历程及相关政策。根据1995年1月1日起实行的《中华人民共和国预算法》，地方政府实行收支平衡，不列赤字，也就意味着地方政府不具有发债的权限。在分税制改革后地方财政困境日益凸显、地方建设需求日益增加的背景下，地方融资平台应运而生，与"打捆贷款""先贷款后开发"结合成为地方政府规避《预算法》、《担保法》与《贷款通则》约束的融资手段②。融资平台公司在地方债务融资中扮演着越来越重要的角色，其运行模式为：地方政府成立融资平台公司，为其提供隐性担保或信誉背书，并以此承接商业银行贷款（徐军伟等，2020）。在2008年国际金融

---

① 根据财政部、发展改革委、人民银行、银监会《关于贯彻国务院关于加强地方政府融资平台公司管理有关问题的通知相关事项的通知》。

② "打捆贷款"是指以国有独资或控股的城市建设投资公司为承贷主体，以财政出具的还款承诺作为偿债保证，将一城市或区域的若干基础设施建设项目组合起来作为一个整体项目向银行或其他金融机构贷款的一种融资方式，如1998年国开行开创的"芜湖模式"。

危机的影响下，中央稳定经济增长、缓解地方财政压力，明确鼓励地方政府通过设立合规的融资平台以及运用企业债、中期票据等融资工具举措资金，对地方融资平台的监管与约束有所放松，使得地方融资平台公司数量与举债规模迅速增长，融资方式也不再局限于银行贷款[1]。虽然 2010 年以后一系列整改措施陆续出台，但对于地方政府

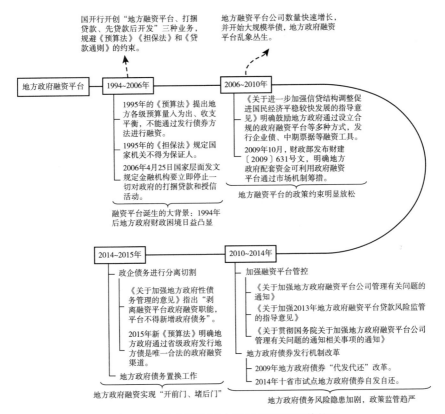

图 6 - 3　地方融资平台发展历程及政策梳理

---

[1]　参见《关于进一步加强信贷结构调整促进国民经济平稳较快发展的指导意见》与《关于加快落实中央扩大内需投资项目地方配套资金等有关问题的通知》。

融资乱象治理作用相对有限，也没有遏制隐性债务规模的增长态势①。2014～2015 年，《关于加强地方政府性债务管理的意见》与新《预算法》的出台，明确了省级政府发行债务是地方政府唯一合法的举债渠道，2015 年及以后的新增平台债务依法不属于地方政府债务，从制度层面实现了政企债务的切割。

地方融资平台的举债方式包括标准化业务与非标准化业务（徐军伟等，2020）。前者是指通过公开市场和统一规则发行的城投债，具体包括企业债、银行间债券市场、非金融企业债务融资工具、公司债、私募债和资产证券化等；后者为城投债以外的其他融资平台债务，包括银行贷款、融资租赁、项目融资、信托私募等方式，其中银行贷款是融资平台非标准化债务的主要组成部分（曹婧等，2019；徐军伟等，2020）。融资平台通过市场公开发行债券进行融资相对公开透明且流程规范，而向金融机构贷款规则不统一、信息不公开、形式较为隐蔽，易于规避监管。债务管理体制改革前，融资平台更倾向于通过以银行贷款为代表的非标准化业务进行举债，形成地方政府隐性债务这一"冰山"之下的部分。地方融资平台举债模式如图 6-4 所示。图 6-5 反映了 2007～2019 年城市融资平台发行城投债存量规模及总体增长情况。根据图 6-5 所示，2006～2019 年城投债余额逐年扩大，由 2007 年的不足 200 亿元攀升到 2019 年的 48 429.93 亿元。从增长率来看，2007～2013 年是城投债余额的快速增长期，自 2013 年以后，城投债增速降至 50% 以下，并趋于稳定。图 6-6 反映了 2007～2019 年城市融资平台非标准债务规模及总体增长情况。根据图 6-6，2007～2019 年城市融资平台非标准化债务规模存量呈现持续增长态势，其中 2007～2009 年为非标准化债务的快速增长期，

---

① 参见《国务院关于加强地方政府融资平台公司管理有关问题的通知》《中国银监会关于加强 2013 年地方政府融资平台贷款风险监管的指导意见》。

这主要是因为这段时期我国为化解次贷危机的影响，鼓励融资平台通过银行贷款进行城市基础设施建设融资；非标准化债务受到 2010 年相关调控政策的影响，增速在 2010 年及以后有所回落；在 2015 年地方债务管理体制改革后，非标准化债务增速逐步下降至 20% 以下①。

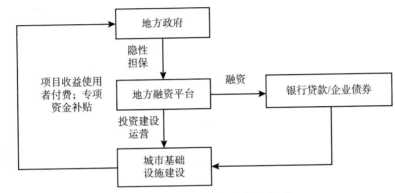

图 6 - 4　地方融资平台举债模式

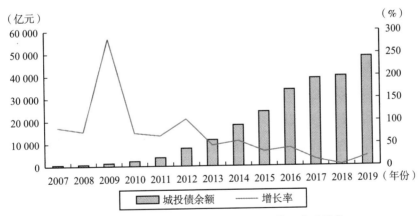

图 6 - 5　城市融资平台城投债总体规模及变动趋势

注：图中仅绘制地级市层面融资平台发行城投债余额及增长情况。
资料来源：作者根据徐军伟等（2020）的测算方法，计算整理得到。

---

① 参考徐军伟等（2020）、余海跃和康书隆（2020），融资平台非标准化债务为资产负债表中短期借款、一年内到期负债、应付债券与长期借款之和。

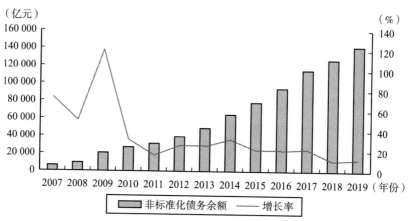

图6-6 城市融资平台非标准化债务总体规模及变动趋势

注：图中仅绘制地级市层面融资平台非标准债务规模及增长情况。
资料来源：作者根据徐军伟等（2020）的测算方法计算整理得到。

2. 地方政府债券

地方政府债券是地方政府为满足本地区经济社会发展的资金需求而发行，以地方财政收入或项目收益作为还本付息资金来源的一种债券。在新预算法实施之前，地方政府债券主要涵盖三种形式：国债转贷形式（主要为2005年以前），2009~2011年以地方政府为偿债主体、中央政府代发债券形式，2011~2014年地方政府自行发债形式（王永钦等，2015）。2015年1月1日起，新《预算法》明确地方政府必须以预算约束下自发自还政府债券的方式举债。至此，通过省级政府发行的地方政府债券，逐渐成为地方政府债务融资的主要方式。根据项目资金投向和偿还资金来源，地方政府债券分为一般债券和专项债券。一般债券是为没有收益的公益性项目发行，主要以一般公共预算收入作为还本付息资金来源的政府债券。专项债券是为有一定收益的公益性项目发行，以公益性项目对应的政府性基金收入或专项收入作为还本付息资金来源的政府债券①。地方政府债券融资的优势体现在以下几个方面：第一，融资风险显性化，易于控制；第二，政府信用评级与融资成本直接相关；第三，地方政府债券能通过以旧还新延长偿还期限（李升，2019）。但与此同时，地方政府债券融资也存在着明显的缺陷，集中表现在地方政府在获取融资资金后，需要全额支付公共服务提供成本，同时政府需要投身于基础设施项目的决策、融资、建设、运营等具体事务中。

在地方政府债券的发行规模上，2009～2011年"代发代还"试点阶段，全国平均每年发行2 000亿元。2012～2014年，随着"自发自还"试点的开展，地方政府债券发行规模逐步增加，到2014年已经达到4 000亿元。随着2015年新《预算法》实施，地方政府举债的"正门"完全打开，地方政府债券发行规模有了显著提高。如图6-7所示，2015～2020年地方政府债券平均发行额达48 684亿元。其中，2016年发行规模高达60 458亿元，2020年发行规模高达

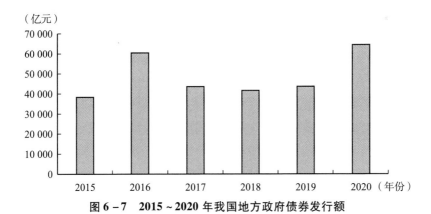

图6-7　2015～2020年我国地方政府债券发行额

资料来源：中国地方政府债券信息公开平台（http://www.celma.org.cn/）。

---

① 关于印发《地方政府债券发行管理办法的通知》。

64 438 亿元，是 2015 年以来地方政府债券发行的两个高峰。在新冠肺炎疫情叠加经济下行的压力之下，地方政府债券在缓释地方财政压力、发挥财政政策有为性方面起到了重要作用。

图 6-8 反映了 2015～2020 年我国地方政府一般债券和专项债券的发行规模及相对结构变化。可以发现，专项债券占比逐年上升，其中，2015 年专项债券规模仅占地方政府债券规模的 25.41%，这一比重在 2019 年首次突破 50%，并在 2020 年达到 64.25%。这主要是因为财政部不断加强地方政府债券管理，逐步建立了专项债券与项目资产、收益对应的相关制度这一发展方向相适应（毛捷，2021）。目前，专项债券在铁路、收费公路、干线机场、内河航电枢纽和港口、城市停车场、天然气管网和储气设施、城乡电网、水利、城镇污水垃圾处理、供水等公益性领域的融资发挥了积极作用①。

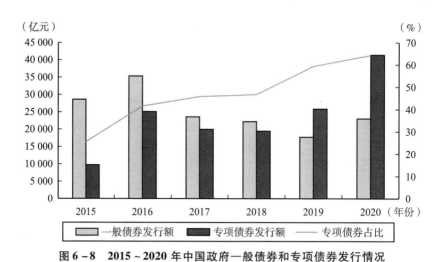

图 6-8　2015～2020 年中国政府一般债券和专项债券发行情况

资料来源：中国地方政府债券信息公开平台（http：//www.celma.org.cn/）。

---

①　参考 2019 年 9 月，财政部党组成员、副部长许宏才在财政部新闻发布会上的发言内容。

3. 权益融资

（1）政府投资基金融资

政府投资基金是由各级政府通过预算安排，以单独出资或与社会资本共同出资设立，采用股权投资等市场化方式，引导社会各类资本投资经济社会发展的重点领域和薄弱环节，支持相关产业和领域发展的资金。政府投资基金的历史发展及内涵演变如图 6 - 9 所示。政府投资基金概念源自 2015 年财政部《政府投资基金暂行管理办法》，属于私募股权投资基金的一种，但是由政府出资设立，具体包括：①政府引导基金（母基金，间接投资模式）；②直投子基金：由引导基金全资设立的子基金；③合作子基金：引导基金与社会资本合作设立的子基金，或者是引导基金投资于现存的民营基金。政府投资基金设立的目的是为了引导社会经济和产业发展，通过政府资金的牵头作用，带动社会资本进行股权投资。

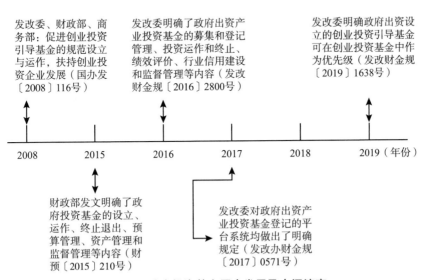

图 6 - 9　政府投资基金历史发展及内涵演变

（2）国有产权交易融资

国有产权交易融资是指地方政府控股公司在履行相关决策和批准程序后，通过产权交易机构发布产权转让信息，公开挂牌竞价转让企业国有产权实现资金回笼的行为①。具体包括：企业产权转让、企业增资、企业资产转让。其中，企业产权转让是指履行出资人职责的机构、国有及国有控股企业、国有实际控制企业转让其对企业各种形式出资所形成权益的行为，在实际应用中主要指企业国有股权转让，但不包括上市公司的国有股权转让等行为。企业增资是国有及国有控股企业、国有实际控制企业增加资本的行为。企业资产转让是指国有及国有控股企业、国有实际控制企业的重大资产转让行为，包括房屋建筑物、土地、机械设备、车辆等。自2016年国务院国资委和财政部出台《企业国有资产交易监督管理办法》后，国有企业增资行为被纳入进场范围，明确除特定条件外，企业国有产权转让、增资、资产转让行为需依照规定在产权交易机构公开进行，进一步完善企业国有产权进场交易制度，在盘活存量资产功能基础上，深化产权交易市场的融资功能。

（3）增资扩股融资

增资扩股融资是指城市根据发展需要扩大股本进行融资的一种模式。增资扩股通过吸引直接投资，引入新的投资者，为城市建设筹措资金。按扩充股权的价格与股权原有账面价格的关系划分，增资扩股可以划分为溢价扩股、平价扩股。另外，从增资扩股的资金来源形式划分，增资扩股融资还可以分为内源融资形式的增资扩股（即通常所说的集资）与外源融资形式的增资扩股（即私募）。在采用增资扩股融资时，一定要注意相关的法律法规规定，确保操作程序和有关依据合乎法律规定，融得合法资金②。

---

① 参见《国务院国有资产监督管理委员会关于印发企业国有产权交易操作规则的通知》。

② 王铁军. 中国地方政府融资22种模式［M］. 北京：中国金融出版社，2006.

6.1.3　项目市场化融资

1. PPP（public-private partnership）模式

PPP 模式，即政府和社会资本合作，又称公私合营模式，是公共基础设施项目运作模式的一种。在该模式下，政府与社会资本因基础设施建设项目等达成合作协议，并引入市场竞争和激励约束机制，进而形成收益和风险共担的长期合作关系。2014 年，《关于推广运用政府和社会资本合作模式有关问题的通知》《关于加强地方政府性债务管理的意见》明确指出，要积极推广运用公私合营模式，以拓宽地方政府融资渠道，化解地方政府性债务风险。如图 6－10 所示，在PPP 模式下，政府和私人组织根据效率原则承担责任、分担风险。政府将合作项目中的建设、融资、运营和技术等专业性的环节转移给私人部门，而政府则主要承担不可抗力、政策法规等系统性风险。其主要优势如下：第一，缓解地方政府债务融资压力；第二，提高基础设施建设的效率；第三，制约地方政府的非理性行为；第四，分担地方政府性债务风险。PPP 模式的劣势在于受 10% 红线影响，运作周期较长，符合 PPP 回报机制的项目偏少。

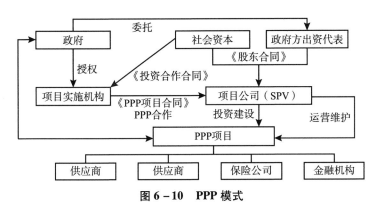

图 6－10　PPP 模式

2. "地方政府+国有/房地产企业+产权所有者"模式

"地方政府+国有/房地产企业+产权所有者"模式是指由地方政府负责公共配套设施投入，房地产企业负责项目改造与运营，产权所有者协调配合分享收益的城市投融资模式。如图6－11所示，通过三方合作，既能够有效加快项目进度，也能提升项目运营收益。该种模式适用对象为盈利能力较好，公共属性及配套要求较强，项目产权较为复杂的项目。其优势在于整合各方资源优势，较快解决城市更新区域产权问题，推进项目有效运营；劣势是涉及主体多，协调难度高，投资建设过程往往受村集体影响较大。

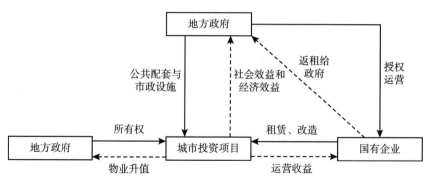

图6－11 "地方政府+国有/房地产企业+产权所有者"模式

3. 资产支持证券化（asset-backed securitization，ABS）

ABS是一种较为常见的项目融资模式。该融资模式是以项目所属的资产为支撑，以项目资产可以带来的预期收益为保证，通过在资本市场发行债券来募集资金。ABS模式可以将缺乏流动性但能产生可预见的、稳定现金流量的资产归集起来，通过一定的安排和增信机制，使之成为可以在金融市场上出售和流通的证券。通过提高信用等级的手段，ABS 使原本信用等级较低的项目可以进入高级别的证券市场，利用债券市场信用等级高、安全性和流动性强等特点，达到大幅度降低筹集资金的目的。相对于股票融资，ABS 模式的优势在于不会稀释股权，且成本较低。相对于债权融资，资产证券化的优势在于不占用贷款和发债额度，募集资金用途不受限制，产品发行受市场行情波动影响较小。企业 ABS 融资成本高于同等级信用债，但是对于资产评级高于主体评级的部分企业来说，可以实现低成本融资。在实现产出表现之后，可以在不增加负债的情况下获得融资，降低资产负债率。长期来看可以起到提升企业信用资质的效果。

4. BOT（build-operation-transfer）模式

BOT，即建设－经营－移交，指一国政府或其授权的政府部门经过一定程序并签订特许协议将专属于国家的特定的基础设施、公用事业或工业项目的筹资、投资、建设、营运、管理和使用的权利在一定时期内赋予本国或外国民间企业，政府保留该项目、设施以及其相关的自然资源永久所有权；由民间企业建立项目公司并按照政府与项目公司签订的特许协议投资、开发、建设、营运和管理特许项目，以营运所得清偿项目债务、收回投资、获得利润，在特许权期限届满时将该项目、设施无偿移交给政府。BOT 模式也被称为"暂时私有化（temporary privatization）"过程。BOT 方式融资的优越性主要有以下几个方面：首先，减少项目对政府财政预算的影响，使政府能在自有资金不足的情况下，仍能上马一些基建项目；其次，把私营企业中的效率引入公用项目，可以极大提高项目建设质量并加快项目建设进度，同时，政府也将全部项目风险转移给了私营发起人；第三，吸引外国投资并引进国外的先进技术和管理方法，对地方的经济发展会产生积极的影响。

5. TOT（transfer-operate-transfer）模式

TOT 模式是"移交－经营－移交"的简称，指政府与投资者签订特许经营协议后，把已经投产运行的可收益公共设施项目移交给民间投资者经营，凭借该设施在未来若干年内的收益，一次性地从投资者手中融得一笔资金，用于建设新的基础设施项目；特许经营期满后，投资者再把该设施无偿移交给政府管理。TOT 方式与 BOT 方式有明显的区别：它不需要直接由投资者投资建设基础设施，因此避开了基础设施建设过程中产生的大量风险和矛盾，比较容易使政府与投资者达成一致。TOT 方式主要适用于交通基础设施的建设。

6.1.4 社会资本自主投资

1. 开发商主导模式

开发商主导模式是指政府通过出让城市更新形成的用地，由开发商按规划要求负责项目的拆迁、安置、建设、经营管理。在城市建设过程中，政府不具体参与，只履行规划审批职责，开发商自主实施。该种模式主要适用对象为商业改造价值较高、规划清晰、开发运营属性强的项目。其优势是能较快推进项目建设及运营，政府只需进行规划、监管；劣势是开发商利益至上，可能疏于公共设施或空间建设，缺乏整体统筹；在地产融资受限的情况下，可持续融资面临挑战加大。

如图 6－12 所示，开发商主导模式的核心是能够顺利获取土地，并在城市基础设施建设过程中实现容积率的突破来平衡投入，否则开发商就没有实施动力，也不可持续。此前深圳、广州前期主要采取这种方式，但广州后期逐步走向政府主导的运作方式。目前部分城市出台了土地协议出让及容积率奖励政策，但尚无国家层面的引导规定，实施效果有限。

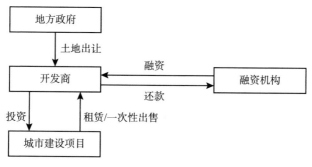

图 6 - 12　开发商主导模式

2. 属地企业或居民自主建设模式

由属地企业或居民（村集体）自主进行更新改造，以满足其合理利益诉求，分享更新收益。该模式适用对象为项目自身经营价值高，自主诉求高的建设主体。优势是更新方式灵活，可满足多样化需求，减少政府财政压力；劣势是政府监管难度大，项目进度无法把控，容易忽视公共区域的改善提升。

6.1.5　财政直接融资、专项债与 PPP 模式比较

传统投资模式采用财政预算内资金直接投资、资本金注入、投资补助、贴息等，用于社会管理、公共事业发展、社会保障、经济建设以及政策补贴等方面建设。相较于专项债券和 PPP 模式，其优点为：一般作为非债券资金进入项目，没有收益和使用期限要求，为无偿使用。其缺点在于：①财政资金需要纳入预算，受限于本级财政收入支出规模；②对于基础设施和公共事业建设需求大的落后贫困地区，由于本级财政收入少，可用于投资的资金规模小，实际可发挥作用的空

间小；③投资补助、贴息等财政专项补助申报程序、拨付、监管较为烦琐，单独核算，专款专用，不能挪作他用，且金额有限，不能实质性解决政府投资资金需求。

根据《国务院关于加强地方政府性债务管理的意见》，各级政府要建立规范的地方政府举债融资机制，地方政府举债采取政府债券方式。没有收益的公益性事业发展确需政府举借一般债务的，由地方政府发行一般债券融资，主要以一般公共预算收入偿还；有一定收益的公益性事业发展确需政府举借专项债务的，由地方政府通过发行专项债券融资，以对应的政府性基金或专项收入偿还。专项债券相比于财政直接融资和 PPP 模式，优点如下：①发行利率较低、资金成本低（一般为 3.5% 左右）；②资金筹集周期较短；③作为重大项目资本金，衍生出"专项债 + PPP"或"专项债 + 市场化融资"模式；④可在项目建设期融资，专项债发行原则上为已开工项目，未开工项目应符合开工条件，并于债券发行后三个月内开工建设。然而，专项债模式受到债务限额管理的限制，受限于上级财政分配到各地方的债务限额，项目收益债不能超过项目收入覆盖范围，因此缩小了专项债券价值发挥空间，不能解决项目资本金之外全部的资金需求。

相比于财政直接融资与专项债两种模式，PPP 模式具有以下优点：①可实现政府投资项目更高的效率。PPP 项目依靠利益共享、风险共担的伙伴关系，可以有效降低项目的整体成本。②扩大了政府投资项目的资金来源。PPP 模式下项目融资更多地由社会资本完成，从而缓解了公共部门增加预算、扩张债务的压力，因此公共部门可以开展更多、更大规模的基础设施建设。③可提高政府和社会资本的财务稳健性。政府将部分项目责任和风险转移给了社会资本，项目超预算、延期或在运营中遇到各种困难而导致的或有财政负债风险被有效隔离。另外，由于 PPP 模式下的项目融资在整个项目合同期间是有保障的，且不受周期性的政府预算调整的影响，这种确定性可以提高整个项目生命周期投资计划的实现和效率，提高财务稳健性。同时，PPP模式存在以下缺点：①社会资本要求的回报较高，融资成本较高。社会资本由于信用水平低，融资成本远高于国债、地方政府债。②特许经营会导致垄断。PPP模式普遍采用特许经营制度，实际上使中标人获得了一定程度的垄断性，利益基本上能得到合同保障。这种缺乏竞争的环境在某些情况下会减弱社会资本降低成本、提高服务品质的动力。③复杂的交易结构带来的运作上的低效率。在PPP项目中，通常需要多个独立参与者通力合作，而多个参与者会导致整个项目的约束条件增加。交易结构的复杂性和众多的参与方可能使项目沟通存在一定的障碍，特别是在未来发生一些不可预料的事件时，可能会在合同条款的争议方面耗费过多时间。④公共利益最大化和社会资本追求投资回报之间存在矛盾。如果公共产品、公共服务由政府部门提供，由于政府部门的非营利性和不根据全成本核算定价的特点，公众所付出的直接使用费用较低。在PPP模式下，社会资本需要补偿项目相关的全部成本并获得合理水平的投资收益，对产品或服务进行市场化的定价可能会增加公众的直接使用成本。

6.2　城市债务风险的衡量

6.2.1　城市债务风险内涵

城市债务风险的成因包括：第一，政府通过地方融资平台、不规范的政府投资基金、政府和社会资本合作、政府购买服务进行举债，并提供隐性担保，从制度上增加了城市债务风险（曹婧等，2019；徐军伟等，2020）；第二，宏观层面刺激经济增长与应对国际形势变化，需要财政政策发挥更加积极的作用，由此产生大量财政资金缺口和大规模发债的激励；第三，在官员晋升"锦标赛"机制下，地方官员注重个人政绩，往往通过重复建设、过度开发拉动地方经济短期增长，对债务融资规模与地方财力可持续性缺少科学评估（常晨和陆铭，2017；冀云阳等，2019）。其中最主要的原因在于地方政府融资缺乏规范性，大量隐性债务的存在导致地方政府融资失控的风险加剧[①]。城市债务风险具有以下内涵：第一，城市债务风险是指政府举债及其偿还所导致的、可以测度的不确定性；第二，城市债务风险是指政府举债及其偿还所导致的损失、损害以及各种不良后果的可能性；第三，城市债务风险是指城市债务实际运行结果与债务政策主体预期之间发生的偏差。总体而言，城市债务风险是在不确定性因素影响之下，债务运行的实际效果与债务政策主体的主观预期之间发生偏差，并对财政经济造成损失或者损害的可能性。

城市债务风险的影响因素主要包括以下几个方面：①政府的财政支出。当一国实行扩张性财政政策时，会导致财政赤字增大，进而使政府债务风险增加。②政府的偿债能力。城市债务是以政府信用作为担保取得资金，需要还本付息和到期偿还，如果政府偿债能力有限，就会导致债务余额不断扩大，引发风险累积。③货币政策和金融市场状况。债务是财政政策和货币政策结合的产物，完善的金融市场有助于为债务风险化解提供政策空间。④债务运行和管理水平。降低债务发行费用、完善债务期限结构、提高债务资金使用效率，都有利于债务风险的降低。

---

① 杨波. 我国地方政府融资创新与融资风险分担机制研究 [M]. 北京：中国财政经济出版社，2019.

6.2.2 城市债务风险分类

1. 根据法律依据分类

根据法律依据，城市债务风险可分为隐性债务风险和显性债务风险。城市显性债务风险是指由政府显性债务所形成的债务风险。显性债务是建立在某一法律或者合同基础上的政府负债，债务到期时，政府具有清偿债务的法定义务。具体而言，城市显性债务的内涵包括2014年底经甄别后的地方政府存量债务，以及2015年以来自发自还的地方政府债券。该口径主要包含一般债务和专项债务，目前已严格纳入预算管理，风险隐患较小，正逐步成为地方政府举债的主流（毛捷和徐军伟，2019）。城市隐性债务风险是指政府隐性债务所形成的债务风险。隐性债务风险是指政府的一种支付承诺，不是建立在法律或者合同基础上的，具有债务关系不明晰、难以估算测定以及法律上不规范的特点。在2015年以前，城市隐性债务以地方融资平台债务为主，地方政府对此进行隐性担保并负有偿还责任或救助责任；2015年及以后，城市隐性债务风险来源于政府提供隐性担保、不规范的政府投资基金、不规范的政府购买服务、不规范的PPP项目等方面。总体而言，我国城市债务在风险分布上突出表现为显性债务完全可控，隐性债务风险相对较大。

2. 根据风险不确定性程度分类

按照风险的不确定性程度，城市债务风险可分为直接负债风险和或有负债风险。城市直接债务风险是指政府直接举措的债务并需履行法定偿还义务所形成的债务风险①。对于直接债务风险的衡量，国外政府的通常做法是设立债务风险评价指标警戒线，通过对报表中债务指标的监测，将监测值与警戒线进行比较，来分析债务风险是否处于可控范围（刘昊和刘志彪，2013）。城市或有负债风险是指由城市或有债务所形成的债务风险。或有负债风险既与隐性债务风险有所交叉，也包含其他未公开披露但被广泛认知的债务风险，例如社会保障资金缺口问题，政府参股或控股关键性企业，政府可能承担的商业银行不良资产、影子银行信贷、房地产金融风险，国有企业坏账和地方融资平台债务等②。

3. 根据运行层次分类

根据运行层次，城市债务风险可分为宏观债务风险和微观债务风险。城市宏观债务风险来源于地方政府对于公债管理及相关政策不当，导致对城市经济发展等造成不确定性加剧的影响。其具体表现为债务通过干预市场利率，对私人投资、资本回报率和微观主体生产率产生"挤出"作用（Huang et al.，2020）；余海跃和康书隆，2020；冀云阳等，2021；张路等，2021）。微观债务风险主要是指债务的发行、流通、使用、偿还等具体运行环节对偿债资本和可持续性所造成的影响。具体包括：①债务流动性风险。城市债务期限结构不合理、筹资方式与财政收支结构不匹配、流通体制不顺畅等问题，会导致债务流动性下降，引发不确定性增加。②债务市场风险。债务只有按期偿还，才能维护政府信用，保障债务融资的可持续性。利率及金融市场供求等方面的外部冲击，会导致债务价格与利率的波动，增加债务到期偿付困难。

---

① 李士梅. 公债经济学［M］. 北京：清华大学出版社，2019.
② 黄亦炫. 政府或有债务风险研究［M］. 北京：中国财政经济出版社，2021.

4. 城市债务风险理论分析

如表 6 - 1 所示，哈纳（Hana，1998）创造性地设计了财政风险矩阵，明确界定了显性债务、隐性债务、直接负债、或有负债四象限，用于政府债务的分类与风险识别。

表 6 - 1　　　　　　　　　　　城市债务风险来源分析

债务	直接负债（在任何条件下都存在的债务）	或有负债（在特定时间发生的债务）
显性负债（由法律或合约确认的政府债务）	（1）国外和国内的主权借款； （2）由预算法确定的相关支出（非随意性支出）； （3）由法律规定的、长期预算支出	（1）国家对地方政府、公共部门和私人部门的债务担保； （2）国家对各种贷款（抵押贷款、学生贷款、农业贷款）的保护性担保； （3）国家对贸易和汇率的承诺担保； （4）国家对私人投资的担保； （5）国家保险体系（存款保险、灾害保险等）
隐性负债（反映公众和利益集团压力的政府道义责任）	（1）公共投资项目的未来经常性费用； （2）法律未作规定的未来公共养老金（不包括公务员养老金）； （3）非法律硬性规定的社会保障计划； （4）法律未作规定的未来医疗保健融资	（1）地方政府、公共实体、私营实体非担保债务违约时国家的援助； （2）银行破产时超出政府保险范围以外的国家救助； （3）非担保养老基金、就业基金、保护小投资者的社会保障基金投资失败时的国家救助； （4）中央银行所承担职责失灵时产生的政府支出责任； （5）私人资本外逃后的紧急财政援助； （6）环境遭破坏后的改善、赈灾、军事筹资等

6.2.3　城市债务风险衡量

本节主要基于显性债务风险、隐性债务风险和总体债务风险，衡量地方政府性债务风险程度，为城市制定行之有效的债务防控机制提供科学依据。城市层面债务负担水平的数据主要来自审计署《全国政府性债务审计结果》（2013）和《中国城市统计年鉴》。隐性债务，即融资平台公司有息债务余额来源于 Wind 数据库，包括城投债和非标准化债务两部分。还选取了 CSMAR 数据库沪深 A 股上市公司作为市场化公司的代表。城市一般债和专项债来自历年决算报告，主要研究 2015 年之后的特征情况。

1. 显性债务风险

地方公债的可持续性是指在既定的融资成本条件下，能够维持一种未来任何时期经济与债务同步增长且地方政府按时偿还到期债务本金和利息的状态[①]。因此，本节围绕地方政府显性偿债能力，构造存量和增长风险两方面的指标，综合衡量我国地方显性债务风险。

存量风险指标包括负债率与债务率。负债率为本年显性债务余额与国内生产总值的比值，由于国内生产总值是地方政府偿还债务的物质基础，因此这一指标能够反映国民经济对于地方债务的承载能力。负债率越低，表明经济总规模对地方债务的承载能力越高，发生债务风险的可能性越小。由图 6 - 13 所示，2015 ~ 2020 年我国东部与中部省份大部分地方政府的显性负债率未超过 60% 的国际警戒线水平[②]，表明东部与中部显性债务风险总体可控，仍留有一定的增长空间。西部省份显性负债率大部分接近或已经超过国际警戒线水平，其中青海省显性债务率在 2020 年攀升至 81.64%，贵州省平均显性债务率达 66.67%，这两个省份必须考虑节约财政开支、减少盲目的基建扩张，提高城市建设资金的使用效率；对于云南、内蒙古、宁夏、广西、新疆、甘肃等显性负债率增长较快且日益接近警戒线水平的省份，应警惕未来的债务风险，促进债务扩张与经济增长的协调统一。

---

① 毛捷. 地方公债经济学理论与实务 [M]. 北京：清华大学出版社，2021.
② 欧盟《马斯特里赫特条约》规定，一国的公共债务不应超过 GDP 的 60%。

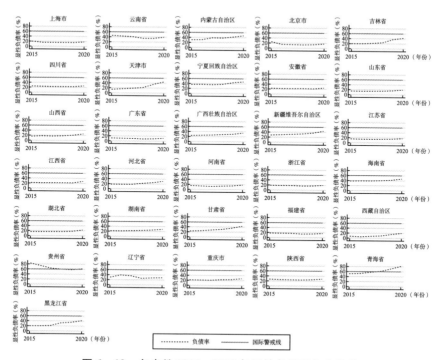

图 6 - 13　各省份 2015～2020 年显性负债率年度趋势

注：显性负债率 =（一般债务余额 + 专项债务余额）/本年国内生产总值。

资料来源：中国地方政府债券信息公开平台（http：//www. celma. org. cn/）。

　　进一步地，本节计算了各省份显性债务率，作为地方政府显性债务存量风险的度量，其分子为地方政府显性债务余额，分母为地方政府综合财力。根据《新增地方政府债务限额分配管理暂行办法》，地方综合财力为地方一般公共预算收入与地方政府性基金收入之和。债务率越低，表明政府财力对于地方债务偿还和保障能力越强。如图 6 - 14 所示，2015～2020 年仅上海、北京、江苏、浙江、广东、西藏六个省份的地方政府债务率始终位于 100% 的风险警戒线以下。青海、宁夏、内蒙古、贵州、新疆、云南、甘肃等西部省份以及东北三省的债务率较高，表明这些省份的债务可持续性比较差，应通过节约行政支出和避免盲目基建扩张来不断降低债务风险。

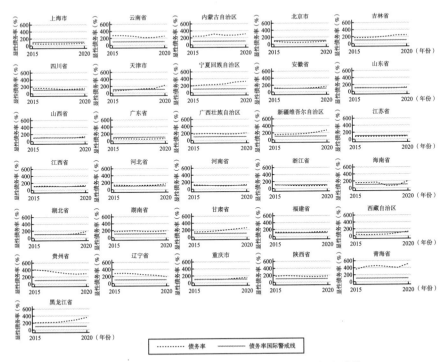

图 6 – 14　各省份 2015 ～ 2020 年显性债务率年度趋势

注：显性债务率 =（一般债务余额 + 专项债务余额)/（一般公共预算收入 + 政府性基金收入)。
资料来源：中国地方政府债券信息公开平台（http：//www. celma. org. cn/)。

　　增长风险指标包括长期负债能力指标和长期偿债能力指标，二者的衡量方式如下：长期负债能力 =（1 + 政府债务增长率)/（1 + GDP 增长率)，长期偿债能力 =（1 + 政府债务增长率)/（1 + 地方综合财力增长率)。这两个指标小于 1，说明地方债务增长速度小于国民生产总值增长速度/地方综合财力增长速度，表明经济增长和地方财力能够为债务增长提供坚实的物质基础和财力保障，地方债务的可持续性也就越强。图 6 – 15 反映了 2016 ～ 2020 年我国地方政府显性债务增长风险指标情况。2016 ～ 2020 年地方政府显性债务的长期负债能力和长期偿债能力呈逐年增长趋势，2017 年以来数值均超过 1，表明地方政府显性债务的可持续性不断减弱，显性债务的增长风险逐渐扩大。

図 6 － 15　各省份 2016 ~ 2020 年显性债务增长风险年度趋势

注：由于河北省 2018 年综合财力增长率为负，求得长期偿债能力为异常值，因此计算平均值时不考虑在内。

资料来源：中国地方政府债券信息公开平台（http：//www.celma.org.cn/）。

2. 隐性债务风险

除显性债务外，各地方政府还会在法定政府债务限额之外直接或承诺以财政资金偿还等方式举措债务，这部分债务被称为隐性债务，在本节中使用地方融资平台公司的有息债务余额来衡量，并以该余额为分子，国民生产总值为分母计算各地方政府的隐性债务率，即隐性债务率 = 融资平台有息债务余额/本年 GDP。这一指标越高，表明隐性债务风险越高，债务可持续性越低。如图 6 － 16 所示，各省份的隐性债务率具有较大差异。从平均水平看，隐性债务率较高的省份是天津、重庆、青海、北京、江苏，分别为 73.65%、54.04%、49.71%、48.93%、41.58%，直辖市隐性债务率较高主要是因为城市化水平高、依托融资平台进行投资建设的需求大，而其中青海的隐性债务风险较为凸显，需要尽快化解与应对；隐性债务率较低的省份是宁夏、辽宁、黑龙江、山西、海南，分别是 9.51%、8.83%、8.57%、7.65%、1.32%。从变化趋势看，2008 ~ 2014 年绝大部分省份隐性债务率呈上升趋势。自 2015 年地方政府债务管理体制改革后，上海、甘肃、贵州、辽宁、青海的隐性债务率明显降低，其中青海隐性债务率下降幅度最大；北京、山东、江苏、广西、江西、浙江等中东部省份的隐性债务率仍维持上升状态，但是（除山东、四川外）在增幅上均有所降低，表明2015年后隐性债务风险扩张速度有所遏制。

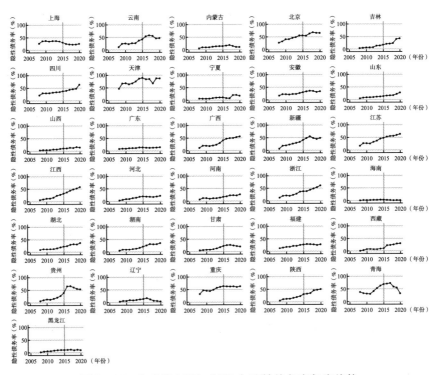

图6-16 各省份2005～2020年隐性债务率年度趋势

资料来源：中国人民大学财税研究所财税数据库（http：//ipft. ruc. edu. cn/cssjk/dfc-zfzzs/index. htm）。

3. 总体债务风险

本节将显性债务率与隐性债务率进行加总，得到总体债务率，即分子为债券余额与地方融资平台公司有息债务余额之和，分母为国内生产总值。这一指标越大，代表债务可持续性越差，总体债务风险越高。图 6-17 为各省份总体债务率年度趋势图。2016～2020 年吉林、四川、江西、浙江、陕西总体债务风险上升幅度较大，但总体负债率均未超过 100%，表明总体债务风险上涨短期可控；云南、贵州总体负债率明显降低，表明其债务风险有所缓解，未来逐步趋于稳定。从地区分布看，2020 年天津、贵州、青海、新疆、重庆、广西当前总体债务风险水平较高，其中大多数属于偿债能力低的西部地区，应对这些省份实施更加严格的债务管控，严格把关债务限额，防止其过度举债。

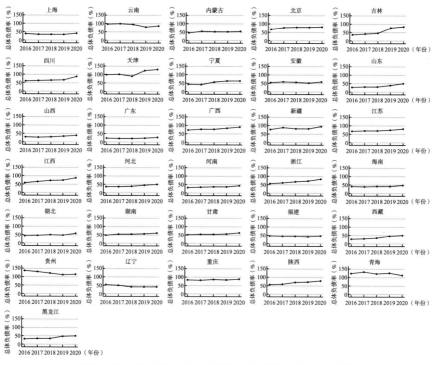

图 6-17　各省份 2016～2020 年总体债务率年度趋势

资料来源：中国人民大学财税研究所财税数据库（http：//ipft. ruc. edu. cn/cssjk/dfc-zfzzs/index. htm）。

　　图 6-18 为各省份总体债务率构成。2015～2020 年，贵州、青海、天津、重庆、广西、新疆、云南总体负债率始终在全国省份中处

于前列。其中，青海、贵州、云南的显性债务率和隐性债务率都较高，导致总体债务风险居于高位；而天津、广西、重庆、新疆则是由于较高的隐性债务率导致较高的总体债务风险；云南、贵州的总体债务率有所下降，但主要是通过降低显性债务风险实现的，隐性债务风险没有较大变化。广东、山西、山东、河南的总体债务率始终较低，主要是因为显性债务和隐性债务结构合理且风险可控。值得关注的是，上海、辽宁的总体债务风险得到了较大改善，隐性债务率降低、隐性债务风险化解是主要推动因素。

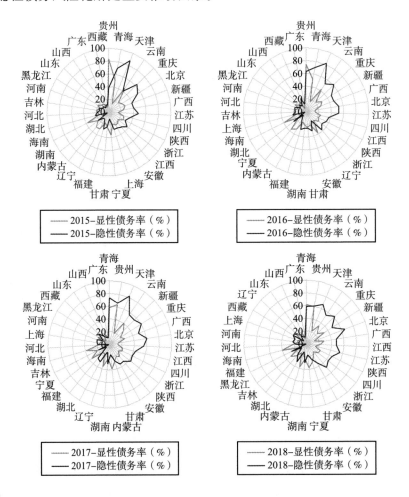

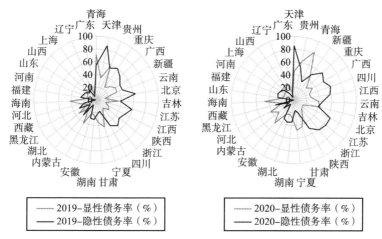

图 6-18　各省份 2015~2020 年总体债务率构成

注：图中十二点方向为总体债务率最高的省份，总体债务率水平沿顺时针方向依次递减。

资料来源：中国人民大学财税研究所财税数据库（http://ipft.ruc.edu.cn/cssjk/dfc-zfzzs/index.htm）和中国地方政府债券信息公开平台（http://www.celma.org.cn/）。

6.2.4　典型城市案例探讨：镇江市债务风险分析

1. 现状总体分析

镇江市地处强市如云的苏南地区，其经济总量和增长动力和其他四市（南京市、苏州市、无锡市、常州市）相比存在较大差距。如图 6-19、图 6-20 所示，2005~2019 年镇江市地区生产总值与苏南四市平均水平差异日益扩大；尤其是在 2017~2019 年，镇江市 GDP 增长乏力，到 2019 年已不足四市平均水平的 1/3。在一般公共预算收入方面，2016~2019 年增速有所减缓，一定程度上弱化了财政自给能力；从对比角度看，镇江市的一般公共预算收入也落后于苏南四市平均水平，且其差距呈现扩大趋势。

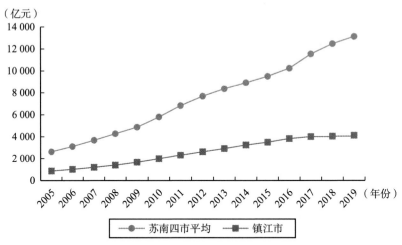

图 6 – 19　镇江市、苏南四市平均地区生产总值对比

资料来源：作者根据《城市统计年鉴》（2005～2019 年）整理绘制得到。

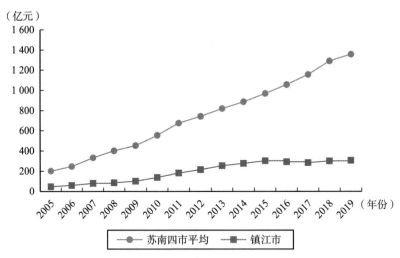

图 6 – 20　镇江市、苏南四市平均一般公共预算收入对比

资料来源：作者根据《城市统计年鉴》（2005～2019 年）整理绘制得到。

　　图 6 – 21 显示了镇江市隐性债务风险变化趋势。参考徐军伟等
（2020）的研究，本节采用城市融资平台有息债务总额来衡量隐性债

务规模。如图所示，2005～2016 年融资平台有息债务占地区生产总值的比值呈现逐年上升的趋势，其中 2005～2011 年增长较为缓慢；2011 年及以后隐性债务相对规模增长加快，于 2014 年首次超过 0.5后，急剧攀升至 2016 年的 0.83，表明这一时期镇江市隐性债务风险日益累积。2016～2019 年融资平台有息债务规模占比呈下降趋势，由 0.83 持续降低至 0.79，表明镇江市近年来的隐性债务风险有一定程度上的化解。新增融资平台有息债务规模与一般公共预算收入的比值，在 2008 年及以前小于 1，表明财政收入对新增债务的担保能力比较强；受 2009 年经济刺激政策的影响，这一比值迅速上升至 2.24；2009～2011 年持续下降，新增隐性债务有所降低、偿债能力有所增强；继而在 2011～2016 年，新增融资平台有息债务规模持续扩张，由 2011年的不足一般公共预算收入的 1/3，上升至当年一般公共预算收入的近3 倍，削弱了政府财力对于地方债务的偿还和保障能力；在 2016 年及以后，一般公共预算收入对于隐性债务的保障能力得以加强，2018～2019 年一般公共预算收入均超过新增隐性债务规模的 3 倍。

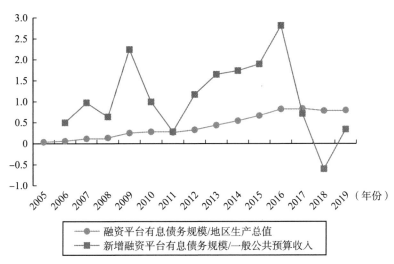

图 6 - 21　2005～2019 年镇江市隐性债务风险变化趋势

2. 融资平台公司特征

如表 6 - 2 所示，截至 2020 年第四季度，镇江市共有 21 家融资平台公司，其中 9 家隶属于地市级，12 家为县级。在行业分布上，镇江市融资平台公司主要为土木工程建筑业（11 家），另外还涉及综合类、道路运输业、房地产业、房屋建筑业、公共设施管理业、建筑装饰和其他建筑业、其他金融业、生态保护和环境治理业、水的生产和供应业①。从成立时间看，有 11 家成立于 2005 年以前，9 家成立于 2008～2013 年，1 家成立于 2014 年，目前已发债的融资平台均在新预算法修订之前成立。

表 6 - 2　　　　　　　　镇江市融资平台公司基本情况

融资平台公司名称	县/县级市	证监会行业大类	成立日期
丹阳市开发区高新技术产业发展有限公司	丹阳市	综合	2007/1/24
丹阳投资集团有限公司	丹阳市	土木工程建筑业	2007/11/28
丹阳高新区投资发展有限公司	丹阳市	土木工程建筑业	2013/5/23
句容市城市建设投资有限责任公司	句容市	土木工程建筑业	2001/5/9
句容市茅山湖康体养生旅游度假有限公司	句容市	生态保护和环境治理业	2011/7/18
句容福源农业旅游发展有限公司	句容市	建筑装饰和其他建筑业	2013/2/22
扬中市交通投资发展有限公司	扬中市	道路运输业	2009/4/2
扬中市京城经贸实业总公司	扬中市	土木工程建筑业	1994/6/30
扬中市城市建设投资发展总公司	扬中市	土木工程建筑业	1992/9/25
江苏北固产业投资有限公司	镇江市	房地产业	2002/7/17
江苏句容新农控股集团有限公司	句容市	土木工程建筑业	2010/10/20
江苏句容福地生态科技有限公司	句容市	综合	1998/1/16

---

① 行业类别为 Wind 数据库中"证监会行业大类"。

融资平台公司名称	县/县级市	证监会行业大类	成立日期
江苏大行临港产业投资有限公司	扬中市	其他金融业	1992/11/12
江苏瀚瑞投资控股有限公司	镇江市	土木工程建筑业	1993/5/26
镇江交通产业集团有限公司	镇江市	土木工程建筑业	1992/11/5
镇江城市建设产业集团有限公司	镇江市	土木工程建筑业	1994/5/23
镇江市丹徒区建设投资有限公司	镇江市	房屋建筑业	2009/2/10
镇江市港城供水有限公司	镇江市	水的生产和供应业	2014/7/24
镇江市风景旅游发展有限责任公司	镇江市	公共设施管理业	2008/12/26
镇江文化旅游产业集团有限责任公司	镇江市	土木工程建筑业	1992/12/23
镇江新区城市建设投资有限公司	镇江市	土木工程建筑业	1992/12/7

资料来源：作者根据 Wind 数据库——发债公司简介汇总处理得到。

图 6 - 22 显示了镇江市融资平台公司偿债能力与盈利能力变化趋势①。这里选取流动比率与资产负债率作为偿债能力的度量②。如图所示，流动比率呈现持续下降的趋势，表明融资平台短期偿债能力有所降低，但 2020 年的值仍大于 200%，说明短期流动风险处于可控范围；资产负债率在 2015～2017 年呈现上升趋势，达到最高水平 54.49%，继而在 2017～2019 年呈现下降趋势，虽然于 2020 年有小幅上升，但仍低于 60%，表明镇江市融资平台公司的长期偿债能力较强。从盈利能力来看，销售净利率与资产净利率在 2015～2020 年持续下降，分别下降了 9.36% 与 0.55%，这表明镇江市融资平台公司的"造血"能力有所下降，加深了对政府补助与外部融资的依赖，

---

① 仅展示指标的平均情况，单个融资平台的指标变化见附录三。
② 流动比率 = 流动资产/流动负债×100%；资产负债率 = 负债总计/资产总计×100%。

也制约了融资平台的市场化转型进程①。

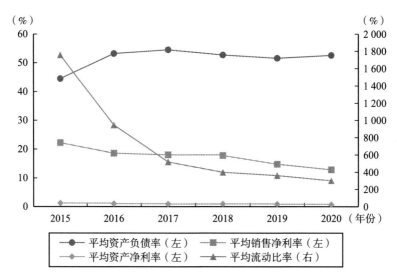

图 6-22　2015~2020 年镇江市融资平台公司偿债能力与盈利能力变化趋势

3. 应对策略

2019 年初，镇江成为较早提出化债方案的城市之一，其化债措施包括五个方面：

①债务置换。主要以银行贷款置换存量贷款和非标债务，开始于 2019 年下半年。该种债务置换没有起到降低隐性债务规模的作用，而是主要起到拉长债务久期、降低融资成本的作用。

②增发地方债。2019 年镇江地方债发行金额明显放量，显性债务余额明显增加。

③盘活资产。市属产业集团通过土地出让、房产变现、股权变现等方式，处置存量资产，增加现金流。

---

① 销售净利率＝净利润/销售收入×100%；资产净利率＝净利润/资产总计×100%。

④资产注入。包括赋予平台特许经营权，如 2019 年镇江交通产业集团筹备归并具有经营性收入的收费停车场业务，以及向平台转入上市公司股权；2018 年镇江国资委将持有的江苏索普股权转让给镇江城建集团。

⑤融资成本削峰。2021 年上半年推出"融资成本削峰计划"，压降高成本存量债务。此外，其他化解措施还包括设立平准基金对债券发行进行定向支持等。

6.3 丰富城市财政投融资工具
加强城市债务风险控制

6.3.1 城市财政投融资工具创新性探索

1. 城市更新基金

城市更新项目资金投入量大，且项目运作特性决定了需要政府的支持。目前由政府支持，国有企业牵头，联合社会资本设立城市更新基金，成为一种新的模式探索。城市更新基金适用对象为政府重点推进、资金需求量大、收益回报较为明确的项目。其优势是能够整合各方优势资源，多元筹集资本金及实施项目融资，加快项目推进；劣势是目前城市更新投资回报收益水平、期限等与城市更新基金资金的匹配性不强，成本较高，退出机制不明确，面临实施上的诸多挑战。

目前，城市更新基金的投资人以房地产和建筑施工企业为主，资金期限较短，对于投资回报及附加要求多。基金构架一般为母基金 +

子基金，子基金主要针对城市更新的各个阶段或子项目。广州市、上海市、无锡市均已经落地城市更新基金。北京市、重庆市等地也发文鼓励和探索设立城市更新专项基金。

2. 投资人 + EPC（engineering procarement construction，工程总承包）模式

针对城市更新中出现的大量工程建设，由工程建设企业探索提出了"投资人 + EPC"模式。如图 6 – 23 所示，该模式由政府委托其下属国企与工程建设企业共同出资成立合资公司，由合资公司负责所涉及城市更新项目的投资、建设及运营管理。项目收益主要为运营收益及专项补贴。在"投资人 + EPC"模式基础上，还有类似的"ABO +投资人 + EPC"方式。该模式适合成片区域更新开发，通过整体平衡来实现城市更新的顺利实施。部分工程建设企业受资本金投入政策要求，采取联合产业基金进行投资的方式进行城市更新项目。

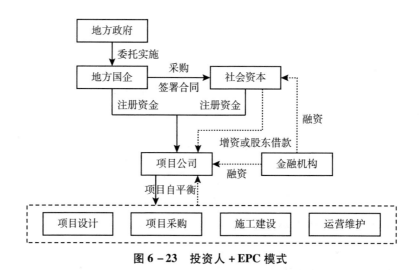

图 6 – 23　投资人 + EPC 模式

"投资人 + EPC"模式的优势是能够引入大型工程建设单位及专业运营商，整合资金优势，实现对大体量城市更新项目的推动实施；劣势是目前满足这样回报机制的片区开发项目较少，受土地政策限制，现有项目主要通过工程及政府补贴来实现回报，存在隐性债务风险，融资难度大、综合成本高。

3. EOD 模式

党的十八大以来，我国生态文明的重要性被提到了前所未有的高度。面对经济发展与环境污染之间日益凸显的矛盾，2015 年国务院出台了《关于加快推进生态文明建设的意见》《生态文明体制改革总体方案》，并叠加一系列配套制度，标志着我国完整的生态文明制度建设体系初见雏形，生态建设也拉开序幕。然而，在我国财政支出刚性特征和财政收入有限增长的矛盾下，生态环保支出又面临资金方面的限制。于是，基于项目实践的 EOD（ecology-oriented development）模式应运而生。生态环境部于 2018 年即提出了 EOD 模式的倡议，随后多部委陆续出台 EOD 相关政策。EOD 模式是以生态保护和环境治理为基础，以特色产业运营为支撑，以区域综合开发为载体，采取产业链延伸、联合经营、组合开发等方式，推动收益性差的生态环境治理项目与收益较好的关联产业有效融合，其运行流程如图 6 - 24 所示。基于项目实践的 EOD 模式，在帮助政府改善生态环境的同时，也能解决项目资金问题，减少政府债务负担、增强财政可持续性。

EOD 模式开展包括三个阶段：第一，重构生态网络。通过环境治理、生态系统修复、生态网络构建，为城市发展创造良好的生态基底，带动土地升值。第二，整体提升城市环境。通过完善公共设施、交通能力、城市布局优化、特色塑造等提升城市整体环境质量，为后续产业运营提供优质条件。第三，产业导入及人才引进。通过人口流入及产业发展激活区域经济，从而增加居民收入、企业利润和政府税

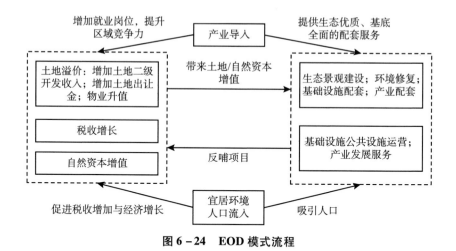

图 6 – 24　EOD 模式流程

收，最终实现自我强化的正反馈回报机制。其收益来源主要为：土地溢价及土地出让收入、产业反哺分成收益。总体而言，EOD 项目操作模式就是通过生态网络建设、环境修复、基础设施配套以及产业配套建设，促使该区域及周边的土地升值，并为产业引入和人口流入提供良好的生态基底。一方面以产业发展增加居民收入、企业的利润和政府的税收，另一方面依靠人口流入带来政府税收的增加及区域经济的发展，最终实现生态建设、经济发展、社会生活三者协调发展。

4. ABO 模式

ABO 模式，一般指授权（authorize)-建设（build)-运营（operate）模式，即政府将项目以授权的方式交由相关企业建设、运营，相关企业依据授权履行业主职责，政府依据协议给予补贴，合作期满项目无偿移交给政府。这里的相关企业可以是政府融资平台，也可以引入社会资本投资方。如果相关企业具有相应的建设、运营能力，则可直接承揽项目建设、运营，否则应按规定履行招标程序选定承包方。在监管机构切断平台公司代政府融资渠道后，城市基础设施建设面临融资渠道收窄、资金缺口扩大的问题。在防范和化解地方政府隐性债务风险的背景下，必须寻求控制地方政府债务风险和加强基础设施建设领域补短板的两全之策。在 ABO 模式中，一方面平台公司整合投融资、建设、运营资源，更高效地组织基础设施建设工作，另一方面政府通过制定绩效考核的方式为平台公司的综合服务付费，实现地方政府和平台公司之间的债务隔离，打破政府对平台公司债务的刚性兑付，从而在一定程度上控制地方政府隐性债务风险，实现财政收入分期支付和基础设施投资额巨大之间的调和。

6.3.2　国外创新模式借鉴

（1）以美国税收增量融资为代表的财税支持类模式

税收增量融资（简称 TIF），是指利用存量土地的增量收益来为公共项目提供融资支持的模式。税收增量融资的运作过程主要分为三个阶段：第一阶段，制订开发特定区域的计划。由当地政府划定某一特定区域作为税收增量融资实施区，设立 TIF 区的管理机构和专用账户，并规划一项针对区域的开发计划。第二阶段，核定征税基准。先利用"均等化评估价值"方法确定 TIF 区内征收财产税的基准值，并冻结该部分存量税收；随着开发工作启动，被冻结的存量税收部分仍归原有征税主体，但新增税收部分归属于 TIF 区的管理机构，纳入专用账户用于支持区域开发。第三阶段，推进 TIF 区开发。此类开发将持续长达 20 年，通过发行中长期的税收增量支持债券来为开发建设提供融资支持，并以未来增量税收来偿付债券本息。完成开发计划后，TIF 区自行撤销，此前调整的征税安排回归正常秩序。

税收增量融资的逻辑在于"政府-社会-市场"三者实现良性的有机运转，即政府的公共投资改善提升社会发展环境，吸引更多社会资本和市场主体参与并提升区域的房产价值，从而引致更多新增的税收，反过来可以补偿初始的公共投资支出。

（2）以英国城市发展基金为代表的资金补贴类模式

城市发展基金，是英国政府专门用于城市更新的专项基金，其资金全部由政府财政拨款。城市发展基金明确资助对象为支持城市旧城改造的基础设施更新工程，促进旧城区投资环境的改善。城市发展基金主要通过资金资助对私人资本进行补贴，弥补私人资本实际收益差距，有效调动私人资本投资的积极性。

城市发展基金的资助采取无偿资助、利润分成和低息贷款三种方式。对部分非营利性，但对城市确属必要的公共工程，城市发展基金提供无偿资助。对于具有稳定现金流，且未来有盈利的工程可以采取利润分成和低息贷款两种方式。其中，利润分成是指城市发展基金以更新工程资本金的名义进行出资，之后可按其出资比例享有所有者权益；低息贷款则是城市发展基金提供优惠利率的贷款，用于支持更新工程。

6.3.3 加强城市债务风险控制

1. 深化财政体制改革，加强债务项目管理

深化财政体制改革，有助于为抑制城市债务风险提供制度保障。一是健全财力与事权相匹配的财政体制，从根本上破除地方发展对土地财政的依赖，增强中央与地方财政关系的协调性、清晰性和均衡性；二是应从制度层面纠正官员考核"唯GDP"的倾向，通过科学设置考核指标体系，将地方政府性债务纳入预算管理，有效降低地方政府性债务的风险。一方面，要充分考虑现有债务存量规模以及新增债务结构、性质、未来现金流情况，以优化城市投融资结构、增强财政可持续性；另一方面，约束债务资金使用范围，保障债务偿还与地

方财力和项目现金流相匹配，降低债务违约风险。

加强城市债务风险控制，还应从优化债务资金投向结构管理着手。债务资金应投向服务地方经济发展和促进民生需求等领域。对此，在对地方政府性债务进行审批时，一定要对融入资金的用途进行严格审查，提升财政资源配置效率和财政资金使用效益。

2. 增加债务信息公开，建立债务预警机制

从国际经验比较来看，我国与发达国家的债务信息披露制度存在较大的差距。基于提高财政透明度、防范财政风险的制度建设要求，我国应着力于以下几个方面：第一，依托"金财工程"等财政信息化建设，加强下级政府对上级政府的信息披露和上下级政府的信息联通，形成债务项目、种类、期限和数额的常态化监督机制；第二，增强债务信息对公众的可得性，使城市债务充分接受公众和市场等第三方的监督，使政府债券价格和信用体现投资者和信用评级机构的观点；第三，建立"随机-公开"抽查制度，增强国家审计的投入和问责力度，促进城市债务风险的直接监管；第四，隐性债务的防控与化解是重点领域，要逐步完善地方政府债务管理，在限额管理、预算管理、风险处置及日常监督管理体系的基础上，对"表外债务"形成统一的口径，加大对"表外债务"的管理，以进一步提高地方政府债务的公开透明度（余应敏等，2018）。

建立债务风险预警机制是增强债务风险事前监管的重要渠道。一方面，我国各级政府应根据自身情况设计债务风险指标，构建预警指标体系和债务风险监测数据库，通过风险预测模型定期评估债务规模。另一方面，城市政府应根据风险来源和特点，设立相应的风险管理组织机构，健全内控制度，注重信息时效性、准确性、前瞻性。目前，江苏省的风险预警机制具有一定参考性。江苏省政府要求，各级政府需要以上一年政府性债务为基数进行测算，并与警戒线相比较。

对于超过风险警戒线的地区，除了进行风险提示以外，还责令相应城市制订风险化解方案、尽快降低债务风险，且原则上不得增加债务余额①。

3. 加快地方融资平台公司转型，拓宽地方融资渠道

地方融资平台转型实质上是地方政府债务管理体制的改革。根据《国务院关于加强地方政府性债务管理的意见》的顶层设计，地方政府举债机制应从行政管控的软约束方式，逐步转变为立法完善、依托市场、运行透明、多方监督、预警有效的硬约束机制②。在此背景下，地方融资平台转型的选择有：一是成为市场化运作的企业。二是成为新型融资中介，在参与城市公益性项目建设的同时，有效隔离政府偿付风险。其可行路径包括：第一，分地区推进市场化转型。对于经济发展水平较高的城市融资平台公司，应加快剥离投融资功能，做强业务经营功能，充分利用好长期基础设施建设中的管理经验和经营优势，实现市场化转型；而对于经济发展水平不高的城市融资平台公司，应循序渐进地促进市场化转型，推行 PPP 模式作为主要投融资模式是可行的过渡方案。第二，推动融资平台公司多元化经营。应不断增强融资平台资源利用能力和抗风险水平，依托金融市场，实施多元化经营战略，不断改善财务状况，增强市场竞争能力。

---

① 刘婷婷. 地方政府性债务融资与债务风险防控研究 [M]. 成都：西南财经大学出版社，2019.
② 参见《国务院关于加强地方政府性债务管理的意见》。

第七章

城市财政健康评价

7.1 城市财政健康的概念与测度

7.1.1 城市财政健康的概念与内涵

"城市财政健康"是指城市政府利用其收入来满足其支出需求的能力（Levine et al. , 2012；Bird and Slack, 2015；McDonald, 2018；Leiser and Mills, 2019）。对财政健康的兴趣大多来源于对城市财政压力的关注（Honadle et al. , 2003；Hendrick, 2004；Helpap, 2016；McDonald, 2018；Leiser and Mills, 2019）。越来越多的地方政府面临着财政收入减少以及对公共产品和服务的需求增加（Kiewier and Mc-Cubbins, 2014；Scorsone et al. , 2013）。而经济衰退对地方财政状况的影响使财政健康问题愈发成为焦点（Jacob and Hendrick, 2013；McDonald, 2015），如19世纪70年代美国的铁路债券违约，20世纪30年代的大萧条（ACIR, 1973），以及2007～2009年的"大衰退"后纽约和底特律等国际知名城市的财政困境（Justice and Scorsone,

2012）。在许多国家发生的金融和经济危机引发了城市财政问题，这些问题在国际层面上越来越成为人们关注的焦点。世界银行发布了题为"应对全球城市财政压力（Coping with Urban Fiscal Stress Around the World）"（Dethier，2013）和"直到债务将我们分开（Until Debt Do Us Part）"（Canuto and Liu，2013）的文件，OECD 也发布了一份关于国家以下各级政府财政的出版物，名为"如履薄冰（Walking on Thin Ice）"（Vermalle and Hulbert，2013）。国际货币基金组织（IMF）一直对财政健康和财政可持续性持较为悲观的看法，也越来越关注各国地方政府的财政健康问题。

财政健康问题越来越成为工业化和发展中国家面临的巨大挑战（Chapman et al.，2003；Dethier，2013；Chernick and Reschovsky，2017；Xi et al.，2017）。随着城市化进程的深入推进，越来越多的农村居民涌入城市，因此地方政府需要提供更多的公共服务（Osman et al.，2008；Benito et al.，2010；Hortas-Rico，2014；Frego and Tonin，2016）。与此同时，城市基础设施建设的投资性支出以及运营和维护的经常性成本支出也在不断增加（Carruthers and Ulfarsson，2003；Hortas-Rico and Solé-Ollé，2010；Goodman，2019；Gielen et al.，2021）。然而，其财政收入往往不足以满足其财政支出需求，这对居民的福祉产生广泛而严重的影响。

到目前为止，仍没有准确的概念和标准化的方法界定和评价什么是财政健康（Bird，2014）。亨德里克（Hendrick，2004）在其对如何衡量公共机构的财政健康状况的研究中指出，财政健康在术语使用方面存在很大的模糊性。在许多情况下，文献中的各种术语被交替使用，如财政紧张、财政困难、财政危机、财政状况等（见表 7 – 1）。

表 7 – 1 财政健康的定义梳理

名称	作者	定义	其他作者引用
财政健康（fiscal health）	贝瑞（Berry, 1994）	财政资源超过自身支出责任的程度	霍纳德尔和劳埃德 – 琼斯（Honadle & Lloyd – Jones, 1998）；克莱恩等（Kleine et al., 2003）；霍纳德尔（Honadle, 2003）；卡梅利（Carmeli, 2007）
	拉德和英杰（Ladd & Yinger, 1989）	城市向其居民提供公共服务的能力	
	亨德里克（Hendrick, 2004）	政府履行其财政和服务责任的能力	
财务健康（financial health）	扎夫拉等（Zafra et al., 2009a）	机构满足其债务并提供可接受服务水平的能力	格鲁布等（Groves et al., 1981）；默瑟和吉尔伯特（Mercer & Gilbert, 1996）；霍纳德尔和劳埃德 – 琼斯（Honadle & Lloyd – Jones, 1997）；佩特罗（Petro, 1998）；霍纳德尔（Honadle, 2003）；亨德里克（Hendrick, 2004）；彼得森（Peterson, 1977）；霍纳德尔和劳埃德 – 琼斯（Honadle & Lloyd – Jones, 1998）；克莱恩等（Kleine et al., 2003）；霍纳德尔（Honadle, 2003）；克洛哈等（Kloha et al., 2005b）；卡梅利（Carmeli, 2007）
财政状况（fiscal condition）	拉特克利夫等（Ratcliffe et al., 1990）	在居民合理的税收负担下，提供合理的质量服务的能力	
财务状况（financial condition）	伯恩（Berne, 1992）	履行对债权人、雇员、纳税人和其他利益相关者的财务责任，以及为选民在现在和将来提供服务的责任	洛瑞（Lorig, 1941）；彼得森（Peterson, 1977）；休斯和拉弗迪尔（Hughes & Laverdieve, 1986）；泽姆斯（Zehms, 1991）；布朗（Brown, 1993, 1996）；默瑟和吉尔伯特（Mercer & Gilbert, 1996）；霍纳德尔和劳埃德 – 琼斯（Honadle & Lloyd – Jones, 1998）；沃尔夫和休斯（Wolff & Hughes, 1998）；佩特罗（Petro, 1998）；卡卡瓦（Carcaba, 2004）；蔡斯和菲利普斯（Chase & Phillips, 2004）；扎夫拉等（Zafra et al., 2006）；王等（Wang et al., 2007）；扎夫拉等（Zafra et al., 2009a, 2009b）
	政府会计标准委员会（GASB, 1999, 2004），米德（Mead, 2001）	政府充分的提供服务以满足现在和将来责任的能力	
	GASB（1999, 2004）；琼斯（Jones, 1979）；钱尼等（Chaney et al., 2002）	通过净资产、基金权益或净现金流的累积变化来衡量的财务成就	

续表

名称	作者	定义	其他作者引用
财务状况（financial condition）	王等（Wang et al.，2007）	一个组织及时满足其财务要求的能力	洛瑞（Lorig，1941）；彼得森（Peterson，1977）；休斯和拉弗迪尔（Hughes & Laverdieve，1986）；泽姆斯（Zehms，1991）；布朗（Brown，1993，1996）；默瑟和吉尔伯特（Mercer & Gilbert，1996）；霍纳德尔和劳埃德－琼斯（Honadle & Lloyd－Jones，1998）；沃尔夫和休斯（Wolff & Hughes，1998）；佩德罗（Petro，1998）；卡卡瓦（Carcaba，2004）；蔡斯和菲利普斯（Chase & Phillips，2004）；扎夫拉等（Zafra et al.，2006）；王等（Wang et al.，2007）；扎夫拉等（Zafra et al.，2009a，2009b）
	格鲁布等（Groves et al.，1981）	它包括很多含义：现金偿付能力－政府产生足够的现金或流动资金来支付账单的能力；预算偿付能力－城市在正常预算期间产生足够的收入以满足其支出义务和不产生赤字的能力；长期偿债能力－政府支付所有经营成本的长期能力，包括每个年度预算都出现的经常性支出义务，和只在必须支付的年份出现的支出义务；服务水平的偿付能力——指一个政府能否提供一个社区的一般健康和福利所需的服务水平和质量	
	林和拉曼（Lin & Raman，1998）	在可接受的税率水平上维持现有服务水平的概率	
	国际承包商协会（CICA，1997，2009）	可持续性、灵活性和脆弱性三个维度衡量的财务状况	
财政地位（financial position）	洛里希（Lorig，1941）	支付债务的能力	休斯和拉弗迪尔（Hughes & Laverdiere，1986）；米德（Mead，2001）
财政困境（fiscal distress）	克洛哈等（Kloha et al.，2005a，2005b）	在经营状况、债务、社区需求和资源等方面连续数年未能达标	卡比尔和詹姆斯（Cabill & James，1992）；克莱恩等（Kleine et al.，2003）；卡尔梅利（Carmeli，2007）

名称	作者	定义	其他作者引用
财政压力（fiscal stress）	琼斯和沃尔科（Jones & Walker, 2007）	无法在原有的水平上提供服务	彼得森（Petersen, 1977）；摩根和英格兰（Morgan & England, 1983）；休斯和拉弗迪尔（Hughes & Laverdiere, 1986）；沃尔曼（Wolman, 1992）；克拉克（Clark, 1994）；霍纳德尔（Honadle, 2003）；克洛哈等（Kloha et al., 2005a）；斯基德莫尔和斯科松（Skidmore & Scorsone, 2011）
	沃尔曼（Wolman, 1992）	相对于其他城市财政健康状况较差或一个城市的财政状况随时间推移而恶化	
财政危机（fiscal crisis）	英曼（Inman, 1995）	当一个城市提高收入的潜力不足以支付城市的法定支出时	卡梅利（Carmeli, 2003, 2007）；霍纳德尔（Honadle, 2003）；沃尔夫（Wolff, 2008）
	赫希和鲁福洛（Hirsch & Rufolo, 1990）	当一个城市正常的预算灵活性不复存在时	
	切尔尼克和雷绍夫斯基（Chernick & Reschovsky, 2001）	当筹集的收入和支出需求之间存在差额时	
财务危机（financial crisis）	卡梅利（Carmeli, 2003）	当一个组织无法按时偿还当前的债务时	扎夫拉等（Zafra et al., 2009b）
财政紧张（fiscal strain）	克拉克（Clark, 1994）	一个政府缺乏对其私营部门环境的适应性时	克拉克（Clark, 1977）；摩根和英格兰（Morgan & England, 1983）

7.1.2 城市财政健康的测度与评价

1. 城市财政健康测度方法概述

现有关于财政健康的研究已经形成了多种不同的测度方法（Kloha et al., 2005a；Wang et al., 2007；Maher and Deller, 2012；Trussel and Patrick，2012）。对财政健康的测度取决于谁关心财政健康以及他们关注财政健康的哪些要素。斯莱克和伯德（Slack & Bird，2015）总结了财政健康的四个研究目的及其对应的测度方法（见表7-2），这些研究目的包括确保政府具有良好的财务管理能力、提高政府信用评级、避免陷入财务困境、设计均等化专业支付的机制。不同研究目的对应不同的测度方法。值得注意的是，不同测度方法之间可能存在交集。比如，当我们关注一个政府的信用评级或者它是否陷入财政困境时，债务水平都是一个比较重要的测度指标。

表7-2　　　　　　　　财政健康的研究目的及其测度重点

财务管理	信用评级	财政困境	均等化转移支付
重要的测度包括： ·可持续性：能否在既定税率下保证公共服务 ·灵活性：提高财政收入或发债的能力 ·脆弱性：应对外部冲击的能力	重要的测度包括： ·经济实力 ·财政实力 ·债务状况 ·治理结构	重要的测度包括： ·结构：长期债务 ·经济：税基侵蚀 ·人口：人口下降 ·制度：管理因素	重要的测度包括： ·支出需求：人口结构、社会经济因素、地理环境 ·收入筹集能力：税基规模

资料来源：Bird，Richard Miller，and Enid Slack，eds. Is Your City Healthy?：Measuring Urban Fiscal Health［M］. Institute on Municipal Finance and Governance，2015.

　　基于衡量地方政府是否具有良好的财务管理能力的目的，加拿大特许会计师协会（Canadian Institute of Chartered Accountants，CICA）发布了《推荐做法声明》，以建立一个评估财务状况的通用指标框架（CICA，2009）。该声明从可持续性、灵活性和脆弱性三个维度来衡量政府的财政健康。可持续性是指地方政府在不增加债务水平的情况下，能够维持当前的公共服务并符合当前的信用要求。灵活性是指地方政府为了应对不断提高的公共服务需求能够增加其财政资源的程度，可以是增加税收或增加债务的方式。脆弱性是指地方政府在多大程度上依赖于其无法控制或影响的资源，或地方政府应对外部冲击的能力。

基于信用评级的角度，很多评级机构对地方政府的财政健康研究感兴趣。为了进行风险评估和信用评级，评级机构考虑了不同的影响因素，包括地方政府的经济实力、财政实力、债务状况和治理结构等（Ficth Ibca，2008；Moody's，2008；Standard and Poors，2010）。

美国地方政府广泛使用的财政趋势监测系统（financial trend monitoring system，FTMS）是由国际城市/县管理协会（International City/County Management Association，ICMA）发布的一个内部监测系统。该系统基于格罗夫斯等（Groves et al.，1981）提出的财政状况的四个维度来测度的：现金偿付能力、预算偿付能力、长期偿付能力和服务水平偿付能力。现金偿付能力和预算偿付能力与企业破产文献中使用的流动性和经营状况的指标十分相似。长期偿付能力和服务偿付能力分别反映了地方政府的长期财政前景以及地方政府能够满足地方需求的程度。但是，FTMS没有明确说明这四种偿付能力及其指标体系之间的关系。表7-3对这四种偿付能力进行了描述。

表7-3　　　　　　　　财政健康的四种偿付能力

偿付能力	描述	实证研究中的指标
现金偿付能力	政府在短期（通常是60~90天内）履行其义务的能力；地方政府是否有能力在短期内产生足够的现金来支付其账单	·偿还流动负债的能力（ability to repay current liabilities） 流动比率（current ratio） 速动比率（quick ratio） 流动负债/收入（current liabilities/revenues） 应收账款平均回收期（average collection period） ·从运营中产生现金流的能力（ability to generate a cashflow from operations） 流动性（liquidity（index）） 现金余额（cash balance） 来自地方税的现金（cash from local taxes）

续表

偿付能力	描述	实证研究中的指标
预算偿付能力	政府在预算的财政年度内履行其财政义务的能力；在预算年度内地方政府是否有足够的收入来满足其支出而不产生赤字	·预算执行情况（budget performance） 总收入 – 总支出（total revenues-total expenditures） 运营结果（operating result） 收费与支出比率（charge to expense ratio） 基金赤字或盈余（fund deficits or surpluses） 预算执行情况（budget performance） 居民（residents） 支出（expenditures） 预算责任（budget obligations） 政府资助（government funding）
服务水平偿付能力	政府按照法律规定为基本水平的项目和服务提供资金的能力；地方政府提供的服务水平和质量是否符合社区健康、安全和福利的要求以及公民的愿望	·人口特征（characteristics of population） 人口规模（population size） 人口密度（population density） 收入（income） 教育（education） 就业（employment） 年龄（age） 移民/非移民（immigrant/non-immigrant） ·住房特征（characteristics of housing） 已入住（occupied） 业主自用（owner occupied） 房龄（age） ·社会经济特征（socio-economic characteristics） 行业集中度（industry concentration） 经济活动（economic activity） 建筑许可证（building permits） 犯罪率（crime rate） 失业率（unemployment） ·特殊服务责任（special services）： 消防区（fire district） 学区（school district） 服务提供途径（service delivery access） ·服务水平指标（service-level indicators） ·服务质量指标（quality index）

续表

偿付能力	描述	实证研究中的指标
长期偿付能力	政府履行其长期财政义务的能力；从长远来看，地方政府是否有能力创造足够的收入来满足其支出	·现金状况随时间的变化（over time changes in cash position） 流动性变化（changes in liquidity） 现金盈余变化（change in cash surplus） 平均收集期变化（change in average collection period） ·收入和支出随时间的变化（over time changes in revenues and expenditures） 政府间收入变化（change in intergovernmental revenues） 税收收入变化（change in (tax) revenues） 业务支出变化（change in (operating) expenditures） ·长期资产和负债（long-term assets and liabilities） 长期资产（long-term assets） 长期负债（long-term liabilities） 偿债（长期债务本金＋利息支付）（debt service (principal + interest payments on long-term debt)） 债务与资产比率（长期债务/总资产）（debt-to-assets ratio (long-term debt/total assets)） 杠杆率（债务占评估值的百分比）（leverage (debt as a percent of assessed value)） ·长期财政责任（long-term financial obligations） 资本维护义务（比率）（capital maintenance obligations (ratio)） 资本支出（比率）（capital expenditure (ratio)） 退休金义务（比率）（pension obligations (ratio)） 人均债务（比率）（debt per capita (ratio)） ·服务水平随时间的变化（over time changes in service-levels） 服务水平需求变化（changes in service-level demands） 人口构成（population composition） 教育水平（education level） 应税收入（taxable income） 所提供服务的变化（changes in services offered） 资金供应（funds availability） 借款能力（borrowing capacity） 税收机会（taxation opportunities）

资料来源：Kooij J, Groot T. Towards a comprehensive assessment system of local government fiscal health [J]. Maandblad voor Accountancy en Bedrijfseconomie, 2021, 95: 233.

现金偿付能力重点关注地方政府满足短期支付义务的能力，通常是近 60～90 天内的支付义务。如果政府不能偿付短期债务，就需要寻找新的现金来源，否则地方政府就会拖欠付款。格罗夫斯等（Groves et al.，2003）提出了一个基于速动比率的指标。特利等（Turley et al.，2015）指出，速动比率作为反映流动性的指标，能衡量在不需要清算资产或破产的情况下满足短期债务的能力。他们还使用了应收账款的平均回收期这一指标来衡量地方政府的流动性和履行短期支付的能力。科恩等（Cohen et al.，2012）把短期负债与自有收入进行对比以衡量地方政府可以满足这些负债的程度。还有一些研究使用地方政府从业务中产生现金流的能力来反映其履行短期支付义务的能力。如库比和瓦科（Ncube & Vacu，2014）使用了一个衡量地方政府现金余额的指标。其他研究还采取来自地方税收的现金来作为衡量流动性的指标。

预算偿付能力重点关注地方政府当前预算年度的财务结果。大量研究使用衡量地方政府运营结果的指标来反映预算偿付能力（Groves et al.，2003；Kloha et al.，2005a；Trussel and Patrick，2012），比如预算支出与收入的差额，收费与支出的比率，基金赤字或盈余等。还有一些研究衡量了地方政府预算绩效与其他特征的关系，如分析每个居民的预算绩效等（Carmeli，2002；Turley et al.，2015）。

长期偿付能力重点关注长期展望，在实践中多使用衡量现金、收入或支出趋势的指标。支出的增加表明提供服务的成本增加，而收入的减少表明政府支付公共服务的能力下降，需要寻找新的收入来源。在计算这类指标时，使用人均值可以某种程度上综合其他趋势的变化（Groves et al.，2003；DCED，2011）。衡量长期前景的另一种方法是观察地方政府资本结构的长期变化。债务相较于资产的比率较高或持续增加被认为是一个负面的警告信号（Cohen et al.，2012）。但是，过低的债务水平也不一定是积极的信号，这可能是由于对资本设施

（基础设施）的投资不足所导致的，会带来未来服务水平的不可持续
（Groves et al.，2003）。

服务水平偿付能力重点关注地方政府目前是否满足了当地居民的
公共服务需求。在现实中很难客观衡量是否满足了居民的公共服务需
求，因为这需要明确衡量当前服务能力的指标（Groves et al.，
2003）。由于居民对公共服务的需求被认为是由地方政府的环境特征
所决定的（Jacob and Hendrick，2012），因此一般采用间接的方式来
进行测度。帕特里克和特拉塞尔（Patrick & Trussel，2013）利用各
种社会经济和人口的指标来作为衡量服务需求的代理指标。大量实证
研究利用多个城市的数据，通过比较服务水平与人口特征的关系来确
定地方政府服务水平和能力。

2. 基于公共服务水平偿付能力的财政健康测度

基于公共服务偿付能力衡量地方政府财政健康的最常用方法是
"收入 – 支出差额法（need capacity gap）"。这套方法最早是由拉德和
英杰于 1989 年正式提出的，他们指出可以采用"收入 – 支出差额
法"来测度地方政府的财力状况，进而衡量财政健康水平。其中，
收入是指地方政府从辖区内筹集收入的能力（revenue raising capacity），
支出是地方政府提供标准公共服务的最小支出需求（expenditure
needs）。当"财政支出需求"与"收入筹集能力"的差额越大时，
地方政府的财政状况越差，财政健康水平越弱。沿袭这一思路，雷绍
夫斯基（Reschovsky，2007）、莱文等（Levine et al.，2012）、赵
（Zhao，2015）等采用类似的评价方法对美国地方政府财政健康程度
进行了评价和比较。近年来，随着国内城市财政健康问题的暴露，一
些学者也开始研究财政健康问题。如李建军和谢欣（2011）、张伦伦
和宋钦雪（2016）、颜燕和安德鲁·雷绍夫斯基（Andrew Reschov-
sky，2017）借鉴拉德和英杰（1989）的测度方法，分别研究了湖

北省、云贵川三省和浙江省的财政健康状况。

"收入－支出差额法"的关键在于计算政府"财政支出需求"和"收入筹集能力"。一个地方政府的财政支出需求被定义为它为提供辖区标准公共服务所需要的最小支出金额。因此，财政支出需求是地方政府提供各项公共服务以及履行这些职责的成本的函数。需要指出的是，与地方政府的实际支出和实际收入不同，"财政支出需求"和"收入筹集能力"是基于辖区社会、经济、自然特征等因素计算而来，反映了政府的潜在支出需求和潜在收入能力。因此，"收入－支出差额法"可以保证评价的客观性。下面具体介绍"财政支出需求"和"收入筹集能力"的测算方法。

（1）财政支出需求

财政支出需求是指地方政府提供标准公共服务所需要的最低限度支出。由于地区间支出责任和支出成本的差异，财政支出需求在地方政府间也存在差别，其计算公式具体如下：

$$EN_i = \sum_{j=1}^{n} (S_j \times SR_{ij} \times CI_{ij}) \tag{7.1}$$

其中，i 是地级及以上城市政府，共包括 285 个地级及以上城市。j 表示公共服务，这里由于数据所限，没有单独估计每类公共服务的支出需求，而是把所有支出需求作为一个整体进行回归分析。EN_i 是表示地级及以上城市 i 的财政支出需求。S_j 表示地级及以上城市政府提供一单位标准公共服务 j 所需要的平均成本，这里将全国各地级及以上城市公共服务的平均水平作为标准。SR_{ij} 是支出责任系数，如果某政府提供某项公共服务，则该系数为 1，否则为 0。由于我国几乎所有公共服务都由地方政府提供，因此该系数绝大部分为 1。CI_{ij} 表示地级及以上城市政府 i 提供单位公共服务 j 的成本指数，它反映了各城市由于社会、经济等因素的差异而造成的财政支出需要的不同。

本节的一个重点是如何确定每个地方政府提供公共服务的成本系数。根据前人的研究，本节采用回归方程的方式来确定成本系数。回归方程建立在公共服务生产方程以及对应的支出方程基础上。地方政府公共服务的水平（Q_s）是由地方政府支出水平（E）、公共服务提供效率（F）以及成本要素（C）共同决定的，具体形式如下：

$$Q = Q_s(E, F, C) \tag{7.2}$$

据此，对应的支出方程可以通过标准的转换表示如下：

$$E = E(Q_s, F, C) = E = E(Q_d, F, C) \tag{7.3}$$

其中，Q_d 取决于本地居民的偏好和地方政府提供公共服务可获取的各项经济资源。本节采用如下简化支出方程来估计不同地方政府提供每项公共服务的成本系数：

$$E_{ij} = \alpha_0 + \sum_k \alpha_k C_{ijk} + \sum_l \alpha_l Z_{ijl} + u_{ij} \tag{7.4}$$

其中，E_{ij} 表示地级及以上城市 i 在公共服务 j 上的人均财政支出；C 是影响公共服务支出的一系列成本因素，例如失业率、人口总量等；Z 是一系列控制变量，例如反映需求的人均地区生产总值、反映外部资源可获得程度的政府性基金。

（2）收入筹集能力

收入筹集能力是指地方政府在标准税率下从辖区获取收入的能力。关于收入筹集能力的测算，典型的方法为"代表性税制法（representative tax system）"。代表性税制法起源于美国，主要为辅助美国政府间转移支付制度的实施，寻求各州和地方政府收入能力横向公平比较的标准。ACIR 将税收收入能力定义为"各州系列同类税基与相应的国家统一税率相乘而得到的税收收入"，其中同类税基又称为标准税基，国家统一税率又称为标准税率，即"税收收入能力 = 标准税基 × 标准税率"。

由于无法有效分离国内各项税收的税基等数据，不能直接应用代表性税制法测算政府收入筹集能力，因此本节采用地区 GDP 来替代标准税基，全国地级市平均税负来替代标准税率进行测算。具体计算公式如下：

$$RRC_{it} = Y_{it} \times c_t \tag{7.5}$$

其中，RRC_{it} 表示地级及以上城市 i 在 t 时期的收入筹集能力；Y_{it} 表示地级及以上城市 i 在 t 时期的人均 GDP，用来表示不同城市在不同时期的税源；c_t 表示 t 时期的地级及以上城市平均税负，为 t 时期内各城市的总财政收入与总 GDP 之比。

（3）相对财政收支差额

通过"财政支出需求"和"收入筹集能力"的差额可以看出一个城市的财政差额，判断该城市的财政健康状况，但并不能反映其与其他城市的对比情况。为了比较各市的财政健康状况，本节求出所有城市的财政差额均值，将各市的财政差额减去财政差额均值，可以得到各市的相对财政差额，该值为正时说明城市的财政健康情况优于全国平均水平，该值为负时说明城市的财政健康情况低于全国平均水平。

7.2　研究方法、数据来源与财政支出需求回归模型

7.2.1　研究方法

本节以我国的地级及以上城市为研究对象，基于"收入 – 支出差额法"，构建中国地级及以上城市政府的财政健康度评价指标体系，利用 Stata 统计软件，对全国 285 个地级及以上城市的财政健康

进行实证研究，并进一步对地级及以上城市政府的财政健康程度进行评价分析。

7.2.2　数据来源

本节中地方一般公共预算支出、普通中小学在校学生数、年末实有铺装道路面积等数据主要来自《中国城市统计年鉴》，主要选择了2010～2017年除西藏、中国香港、中国澳门和台湾地区外的285个地级及以上城市的部分指标数据。由于难以获取每个城市历年的政府性基金数据，且考虑到政府性基金主要来源于土地出让收入，因此本节以土地出让成交价款来替代政府性基金的数据。土地成交价款数据来自历年《中国国土资源统计年鉴》。为了降低通货膨胀等因素的影响，采用2010～2017年的消费者价格指数进行平滑处理，所有变量以2017年计价。对于部分缺失数据，则根据已有数据进行拟合回归，估计遗漏数值。

7.2.3　财政支出需求回归模型

为计算各城市的财政支出需求，构建多元回归模型，首先对部分初始变量进行了处理：①普通中学在校学生数和普通小学在校学生数相加得到中小学在校生数，与总人口数相除后得到中小学生占总人口比例；②地方一般公共预算支出、年末城镇单位从业人员数、年末实有铺装道路面积、地方土地成交价款、地区生产总值与总人口数相除得到人均情况；③对人均公共预算支出、年末总人口、人均道路面积、人均土地成交价款、人均地区生产总值进行对数化处理；④对省份和年份进行编码和处理，使其成为虚拟变量。在Stata中构建多元回归模型，将对数化的人均公共预算支出作为因变量，成本因素和控制变量作为自变量（见表 7 - 4）。结果如表 7 - 5 所示，发现 p = 0.0000 < 0.01，说明显著性水平较高，调整后 R^2 为 0.838，说明解释对数化的人均公共预算支出的能力为 83.8%，模型的拟合度较好。由于自变量中已经考虑到了年份和省份的影响，所以本回归采用随机效应模型，不再讨论固定效应模型的情况。

表 7 - 4　　　　　　　　回归变量表（N = 2 280）

变量名	变量含义	平均值	标准差	最小值	最大值
lnpop	年末总人口的自然对数	5.89	0.706	2.970	9.32
lnplandfinance	人均地方土地成交价款的自然对数	7.29	1.078	2.857	10.41
pemploy	城镇单位从业人员数/总人口	0.13	0.125	0.003	1.47
lnpexpenditure	人均地方一般公共预算支出的自然对数	7.89	1.002	3.638	11.64
pnumstudent	普通中小学在校学生数/总人口	0.13	0.076	0.004	1.86
lnproad	人均年末实有铺装道路面积的自然对数	1.13	0.908	-2.921	4.29
lnpgdp	人均地区生产总值的自然对数	10.54	0.794	6.748	13.18
gdp2	第二产业占 GDP 的比重	0.49	0.103	0.149	0.90
gdp3	第三产业占 GDP 的比重	0.39	0.094	0.098	0.80

从表 7 - 5 中可以看到，本回归模型中选取的成本因素都在 0.01 的水平上显著，显著性水平较高。在构建好影响财政支出需求的多元回归模型后，将各变量的实际值和全样本平均值分别代入模型，就可以得到财政支出需求的预测人均支出 C_{it} 和全样本平均人均支出 AC_t，两者的比值即为各地级及以上城市的成本指数 Cl_{it}，借助成本指数便可以得到各地级及以上城市不同年份的财政支出需求。

表 7 − 5　　　　　　　　　　　财政支出需求回归结果

变量	lnpexpenditure	t 值
ln（年末总人口）	− 0. 324 ***	− 17. 80
城镇单位从业人员期数/总人口	0. 552 ***	4. 84
第二产业占 GDP 的比重	1. 159 ***	5. 66
第三产业占 GDP 的比重	2. 894 ***	11. 65
普通中小学在校学生数/总人口	− 0. 502 ***	− 3. 75
ln（人均年末实有铺装道路面积）	0. 367 ***	18. 09
ln（人均地方土地成交价款）	0. 095 ***	6. 26
ln（人均地区生产总值）	0. 339 ***	11. 90
省份	控制	控制
年份	控制	控制
常数	4. 159 ***	12. 79
样本数	2 279	
调整 R^2	0. 834	
F 统计量	261. 9 ***	

注：$* p < 0.1$，$** p < 0.05$，$*** p < 0.01$。

7.3　财政健康评价结果

7.3.1　全国平均情况

通过上文所介绍的"收入 – 支出差额法"，成功得到各市每年的财政支出需求和收入筹集能力。为方便比较，需要求出两者的全国平均值，两者随时间变化的情况如图 7 – 1 所示。

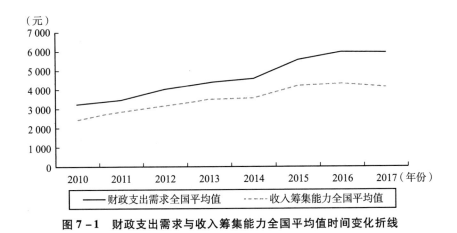

图 7-1 财政支出需求与收入筹集能力全国平均值时间变化折线

从全国角度来看，大部分地级及以上城市政府的财政支出需求和收入筹集能力总体呈上涨的趋势。财政支出需求一直高于收入筹集能力，而且两者的差距近年来有逐渐扩大的趋势。

7.3.2 财政支出需求空间分布

2017 年财政支出需求全国平均值为 5 902.597 元，财政支出需求位居前三的城市为东莞市、上海市和深圳市，分别为 34 740 元、33 041 元、32 444 元；最低的城市为云南省的昭通市，为 1 445 元。

从地区分布来看，财政支出需求较高的城市主要分布在北京、天津、长江三角洲、珠江三角洲等发达地区一带，而新疆、宁夏的四个地级及以上城市财政支出也比较高。财政支出需求高于 12 000 元的城市共有 18 个，其中广东省有 4 个，居全国首位。

从城市等级来看，在全国 19 个副省级及以上城市中，有 7 个城市的财政支出需求高于 12 000 元，9 个城市的财政支出需求在 6 000 ~ 9 000 元，其中，财政支出需求最少的城市是浙江省的宁波市，为 5 032 元；其次是陕西省的西安市，为 6 586 元；最多的是上海市，为 33 041 元。

7.3.3　收入筹集能力空间分布

2017 年收入筹集能力全国平均值为 4 125.148 元，收入筹集能力位居前三的城市为深圳市、东莞市和克拉玛依市，分别为 55 301 元、34 612 元、25 688 元；最低的城市为河南省的周口市，为 201 元。

结合上文对财政支出需求的分析，从地区分布来看，环渤海地区、长江三角洲、珠江三角洲等发达地区的城市的收入筹集能力仍然明显高于内陆城市，而新疆的两个地级及以上城市收入筹集能力也依然较高，但宁夏的城市收入筹集能力较低。收入筹集能力高于 11 000 元的城市共有 22 个，其中广东省有 6 个，居全国首位。

从城市等级来看，在全国 19 个副省级及以上城市中，有 12 个城市的收入筹集能力在 10 000 元以上，这与大众对这些城市的印象是相符的。其余 7 个城市中收入筹集能力最低的城市为哈尔滨市，为 5 278 元，其次为直辖市之一的重庆市，为 5 598 元。

7.3.4　相对财政差额的空间分布

广东省的财政健康状况最好，深圳市、佛山市、广州市和中山市的相对财政差额分别位居全国前三和第五，杭州市的财政健康状况为全国第四。财政健康状况最差的 5 个城市为嘉峪关市、七台河市、上海市、北京市、海口市。东北三省和甘肃省的财政健康情况也比较差。

第八章

城市低碳发展现状与展望

8.1 低碳城市建设的背景与低碳城市的内涵

8.1.1 低碳城市建设的背景

工业革命以来，人类生产力突飞猛进，生产活动使用的大量化石燃料产生了规模庞大的温室气体，被认为是导致全球气候变暖的主要原因，如果人类不迅速采取措施、大规模地降低温室气体排放量，到21世纪末将难以将升温限制在 1.5℃，甚至限制在 2℃ 都是难以实现的①，全球气候变暖已经成为全人类共同面临的挑战。我国承诺于2030 年之前实现"碳达峰"，并力争在 2060 年之前实现"碳中和"。

城市是经济发展的重要载体，集聚了大部分第二产业和第三产业。随着经济的发展，人口和经济都不断向城市集聚，在这个过程中

---

① IPCC. 2021 年气候变化：自然科学基础［EB/OL］.（2021 – 08 – 09）. https：//www. ipcc. ch/report/ar6/wg1/downloads/report/IPCC_AR6_WGI_Full_Report. pdf.

消耗了大量的碳基能源，成为温室气体排放的重要主体①，据《2021年全球城市可再生能源报告》②统计，全球城市人口占比为55%以上，却贡献了全球约四分之三的碳排放。此外，城市作为经济活动中心和技术创新的主要集聚地，具备得天独厚的减排条件，节能减排潜能巨大。不论是碳排放源还是减排潜能，城市都是主战场，因此，低碳城市建设已经成为国际社会公认的应对气候变化的重要选择。我国城市化经历了快速发展，城市的无序蔓延扩张产生了诸多问题，如空气质量恶化、水资源供应短缺、交通拥堵、环境设施落后和资源浪费等③。在此背景下，低碳城市建设成为我国可持续发展的必然选择。2010年，国家发改委下发了《关于开展低碳省区和低碳城市试点工作的通知》，启动了第一批低碳城市试点，并先后于2012年和2017年启动了第二批和第三批低碳城市试点，如图8-1所示。

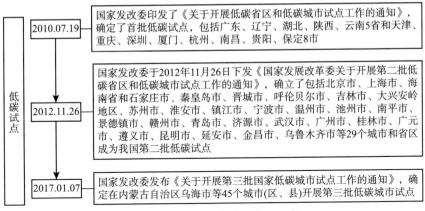

图8-1 低碳城市试点发展历程

---

① 禹湘，陈楠，李曼琪. 中国低碳试点城市的碳排放特征与碳减排路径研究［J］. 中国人口·资源与环境，2020，30（7）：1-9.

② 21世纪可再生能源政策网络（REN21）. 2021年全球城市可再生能源报告［R/OL］.（2021-04-01）. https：//www.ren21.net/wp-content/uploads/2019/05/REC_2021_full-report_en.pdf.

③ 中国城市科学研究会. 中国低碳生态城市发展战略［M］. 北京：中国城市出版社，2010.

8.1.2 低碳城市的内涵

低碳城市和低碳经济低碳社会是紧密关联的概念，"低碳经济"最早见诸 2003 年的英国能源白皮书《我们能源的未来：创建低碳经济》。作为第一次工业革命的先驱，英国充分意识到能源安全与气候变化对人类生存的威胁，在该报告中指出英国将致力发展低碳经济，到 21 世纪中期时的碳排放比 1990 年减少 3/5，从根本上实现低碳发展模式。英国提出的低碳理念得到广泛的认同，随后一些发达国家也纷纷开始关注低碳发展问题。2007 年，日本环境省提出实现低碳社会的草案，倡导通过改变消费理念和生活方式，使用低碳技术和制度来降低温室气体排放。美国在《2009 年美国清洁能源与安全生产法案》中提出通过发展清洁能源、提升能源效率来保证能源安全。对于低碳经济，目前并没有形成统一的概念，但大都强调利用技术创新、能源结构调整等多种手段提高能源利用效率、促进清洁生产，实现经济社会发展与生态环境保护的双赢。

低碳经济侧重于从生产端实现节能减排，与之相比，低碳城市则更侧重消费侧管理，即在消费中减少碳排放，在消费中通过需求选择对供给施加影响，更加系统也更为全面。世界自然基金会（WWF）将低碳城市定义为：城市在经济高速发展的前提下，保持能源消耗和二氧化碳排放处于较低的水平。气象组织（2009）将低碳城市定义为：低碳城市是在城市内推广低碳经济，降低碳排放甚至零排放，城市在经济发展、能源结构、消费方式、碳强度四个方面实现低碳转型。《中国低碳生态城市发展报告 2019》指出，低碳城市建设应以城市空间为载体，推广低碳技术，发展低碳经济、低碳交通、低碳建筑、倡导低碳的居民消费和低碳生产生活。随后学者们又对低碳城市进行了多方面解释，中国能源与碳排放研究课题组（2009）认为低碳城市是以低碳经济为发展模式及方向、市民以低碳生活为理念和行为特征、政府公务管理以低碳社会建设标本和蓝图的城市，强调了低碳城市建设需要政府、企业和消费者各方主体的共同努力。中国社会科学院城市发展与环境研究中心社会与环境研究室主任李宇军教授也指出：低碳产业、低碳技术和低碳消费是建设低碳城市的三大支撑力量，反映了低碳城市建设的重点和难点所在①。根据国际组织、其他国家以及我国的相关研究，本书认为低碳城市建设应重点包含如图 8 - 2 所示的几个方面。

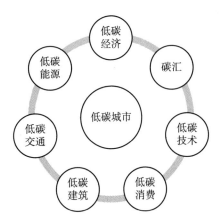

图 8 - 2　低碳城市建设的主要内容

1. 低碳经济：低碳城市建设的核心

从低碳城市的概念来看，低碳经济（或低碳生产）是低碳城市建设的一个重要内容，传统粗放的生产模式下，能源利用率低，造成了大量资源浪费。低碳经济与循环经济的发展和清洁生产密切相关，

---

① 中国气象局. 我国打造"低碳城市"城市发展新概念被广为接受［EB/OL］.（2009 - 10 - 12）. http：//www. cma. gov. cn/2011xwzx/2011xqhbh/2011xgzysykp/201110/t20111027 _ 128892. html.

这在很大程度上取决于低碳技术的创新与应用。低碳技术是实现低碳经济的关键，低碳经济是低碳城市的核心。

2. 低碳能源：低碳城市建设的基本保障

自工业革命以来，人类的生产力突飞猛进，煤炭和石油等化石能源为人类经济发展贡献了绝大部分动力来源，与此同时，化石能源的燃烧也产生了大量的温室气体。面对着化石能源日渐枯竭和温室效应问题亟待解决的双重压力，开发新型清洁能源是建设低碳城市的基本保障。

3. 低碳交通和低碳建筑：低碳城市建设的基本外在要求

建筑施工和维持建筑物日常运行是城市碳排放的主要来源之一，低碳建筑不仅要最大限度地节能减排，又要提供健康、舒适的工业空间和生活空间。在很多城市，交通消耗的能源高于工业和建筑，全球城市交通排放的二氧化碳占全部交通碳排放的约 40%，低碳建筑和低碳交通是低碳城市建设的基本外在要求。

4. 低碳消费：低碳城市建设的重要组成部分

市民消费是生产—消费整个价值链中的一个重要环节，市民的消费习惯和消费偏好在一定程度上会影响生产的方向，低碳消费也是实现低碳城市可持续发展的内在动力[1][2]。此外，碳汇和低碳政策也是影响低碳城市建设的重要组成部分。

5. 低碳技术：低碳城市建设的重要推动力量

科学技术是第一生产力，在低碳城市建设过程中，科技创新可以有效地提升能源效率、节约资源。

---

[1]　辛章平，张银太. 低碳经济与低碳城市 [J]. 城市发展研究，2008（4）：98-102.
[2]　张廷银. 我国低碳城市建设路径研究——评《瑞士低碳城市发展实践与经验研究》[J]. 生态经济，2021，37（1）：230-231.

6. 碳汇：碳排放的平衡机制

低碳经济、低碳交通、低碳建筑和低碳消费等是致力于从碳源的层面减少碳排放，碳汇则是通过吸收二氧化碳的方式来降低大气中的二氧化碳含量。具体来看，城市碳汇主要是指自然系统的碳汇，分为城市植被碳汇和城市水域碳汇。

8.2　我国城市低碳指数测算与分析

8.2.1　低碳城市指数构建原则[①]

1. 科学性原则

科学性是指标选取的基本要求。在构建指标体系时，应以科学性为首要原则，客观地体现低碳城市的内涵，合理地反映出低碳城市建设的优势与不足，为结果评价提供可靠、准确的依据。

2. 系统性原则

低碳城市建设是一个全面、综合的系统工程。在构建指标体系时，应遵循系统性原则，选取的指标能够从低碳经济、低碳能源、低碳交通和碳汇等不同层面反映低碳城市建设的现状，通过子指标之间的关联构成，客观、全面地反映城市整体低碳水平的指标体系。

3. 可操作性原则

可操作性原则是构建指标体系的基本保障。构建指标体系的目的

[①]　申立银. 低碳城市建设评价指标体系研究［M］. 北京：科学出版社，2021.

是通过提取有效的数据构建综合性指标，准确地评估城市低碳发展现状。所以，在选取指标时，应保证数据的可获得性，采取直接搜集的方式获取，或者根据科学的方法计算、分析得出，从而保证能够构建出反映城市整体低碳水平的综合性指标。

4. 针对性原则

低碳城市建设必须与城市社会经济发展相适应。综合地方主要能源、环境，立足当地区域特色，充分挖掘地方环境资源优势进行设计，并与我国经济发展与生态环境保护的要求相适应。

8.2.2 数据选取与指标构建

1. 数据选取

最终数据通过两种方式得到：第一种方式是直接收集，第三产业占比 X_3、工业固体废物综合利用率 X_4、生活垃圾无害化处理率 X_{10}、建成区绿化覆盖率 X_6 等数据从 2017 ~ 2019 年《中国城市统计年鉴》获取。第二种方式由计算得出，碳强度 X_1、人均碳排放 X_2、能耗强度 X_7、万人拥有的公交数 X_8、人均用电量 X_7、R&D 内部经费支出 X_{11} 根据已有数据计算得出，其中，万人拥有的公交数 X_8、人均用电量 X_9 的原始数据由 2017 ~ 2019 年《中国城市统计年鉴》获取，能源（用电、人工和天然气、液化石油）消耗量根据能源消耗折算为标准煤，相关数据取自各地级市的统计年鉴；二氧化碳排放量根据能源消耗和热能消耗产生的碳排放转化得出。对于存在缺失值的样本，采用对应地级市上一年或者下一年的数值进行替换。所选取的指标具体如表 8 - 1 所示。

表 8 - 1 　　　　　　　低碳城市发展水平评价指标体系

准则层	指标层	单位	正/逆向指标	指标符号	权重
低碳经济	碳强度	吨/万元	负	X_1	w_1
	人均碳排放	吨/人	正	X_2	w_2
低碳产业	第三产业占比	%	正	X_3	w_3
	工业固体废物综合利用率	%	正	X_4	w_4
碳汇	人均绿地	公顷/万人	正	X_5	w_5
	建成区绿化覆盖率	%	正	X_6	w_6
低碳能源	能耗强度	吨标煤/万元	负	X_7	w_7
低碳交通	万人拥有的公交数	辆	正	X_8	w_8
低碳生活	人均用电量	千瓦时/人	负	X_9	w_9
	生活垃圾无害化处理率	%	正	X_{10}	w_{10}
低碳技术	R&D 内部经费支出	%	正	X_{11}	w_{11}

　　碳强度根据二氧化碳排放量和地区生产总值计算得出，能够反映出经济发展的环境代价，也能在一定程度上反映出低碳技术的应用。该指标值越大，碳资源利用率越低，环境代价越高，因此，碳强度指标的性质为负效应。

　　人均碳排放是国际进行低碳发展水平比较重要的指标之一，根据碳排放总量和人口总量计算得出，该指标的性质为负效应。

　　第三产业占比反映的是服务业对当地经济发展的贡献率。通常情况下，第一产业和第二产业集聚了较多的高污染、高耗能产业，带来了大量的温室气体排放。正确引导第三产业发展，既有利于发展经济，又有利于减少城市碳排放，因此，该指标的性质为正效应。

　　工业固体废物综合利用率是指工业固体废物综合利用量占工业固体废物产生量的百分率，其中工业固体废物综合利用量是通过回收、循环、交换等方式，从固体废物中提取或者使其转化为其他原材料的固体废物量。通常情况下，对工业固体废物进行处理既可以降低生产废物又可以降低环境污染，减少因废物不处理或者处理不当而产生的温室气体，又可以节省资源，即工业固体废物综合利用率越高，越有利于节能减排，因此，该指标的性质为正效应。

人均绿地是指万人拥有的绿地面积，建成区绿化覆盖率是城市建成区的绿化覆盖面积占建成区的百分比，二者均是反映城市碳汇的指标。指标值越大，所能吸收、固定的大气中的二氧化碳越多，越有利于降低大气中的温室气体含量、减缓温室效应的恶化，因此，该指标呈现的是正效应。

能耗强度是指单位 GDP 所消耗的能源数量，能够反映出经济主体的能源利用效率。能耗强度越大，能源利用效率越低，能耗强度越小越好，因此，该指标呈现的是负效应。

万人拥有的公交数是用来反映政府对居民公共交通的引导以及居民对公共交通的偏好。通常情况下，该数值越大，越有利于低碳交通建设，所以，该指标呈现的是正效应。

人均用电量反映了城镇居民生活所消耗的能源，从低碳消费的角度反映城镇居民生活所产生的温室气体。该数值越大，人均耗电量越大，所产生的温室气体越多，因此，该指标的性质为负效应。

生活垃圾无害化处理率与工业固体废物综合利用率的概念相类似，体现了循环经济的理念。生活垃圾无害化处理率越大，资源的整体利用效率就越高，产生的温室气体越少，该数值越大越好，因此，该指标的性质为正效应。

低碳技术是指 R&D 内部经费支出占 GDP 的比重，反映一个城市对技术创新研发的重视程度。技术的创新与应用有利于提升能源利用效率、改善能源结构，因此，该指标的性质为正效应。

2. 指标构建方法

在根据子指标体系构建综合性指标的过程中，各个指标权重的确定是其核心问题。根据已有研究可以发现，权重确定分为主观赋权法和客观赋权法，其中主观赋权法是基于决策者的知识经验或者偏好，按照各个指标的重要程度进行赋权，考虑到主观赋权的可靠性和可得性，本节采取一种客观的赋权法——熵权法[①]。熵权法源于物理学，根据子指标的离散程度来确定其对综合评价的影响，即权重的大小。这种方法避免了主观因素中造成的结果偏差。

设有 m 个待评价项目，即 152 个城市；n 项评价指标，即 10 个子指标，由此构成原始数据矩阵 $X = (x_{ij})_{m \times n}$，其中，$x_{ij}$ 指的是第 i 个地级市第 j 个指标的数值。构建步骤具体如下。

第一步：将原始数据标准化。由于不同指标的量纲、数量级以及指标的正负性质存在差异，有的指标有利于低碳城市建设，该指标值越大越好，而有的指标则不利于低碳城市建设，该指标值越小越好。因此，在计算权重之前，首先对原始数据进行标准化处理：

正向指标：

$$X_{ij} = \frac{x_{ij} - \min(x_{ij})}{\max(x_{ij}) - \min(x_{ij})} + 1, \; i = 1, 2, \cdots, m; j = 1, 2, \cdots, n$$

$$(8.1)$$

负向指标：

$$X_{ij} = \frac{\max(x_{ij}) - x_{ij}}{\max(x_{ij}) - \min(x_{ij})} + 1, \; i = 1, 2, \cdots, m; j = 1, 2, \cdots, n$$

$$(8.2)$$

第二步：计算熵值和差异系数。

---

① 杜小云. 低碳城市建设水平评价研究［D］. 重庆：重庆大学，2018.

$$p_{ij} = \frac{X_{ij}}{\sum_{i=1}^{m} X_{ij}} \quad (j = 1, 2, \cdots, n) \tag{8.3}$$

熵值：
$$e_j = \frac{\sum_{i=1}^{m} p_{ij} \ln(p_{ij})}{\ln(m)} \tag{8.4}$$

差异系数：
$$g_i = 1 - e_j \tag{8.5}$$

指标值 X_{ij} 的差异越大，g_i 越大，对低碳城市建设水平的影响程度越大，在低碳城市指标体系的计算中就应该赋予更大的权重。

第三步：计算指标权重。

指标权重：
$$w_j = \frac{g_i}{\sum_{j=1}^{n} g_j}, \quad j = 1, 2, \cdots, n \tag{8.6}$$

第四步：计算各城市低碳城市指数的综合得分。

综合得分：
$$S_i = \sum_{j=1}^{n} w_j \times X_{ij}, \quad i = 1, 2, \cdots, m \tag{8.7}$$

8.2.3 结果分析

1. 各指标权重（见表8-2）

表8-2　　　　　　　　　各项指标的权重　　　　　　单位：%

准则层	指标层	符号	17 权重	18 权重	19 权重
低碳经济	碳强度	X_1	9.1	9.2	9.1
	人均碳排放	X_2	9.1	9.1	9.1
	第三产业占比	X_3	9.0	9.0	9.0
	工业固体废物综合利用率	X_4	9.0	8.9	9.0
碳汇	人均绿地	X_5	9.0	9.1	9.1
	建成区绿化覆盖率	X_6	9.2	9.2	9.1

续表

准则层	指标层	符号	17权重	18权重	19权重
低碳能源	能耗强度	X_7	9.2	9.1	9.1
低碳生活	万人拥有的公交数	X_8	9.2	9.1	9.1
	人均用电量	X_9	9.1	9.1	9.1
	生活垃圾无害化处理率	X_{10}	9.1	9.2	9.2
低碳技术	R&D内部经费支出	X_{11}	9.0	9.0	9.1

2. 评分计算结果

（1）基本结果

通过上述步骤的计算，可以得出 2017~2019 年 152 个城市的低碳城市指数综合得分，具体计算结果如表 8-3 所示。

表8-3　　　　　　　　低碳城市指数得分情况

地区	省份	城市	得分（2017年）	排名（2017年）	得分（2018年）	排名（2018年）	得分（2019年）	排名（2019年）	得分变化	排名变化
东部	广东	深圳市	1.6734	2	1.6651	2	1.6803	1	0.0069	1
东部	北京	北京市	1.6835	1	1.669	1	1.6755	2	-0.008	-1
中部	安徽	黄山市	1.6051	23	1.6175	10	1.6592	3	0.0541	20
西部	新疆	乌鲁木齐市	1.6352	6	1.6431	4	1.6562	4	0.021	2
东部	广东	广州市	1.6376	5	1.6286	7	1.6492	5	0.0116	0
东部	河北	石家庄市	1.6522	3	1.6562	3	1.6454	6	-0.0068	-3
东部	江苏	南京市	1.625	10	1.6198	9	1.6403	7	0.0153	3
西部	四川	成都市	1.606	21	1.6037	21	1.6357	8	0.0297	13
东部	辽宁	本溪市	1.625	9	1.6049	19	1.633	9	0.008	0
中部	内蒙古	呼和浩特市	1.6317	8	1.6135	15	1.6313	10	-0.0004	-2

续表

地区	省份	城市	得分（2017年）	排名（2017年）	得分（2018年）	排名（2018年）	得分（2019年）	排名（2019年）	得分变化	排名变化
中部	安徽	合肥市	1.6135	15	1.6205	8	1.6282	11	0.0147	4
东部	山东	济南市	1.6336	7	1.6162	11	1.6247	12	−0.0089	−5
中部	湖南	长沙市	1.6171	14	1.6156	12	1.623	13	0.0059	1
东部	山东	淄博市	1.6088	18	1.6048	20	1.6203	14	0.0115	4
东部	上海	上海市	1.6179	12	1.6093	17	1.6176	15	−0.0003	−3
西部	陕西	西安市	1.6445	4	1.6332	6	1.6176	16	−0.0269	−12
中部	河南	郑州市	1.6039	24	1.615	14	1.6168	17	0.0129	7
东部	广东	珠海市	1.5923	32	1.5852	38	1.6161	18	0.0238	14
中部	安徽	蚌埠市	1.5698	57	1.5973	28	1.6145	19	0.0447	38
东部	广西	南宁市	1.5932	31	1.5868	34	1.6141	20	0.0209	11
东部	山东	莱芜市	1.581	47	1.6002	23	1.6132	21	0.0322	26
东部	浙江	舟山市	1.5859	41	1.5912	31	1.6108	22	0.0249	19
东部	河北	秦皇岛市	1.5922	33	1.5756	50	1.6105	23	0.0183	10
东部	辽宁	大连市	1.6095	17	1.585	39	1.6088	24	−0.0007	−7
东部	河北	邯郸市	1.608	19	1.6074	18	1.6086	25	0.0006	−6
东部	海南	海口市	1.6056	22	1.5855	36	1.6072	26	0.0016	−4
东部	江苏	无锡市	1.6179	13	1.612	16	1.6069	27	−0.011	−14
中部	安徽	淮南市	1.5804	48	1.5804	43	1.6067	28	0.0263	20
西部	甘肃	兰州市	1.6005	29	1.5887	32	1.6056	29	0.0051	0
东部	福建	厦门市	1.5811	46	1.5766	48	1.6052	30	0.0241	16
中部	河南	开封市	1.618	11	1.5996	24	1.6047	31	−0.0133	−20
东部	山东	枣庄市	1.5842	44	1.584	40	1.6039	32	0.0197	12
西部	云南	昆明市	1.5875	39	1.5686	60	1.6029	33	0.0154	6
中部	安徽	芜湖市	1.574	54	1.588	33	1.6029	34	0.0289	20
中部	湖南	衡阳市	1.5542	73	1.5769	46	1.6023	35	0.0481	38
东部	天津	天津市	1.601	28	1.6033	22	1.6023	36	0.0013	−8

地区	省份	城市	得分（2017年）	排名（2017年）	得分（2018年）	排名（2018年）	得分（2019年）	排名（2019年）	得分变化	排名变化
中部	江西	赣州市	1.5675	60	1.5742	53	1.601	37	0.0335	23
中部	湖南	张家界市	1.6061	20	1.5789	44	1.5981	38	−0.008	−18
东部	江苏	南通市	1.5894	36	1.5985	27	1.5976	39	0.0082	−3
中部	湖南	株洲市	1.5852	43	1.5995	25	1.5974	40	0.0122	3
中部	河南	焦作市	1.5913	35	1.6367	5	1.5969	41	0.0056	−6
中部	湖北	武汉市	1.5832	45	1.5852	37	1.5967	42	0.0135	3
东部	福建	福州市	1.5742	51	1.5676	62	1.5966	43	0.0224	8
中部	湖南	湘潭市	1.6033	27	1.597	29	1.5962	44	−0.0071	−17
东部	山东	聊城市	1.6035	26	1.6153	13	1.5959	45	−0.0076	−19
中部	江西	景德镇市	1.5868	40	1.57	58	1.5955	46	0.0087	−6
中部	内蒙古	包头市	1.5741	52	1.5768	47	1.5942	47	0.0201	5
中部	江西	萍乡市	1.5505	79	1.567	63	1.5925	48	0.042	31
中部	内蒙古	鄂尔多斯市	1.592	34	1.5837	41	1.5917	49	−0.0003	−15
西部	四川	自贡市	1.5743	50	1.5639	68	1.5912	50	0.0169	0
东部	山东	菏泽市	1.5684	58	1.5769	45	1.5907	51	0.0223	7
中部	湖南	常德市	1.589	37	1.5751	51	1.5883	52	−0.0007	−15
东部	山东	东营市	1.5528	76	1.5681	61	1.5883	53	0.0355	23
东部	浙江	宁波市	1.5741	53	1.566	64	1.5864	54	0.0123	−1
东部	河北	唐山市	1.563	66	1.5692	59	1.585	55	0.022	11
东部	河北	邢台市	1.613	16	1.5823	42	1.5847	56	−0.0283	−40
东部	辽宁	盘锦市	1.5756	49	1.5758	49	1.584	57	0.0084	−8
中部	安徽	马鞍山市	1.5733	55	1.5647	67	1.5838	58	0.0105	−3
东部	山东	德州市	1.6038	25	1.5989	26	1.5835	59	−0.0203	−34
西部	甘肃	酒泉市	1.5352	91	1.5545	76	1.5811	60	0.0459	31
东部	江苏	苏州市	1.5706	56	1.5747	52	1.5807	61	0.0101	−5
中部	湖南	益阳市	1.5633	65	1.5639	69	1.5804	62	0.0171	3

续表

地区	省份	城市	得分（2017年）	排名（2017年）	得分（2018年）	排名（2018年）	得分（2019年）	排名（2019年）	得分变化	排名变化
西部	重庆	重庆市	1.5858	42	1.571	57	1.5803	63	-0.0055	-21
东部	河北	衡水市	1.5676	59	1.5934	30	1.58	64	0.0124	-5
东部	山东	威海市	1.589	38	1.5722	55	1.5778	65	-0.0112	-27
东部	江苏	盐城市	1.5674	61	1.5714	56	1.5773	66	0.0099	-5
东部	山东	济宁市	1.599	30	1.586	35	1.5769	67	-0.0221	-37
东部	海南	三亚市	1.5523	77	1.5527	80	1.5761	68	0.0238	9
西部	四川	泸州市	1.553	75	1.5434	90	1.5757	69	0.0227	6
东部	河北	廊坊市	1.5305	100	1.5492	84	1.5757	70	0.0452	30
中部	湖北	宜昌市	1.5563	71	1.5535	78	1.5748	71	0.0185	0
中部	江西	吉安市	1.5059	121	1.5473	88	1.5742	72	0.0683	49
中部	江西	抚州市	1.555	72	1.5527	79	1.574	73	0.019	-1
中部	安徽	池州市	1.5514	78	1.549	85	1.5727	74	0.0213	4
西部	甘肃	天水市	1.5614	67	1.5567	74	1.5724	75	0.011	-8
中部	安徽	亳州市	1.546	81	1.5596	71	1.5709	76	0.0249	5
东部	广东	佛山市	1.5607	68	1.5508	83	1.5706	77	0.0099	-9
西部	贵州	贵阳市	1.5428	84	1.56	70	1.5646	78	0.0218	6
东部	河北	张家口市	1.5481	80	1.5363	96	1.5642	79	0.0161	1
西部	四川	德阳市	1.5667	63	1.5727	54	1.5626	80	-0.0041	-17
中部	湖北	荆州市	1.5343	93	1.5426	92	1.5623	81	0.028	12
东部	广东	韶关市	1.5342	94	1.565	66	1.5623	82	0.0281	12
西部	新疆	克拉玛依市	1.5207	108	1.5323	102	1.5619	83	0.0412	25
西部	四川	乐山市	1.5313	99	1.5488	86	1.5608	84	0.0295	15
东部	广西	贺州市	1.5205	109	1.5317	103	1.5596	85	0.0391	24
西部	四川	宜宾市	1.567	62	1.5654	65	1.559	86	-0.008	-24
东部	广西	贵港市	1.5237	107	1.5341	98	1.5588	87	0.0351	20
东部	广西	梧州市	1.5315	98	1.5473	87	1.5572	88	0.0257	10

续表

地区	省份	城市	得分 (2017年)	排名 (2017年)	得分 (2018年)	排名 (2018年)	得分 (2019年)	排名 (2019年)	得分变化	排名变化
西部	四川	遂宁市	1.5321	97	1.5248	112	1.5567	89	0.0246	8
东部	广西	玉林市	1.5403	87	1.5539	77	1.5566	90	0.0163	−3
东部	广东	江门市	1.5602	69	1.5563	75	1.5563	91	−0.0039	−22
西部	陕西	铜川市	1.5305	101	1.5571	72	1.5557	92	0.0252	9
东部	辽宁	辽阳市	1.5588	70	1.5447	89	1.5557	93	−0.0031	−23
中部	河南	周口市	1.5353	90	1.5428	91	1.5556	94	0.0203	−4
东部	河北	沧州市	1.5535	74	1.5512	82	1.553	95	−0.0005	−21
东部	广东	茂名市	1.5416	85	1.5294	104	1.5529	96	0.0113	−11
东部	广东	阳江市	1.5437	83	1.529	105	1.5529	97	0.0092	−14
西部	陕西	汉中市	1.5344	92	1.5253	111	1.5527	98	0.0183	−6
西部	四川	攀枝花市	1.537	88	1.5328	101	1.5516	99	0.0146	−11
中部	黑龙江	哈尔滨市	1.566	64	1.5569	73	1.5512	100	−0.0148	−36
中部	内蒙古	赤峰市	1.5406	86	1.5408	94	1.5496	101	0.009	−15
东部	辽宁	葫芦岛市	1.5328	96	1.5409	93	1.5493	102	0.0165	−6
东部	广东	梅州市	1.5277	103	1.5265	108	1.5476	103	0.0199	0
西部	四川	广元市	1.5154	112	1.5007	127	1.5471	104	0.0317	8
西部	陕西	延安市	1.5136	115	1.5343	97	1.5469	105	0.0333	10
东部	广东	云浮市	1.5183	110	1.5173	121	1.5463	106	0.028	4
东部	广东	惠州市	1.5437	82	1.5337	99	1.5446	107	0.0009	−25
东部	浙江	温州市	1.5304	102	1.5287	106	1.5441	108	0.0137	−6
西部	四川	资阳市	1.4455	147	1.4837	141	1.5429	109	0.0974	38
东部	福建	漳州市	1.5132	116	1.5244	113	1.5421	110	0.0289	6
东部	福建	泉州市	1.525	106	1.5229	116	1.5418	111	0.0168	−5
中部	内蒙古	乌海市	1.5331	95	1.5209	118	1.5418	112	0.0087	−17
西部	陕西	安康市	1.5252	105	1.4931	134	1.5411	113	0.0159	−8
西部	四川	雅安市	1.508	118	1.5391	95	1.5394	114	0.0314	4

续表

地区	省份	城市	得分（2017年）	排名（2017年）	得分（2018年）	排名（2018年）	得分（2019年）	排名（2019年）	得分变化	排名变化
东部	福建	南平市	1.4799	134	1.4984	130	1.5386	115	0.0587	19
中部	湖南	永州市	1.5137	114	1.5512	81	1.534	116	0.0203	-2
东部	广西	河池市	1.4887	128	1.528	107	1.5334	117	0.0447	11
东部	广西	来宾市	1.4882	129	1.5152	122	1.5295	118	0.0413	11
中部	山西	忻州市	1.5112	117	1.5264	109	1.5269	119	0.0157	-2
东部	广西	防城港市	1.4927	124	1.5027	126	1.5258	120	0.0331	4
东部	广西	崇左市	1.4689	138	1.4743	145	1.5244	121	0.0555	17
东部	广西	北海市	1.4908	125	1.4896	138	1.5232	122	0.0324	3
中部	山西	阳泉市	1.5177	111	1.5238	114	1.5226	123	0.0049	-12
西部	宁夏	吴忠市	1.4613	141	1.5	128	1.5197	124	0.0584	17
西部	陕西	咸阳市	1.486	131	1.5185	119	1.5182	125	0.0322	6
西部	甘肃	白银市	1.5266	104	1.5046	125	1.5166	126	-0.01	-22
中部	湖南	娄底市	1.5356	89	1.5335	100	1.516	127	-0.0196	-38
东部	广东	汕尾市	1.4598	142	1.4883	139	1.507	128	0.0472	14
西部	云南	曲靖市	1.4267	150	1.5218	117	1.5029	129	0.0762	21
中部	湖北	咸宁市	1.4889	127	1.5261	110	1.4971	130	0.0082	-3
中部	内蒙古	通辽市	1.5143	113	1.4875	140	1.497	131	-0.0173	-18
东部	福建	三明市	1.4694	137	1.4114	152	1.4886	132	0.0192	5
西部	宁夏	中卫市	1.5065	120	1.4945	132	1.4861	133	-0.0204	-13
东部	福建	宁德市	1.4811	133	1.4785	143	1.4851	134	0.004	-1
中部	内蒙古	巴彦淖尔市	1.4638	139	1.4901	137	1.483	135	0.0192	4
西部	云南	玉溪市	1.4698	136	1.4956	131	1.4822	136	0.0124	0
中部	内蒙古	呼伦贝尔市	1.4869	130	1.4911	136	1.4793	137	-0.0076	-7
西部	陕西	榆林市	1.5071	119	1.4917	135	1.4789	138	-0.0282	-19
西部	云南	保山市	1.4856	132	1.4988	129	1.4782	139	-0.0074	-7
中部	山西	吕梁市	1.4056	152	1.4431	147	1.4767	140	0.0711	12

地区	省份	城市	得分(2017年)	排名(2017年)	得分(2018年)	排名(2018年)	得分(2019年)	排名(2019年)	得分变化	排名变化
西部	陕西	商洛市	1.4551	143	1.4219	150	1.4749	141	0.0198	2
中部	黑龙江	伊春市	1.4304	149	1.4307	149	1.4748	142	0.0444	7
西部	贵州	遵义市	1.4623	140	1.4757	144	1.4731	143	0.0108	-3
西部	甘肃	陇南市	1.4726	135	1.4793	142	1.4693	144	-0.0033	-9
中部	湖北	黄冈市	1.4479	146	1.4696	146	1.4561	145	0.0082	1
西部	甘肃	庆阳市	1.4324	148	1.5112	124	1.4556	146	0.0232	2
西部	贵州	安顺市	1.5024	122	1.4944	133	1.451	147	-0.0514	-25
西部	云南	昭通市	1.4157	151	1.4145	151	1.4355	148	0.0198	3
东部	广西	百色市	1.4482	145	1.4392	148	1.4338	149	-0.0144	-4
西部	云南	普洱市	1.4943	123	1.5149	123	1.415	150	-0.0793	-27
西部	云南	临沧市	1.4903	126	1.5183	120	1.3996	151	-0.0907	-25
西部	甘肃	定西市	1.454	144	1.523	115	1.3987	152	-0.0553	-8

　　从各城市的低碳城市指数排名情况来看，北京、深圳、乌鲁木齐、广州、石家庄、南京6个城市均排在前10位，除乌鲁木齐位于西部地区，其他5个排名前10的城市均位于东部地区。排名后10位的城市在不同年份表现出较大的差异，且东、中、西各地区均有低碳城市指数排名最靠后的城市。

　　从低碳城市指数得分的变化情况来看，114个城市的低碳指数综合得分呈上涨趋势，其余38个城市的低碳城市指数得分有所下降，分布于各个省份。这表明虽然低碳水平提升是大趋势，但仍有部分城市的低碳建设水平有不同程度的下降现象。

　　（2）低碳城市指数与经济发展之间的关系

　　根据表8-3的计算结果可以发现，各个地区的低碳城市建设水平具有差异性，图8-3可以更为直观地反映这一结论：东部地区的低碳建设平均水平最高，中部地区居中，西部地区最差，与各地区的经济发展水平表现出一定的关联性；从时间趋势上看，各地区的平均低碳建设水平均有所提升。

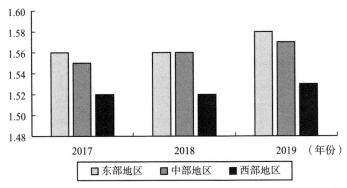

图8-3　东、中、西部地区低碳城市指数平均水平的分布情况

另外，从图8-4可以发现，直辖市及省会城市的低碳指数在1.60以上，而其他城市的仅在1.54左右。虽然二者的低碳水平都有不同程度的提升，但直辖市及省会城市和其他城市低碳建设不均衡的现象仍不容忽视。

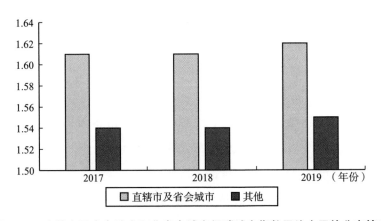

图8-4　直辖市及省会城市和非省会城市低碳城市指数平均水平的分布情况

（3）影响低碳城市建设的因素分析

结合表8－3所示的各城市低碳城市指数得分情况，进一步对影响低碳水平的影响因素进行分析。考虑到样本城市较多，这里仅选取2019年样本中的直辖市及省会城市作为因素分析的基础，具体结果如表8－4所示。

表8－4　　　　直辖市及省会城市低碳城市指数因素分解

省份	城市	rank	经济	rank1	碳汇	rank2	能源	rank3	生活	rank4	技术	rank5
北京	北京市	1	0.6651	2	5.9773	10	0.1789	17	0.4496	16	0.1031	1
新疆	乌鲁木齐市	2	0.6554	3	13.3639	2	0.1719	24	0.4636	3	0.0920	25
广东	广州市	3	0.6333	17	14.4084	1	0.1816	1	0.4504	13	0.0943	22
河北	石家庄市	4	0.6703	1	3.2886	21	0.1731	22	0.4517	10	0.0999	4
江苏	南京市	5	0.6315	19	12.1087	3	0.1811	2	0.4504	14	0.0950	19
四川	成都市	6	0.6470	7	4.8645	12	0.1795	13	0.4549	8	0.0976	8
内蒙古	呼和浩特市	7	0.6432	11	10.3884	4	0.1748	21	0.4598	4	0.0951	18
安徽	合肥市	8	0.6388	14	6.4577	8	0.1797	10	0.4505	12	0.0999	3
山东	济南市	9	0.6446	10	3.6342	19	0.1805	6	0.4577	5	0.0965	12
湖南	长沙市	10	0.6464	8	3.5050	20	0.1804	6	0.4515	11	0.0995	5
陕西	西安市	11	0.6503	5	3.8953	15	0.1794	14	0.4483	19	0.1004	2
上海	上海市	12	0.6422	12	9.9073	5	0.1803	8	0.4408	21	0.0988	6
河南	郑州市	13	0.6520	4	5.5420	11	0.1803	7	0.4382	23	0.0971	10
广西	南宁市	14	0.6363	15	3.2701	22	0.1796	12	0.4656	2	0.0941	23
海南	海口市	15	0.6316	18	3.7384	16	0.1806	6	0.4576	6	0.0931	24
甘肃	兰州市	16	0.6481	6	3.6991	18	0.1723	23	0.4537	9	0.0967	11
云南	昆明市	17	0.6183	20	6.1067	9	0.1795	12	0.4555	7	0.0955	16
天津	天津市	18	0.6458	9	3.7146	17	0.1782	19	0.4498	15	0.0975	9
湖北	武汉市	19	0.6345	16	3.0850	23	0.1810	3	0.4462	20	0.0962	13
福建	福州市	20	0.6178	21	4.2194	14	0.1786	18	0.4398	22	0.0980	7

续表

省份	城市	rank	经济	rank1	碳汇	rank2	能源	rank3	生活	rank4	技术	rank5
江西	南昌市	21	0.6104	24	4.5503	13	0.1803	9	0.4485	18	0.0944	21
重庆	重庆市	22	0.6175	23	2.5338	25	0.1793	15	0.4491	17	0.0957	14
宁夏	银川市	23	0.6013	25	6.6856	7	0.1559	25	0.4665	1	0.0947	20
贵州	贵阳市	24	0.6176	22	6.9684	6	0.1782	20	0.4228	24	0.0955	15
黑龙江	哈尔滨市	25	0.6420	13	2.6454	24	0.1793	16	0.4134	25	0.0953	17

注：表中第1列按照25个直辖市及省会城市的综合得分排序，rank1～5分别对应于低碳经济、低碳产业等各子指标的表的排名。

根据表8-4低碳城市指数因素分解的结果，将25个直辖市及省会城市分为以下四种类型[1]（如表8-5所示）。

表8-5　　　　　　　　　　　　低碳城市类型

类型	城市
发展优环境劣型	北京、石家庄市、济南市、长沙市、郑州市
发展劣环境优型	乌鲁木齐、广州市、南京市、呼和浩特市、西安市
居中型	成都市、合肥市、上海市、海口市、兰州市、昆明市、天津市、武汉市、福州市
落后型	南昌市、重庆市、银川市、贵阳市、哈尔滨市

第一类为发展优环境劣型低碳城市，包括北京、石家庄、济南、长沙和郑州，这5个城市的低碳建设水平整体上处于优势，除郑州排名13之外，其他4个城市均处于前10名。在经济发展和技术投入等方面表现较佳，但是在低碳能源、低碳生活等方面大多处于劣势地位，亟待改进。

---

[1] 张新莉. 基于TOPSIS的中国低碳城市评价研究 [D]. 长春：吉林大学，2017.

第二类为发展劣环境优型低碳城市，包括乌鲁木齐、广州、南京、呼和浩特、西安，这5个城市整体的低碳建设水平较高，但与第一类低碳城市不同的是，这类城市在经济发展方面较不理想，在碳汇和低碳生活等方面却处于绝对优势地位。低碳城市建设并非要单方面的减排，而是在保证经济发展的基础上尽可能地降低碳排放，这类城市应更加注重发展经济、促进社会进步。

第三类为居中型低碳城市，包括成都、合肥、上海、海口、兰州、昆明、天津、武汉、福州。这类城市不论是在经济建设方面还是在碳汇、低碳生活方面，均处于中间水平，应更加注重综合全面的发展。

第四类为落后型低碳城市，包括南昌、重庆、银川、贵阳、哈尔滨，这5个城市整体低碳建设水平排名后5位，在经济建设和碳汇、低碳生活方面大都处于落后水平。这类城市应借鉴其他城市的低碳建设经验，利用自身的禀赋因素创新发展模式，加强低碳城市建设。

8.3　促进低碳城市发展的政策工具

要较快较好地实现低碳城市建设目标，必然要依赖于政策工具，根据管理手段可分为三大类：强制型政策工具、经济激励型政策工具和自愿型政策工具（见图8-5）。

强制型政策工具是通过政府的强制命令即法律法规对经济主体的环境行为施加影响，从而减少碳排放的管理方法。这种政策的动力主要来源于政府权力，主要形式有行政处罚、认证制度、禁令等各种环境标准，其中最为常见的形式是污染物排放限值标准和环境技术标准两种形式。强制型政策工具对经济激励型政策工具和自愿型政策工具

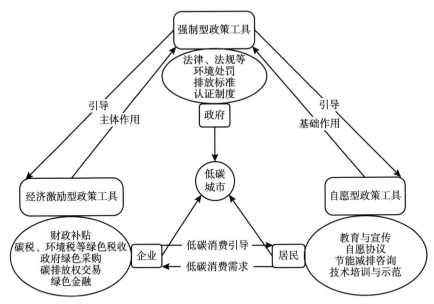

图 8 - 5　政策工具视角下低碳城市发展的制度设计

资料来源：孟晓敏. 我国低碳城市发展问题研究［D］. 济南：山东大学，2015.

起着引导作用。政府部门制定的低碳城市规划、立法以及监督等工作程序是碳税、碳排放权交易等激励型环境政策的制定和施行的基础和行为指南，同时，强制型政策工具通过教育与宣传等方式引导居民转向低碳消费。从 20 世纪 70 年代开始，欧盟国家以命令控制型政策工具为主，加强节能减排、环境保护。

经济激励型政策工具，又称为市场性环境规制手段，是通过市场力量以经济激励的方式来影响经济主体的行为决策，其动力来源于与经济主体密切相关的经济利益。这类政策工具能直接影响经济主体环境行为的成本和效益，其主要表现形式有碳税、环境税（费）、碳排放权交易、财政补贴等。由于强制型政策工具运行效率低、缺乏灵活性等缺陷，自 20 世纪 80 年代开始，欧美等发达国家的环境管制手段不断转向经济激励型政策工具。

自愿型政策工具主要是通过教育与宣传，对居民开展低碳理念教育，为企业提供节能减排技术培训和咨询，或者通过环境友好型的标签化等途径改变消费观念和消费行为，促进对低碳产品的购买和低碳技术的应用。自愿型政策工具对经济激励型政策工具形成了有力补充。

8.3.1　碳税

税收是政府宏观调控的重要工具，在矫正环境成本负外部性，促进环境改善和应对气候变化方面能够发挥重要作用，其中，碳税是最主要的碳减排工具之一。所谓碳税是对二氧化碳排放行为征税，增加碳排放成本，运用价格机制引导人们的生产和消费行为，以达到减排的目的。目前碳税的税基包括三种：一是根据每种燃料的含碳量确定税率；二是根据排放的二氧化碳排放量征收碳税；三是能源税，根据能源的消耗量征税。

从实践看，20 世纪 90 年代一些北欧国家首先引入碳税，芬兰于 1990 年最早实行碳税，随后，波兰、瑞典、挪威和丹麦等国家相继开征碳税（各个国家设置的税种名称有所不同）。自 2009 年哥本哈根世界气候大会以来，气候治理在全球范围内达成共识，越来越多的国家在国内开征碳税（见图 8 - 6）。从税率大小来看大致可以分为三类：第一类税率比较高，如瑞典、瑞士和列支敦士登等国家的税率均高于 100 美元/tCO_2；第二类税率处于中等水平，如芬兰、丹麦、法国等国家的税率处于 20 ~ 80 美元/tCO_2；第三类税率处于低水平，如波兰、拉脱维亚和南非等国家的税率低于 20 美元/tCO_2，乌克兰、波兰等国家的税率甚至低于 1 美元/tCO_2。

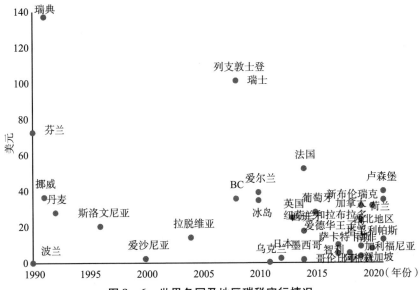

图 8 - 6　世界各国及地区碳税实行情况

注：有关碳税税率需要说明的是：1. 丹麦：矿物燃料的税率为 28 美元/tCO_2，F - 气体的税率为 24 美元/tCO_2，图中显示的是矿物燃料的税率；2. 芬兰：运输燃料的税率为 72.8 美元/tCO_2，其他矿物燃料的税率为 62.3 美元/tCO_2，图中显示的是运输燃料的税率；3. 冰岛：矿物燃料的税率为 34.8 美元/tCO_2，F - 气体的税率为 19.8 美元/tCO_2，图中显示的矿物燃料的税率；4. 卢森堡：柴油的税率为 40 美元/tCO_2；汽油的税率为 38 美元/tCO_2；所有其他化石燃料的税率为 23 美元/tCO_2；5. 墨西哥：税率为 0.4 ~ 3.2 美元/tCO_2，图中取其中值；6. 挪威：税率为 3.9 ~ 69.3 美元/tCO_2，图中取其中值。

资料来源：世界银行数据库。

8.3.2　碳排放权交易

碳排放权交易源于经济学家戴尔斯（Dales，1968）提出的排污权交易[1]，是指以总量和数量为导向，以清晰界定碳排放权为基础，有条件地运用市场机制促进碳减排的一种制度安排，是 1997 年《京都议定书》中采用的促进碳减排的重要手段，也是目前世界上许多

---

[1]　DALE J H. Pollution，Property & Prices：An Essay in Policymaking and Economics ［M］. Toronto：University of Toronto Press，1968.

国家（地区）采取的除碳税以外的另一种促进碳减排的重要措施。

　　在温室效应控制方面，碳排放权交易和碳税都是国际通行的碳减排工具，其中，碳排放权交易被采用得更为普遍。如欧盟碳排放交易体系（EU ETS）、美国芝加哥气候交易所（CCX）2003 年正式挂牌运营，日本东京总量限制交易体系、澳大利亚新南威尔士温室气体排放体系（NSWGGAS）、美国西部地区气候倡议（WCI）、美国东北部地区区域温室气体倡议（RGGI）等碳排放权交易市场也先后发展起来。相比之下，欧盟碳排放交易体系是全球最大的碳排放权交易体系，其发展过程如表 8 - 6 所示：①从参与国家来看，参与碳排放权交易体系的国家逐年增多，虽然英国于 2020 年脱欧，减少了实行碳排放权交易的欧盟国家，但英国于 2021 年在国内开始推广落实碳排放权交易政策；②从覆盖范围来看，碳排放权交易覆盖的行业和交易对象不断扩大；③从配额分配方式来看，由免费发放配额逐渐向运用拍卖机制发放配额，不仅从总量上限制了温室气体排放，也为应对气候变化筹集资金发挥了积极作用。

表 8 - 6　　　　　　　　　　EU ETS 的发展情况

阶段	第一阶段（2005～2007 年）	第二阶段（2008～2012 年）	第三阶段（2013～2020 年）	第四阶段（2021～2030 年）
国家	欧盟 27 国	新增挪威、冰岛、列支敦士登	新增克罗地亚	英国退出
行业	电站及其他热输出功率大于或等于 20MW 的燃烧装置；炼油厂；焦炉；钢铁厂；水泥熟料；玻璃；铅；砖；陶瓷；纸浆；纸和纸板	新增航空业（2021 年起）	新增铝，石化，航空（2014 年起），氨硝酸、己二酸和乙醛酸的生产，碳的捕获、管道运输和地质存储	包括发电和热发电、能源密集型工业部门、商业航空等

续表

阶段	第一阶段 （2005~2007年）	第二阶段 （2008~2012年）	第三阶段 （2013~2020年）	第四阶段 （2021~2030年）
温室气体	CO_2	包括 CO_2、NO_2（经批准后加入）	包括 CO_2、NO_2、PFCs（铝生产中的）	包括 CO_2、NO_2、PFCs
配额分配方式	免费发放，本阶段剩余配额不能转到下一阶段	引入拍卖机制，免费发放占总额度的90%	超过50%的配额采用拍卖机制，电力行业全部实行拍卖	免费发放与拍卖机制并行，拍卖份额占57%

资料来源：马海涛，刘金科. 碳排放权交易市场税收政策：国际经验与完善建议［J］. 税务研究，2021（8）：5-11.

从理论上来讲，碳排放权交易和碳税实质上是等效的，本质上都是借助外部力量，使排污成本内化为企业内部成本，从而实现帕累托最优。这两种政策工具都属于应对气候变化的市场激励型政策工具，但在政府控制变量、减排效果、减排成本等方面又有所不同，在实施上各有优劣，在不同情形中发挥着不同的作用（见表8-7）。

表8-7　　　　　　　　　　碳排放权交易和碳税的比较

项目	碳税	碳排放权交易
政府控制变量	价格	数量
减排效果的确定性程度	低，减排数量控制在企业手中	高，总体减排目标与排放配额相关
企业制定减排措施所面临的不确定性	低，减排成本较确定	高，减排成本有很大不确定性
调控范围的大小	使用各种碳排放源	一般适用于大排放源
政策实施难度	较高，较难达成政治共识	低
政府政策执行成本	相对低	高
企业政策执行成本	低	高，碳价格的不确定性会增加企业的管理成本

续表

项目	碳税	碳排放权交易
政策稳定性	高	低，配额分配等机制需要定期调整
调控的灵活性	低	高，也可以通过各种手段进行排放总量的调控

资料来源：傅志华，程瑜，许文，等. 在积极推进碳排放权交易的同时择机开征碳税[J]. 财政研究，2018（4）：2－19.

目前，我国尚未开征碳税，碳排放权交易对我国实现减排目标至关重要。在 2009 年哥本哈根气候大会上，我国承诺到 2020 年碳强度下降 40%～50%，彰显了大国的责任感与担当。为实现降碳承诺，国家发改委于 2011 年批准设立北京、天津、上海、重庆、广东、湖北、深圳七个省市为碳排放权交易试点。自 2013 年深圳市率先启动碳交易试点，随后其他省市也陆续启动了试点工作。随着碳交易试点顺利推进，国家发改委于 2017 年印发《全国碳排放权交易市场建设方案（发电行业）》，全国碳交易市场正式启动，这在我国的碳减排进程中发挥了关键作用。

8.3.3　绿色金融

根据中国人民银行、财政部等七部委于 2016 年发布的《关于构建绿色金融体系的指导意见》[①]，绿色金融是指为支持环境改善、应对气候变化和资源节约高效利用的经济活动，即对环保、节能、清洁能源、绿色交通、绿色建筑等领域的项目投融资、项目运营、风险管

---

①　中华人民共和国国务院新闻办公室. 关于构建绿色金融体系的指导意见［EB/OL］.（2016－08－31）. http：//www. scio. gov. cn/32344/32345/35889/36819/xgzc36825/document/1555348/1555348. htm? from＝timeline.

理等所提供的金融服务。与传统金融相比，绿色金融最主要的特征是投融资主体在金融活动中不仅仅追求经济利益最大化，同时兼具对社会责任和资源环境保护的考虑。我国绿色金融发展历程如图 8 - 7 所示。通过政策梳理可以发现，我国近年来的绿色金融政策主要是绿色信贷和绿色债券支持政策。

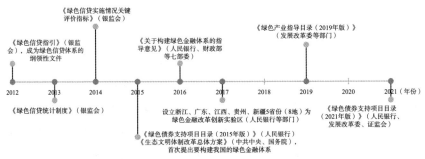

图 8 - 7　我国绿色金融发展历程

　　绿色金融对碳排放的影响主要存在三条路径：①基于绿色金融惩罚和激励措施，通过引导资金流向、倒逼行业升级转型，形成优化金融资源配置的效应；②通过绿色金融形成资金支持，推动绿色研发创新，形成"偏向型技术进步→环境技术进步→产生技术外溢"的阶段性技术进步效应；③绿色金融业务通常会向市场传递当前政府的投资动向与政策信号，拥有较强的示范与带动作用，能有效带动民间资本流入绿色产业，形成绿色金融业务的信号传递作用。整体作用机理如图 8 - 8 所示。

1. 绿色信贷

　　与现阶段命令规制型政策、市场型规制政策不同，绿色信贷通过引导资金配置发挥生态环境保护的作用。具体来说，绿色信贷将企业

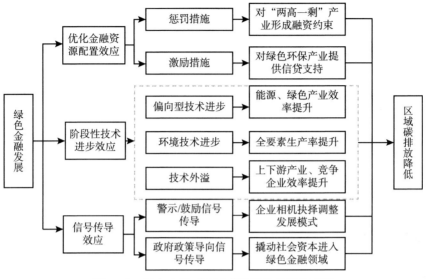

图 8 - 8　绿色金融对区域碳排放的作用机理图

资料来源：尤志婷，彭志浩，黎鹏. 绿色金融发展对区域碳排放影响研究——以绿色信贷、绿色产业投资、绿色债券为例〔J〕. 金融理论与实践，2022（2）：69 - 77.

污染排放产生的负外部性内在化，通过信道渠道动态调整环境污染的机会成本，实现利用资金配置引导产业清洁转型和绿色发展的目标。其资金配置功能意味着从生产过程的初始阶段就能够发挥环境保护的作用，并且贯穿整个生产阶段，即绿色信贷的激励约束效应具有始端治理和全周期的特点。绿色信贷的激励效应主要通过两个渠道实现环境保护的始端治理和全周期治理。第一个渠道是资金要素的再分配。当企业在环境风险管理、环境信息披露以及环境绩效等方面表现较好时，企业将获得规模更大、期限更长以及成本更低的外部融资；当企业污染排放较多时，尤其是"雾霾爆表"等极端事件时，企业尤其是重污染企业都会面临更高的融资门槛和更高的融资成本①。第二个

---

① 王馨，王营. 绿色信贷政策增进绿色创新研究〔J/OL〕. 管理世界，2021，37（6）：173 - 188. DOI：10. 19744/j. cnki. 11 - 1235/f. 2021. 0085.

渠道是促进企业低碳技术创新。面对高昂的环境污染成本，企业只有依托于绿色技术创新才能有效缓解环境风险、降低环境污染成本。企业在技术创新过程中寻求资金支持，绿色信贷制度将金融资本汇聚到低碳经济领域，从而发挥货币职能和金融服务的作用，以形成低碳技术创新的要素基础①。

　　人民银行数据显示，从存量上看，我国绿色信贷余额呈增加趋势，截至 2021 年末，绿色信贷余额将近 16 万亿元，其中约有 67% 投资于具有直接或间接碳减排效益的项目；从增速来看，绿色信贷余额保持较高增长速度，且呈现波动上涨的趋势（见图 8 - 9）。从金融机构新增信贷中绿色信贷占比来看，绿色信贷占比同样呈波动上升趋势（见图 8 - 10）。

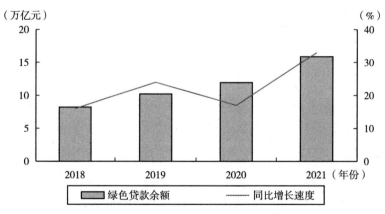

图 8 - 9　我国绿色信贷余额及增长情况

资料来源：作者根据中国人民银行历年《金融机构贷款投向统计报告》整理得出。

---

　　① 张修凡，范德成. 我国碳排放权交易机制和绿色信贷制度支持低碳技术创新的路径研究 [J]. 湖北社会科学，2021（11）：71 - 83.

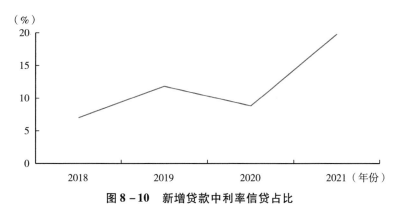

图 8 - 10　新增贷款中利率信贷占比

资料来源：作者根据中国人民银行历年《金融机构贷款投向统计报告》整理得出。

从 2021 年我国绿色信贷投资的行业分布来看，集中分布在以下
两类行业：一是电力、热力、燃气及水生产和供应业绿色信贷余额为
4.41 万亿元，占绿色信贷的比例为 28%；二是交通运输、仓储和邮
政业的绿色信贷余额为 4.13 万亿元，占比为 26%。其余 46% 绿色信
贷投资于其他行业（见图 8 - 11）。

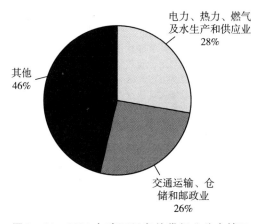

图 8 - 11　2021 年我国绿色信贷行业分布情况

资料来源：作者根据中国人民银行发布的《2021 年金融机构贷款投向统计报告》整理
得出。

2. 绿色债券

2021 年 4 月，中国人民银行、国家发展改革委、证监会联合发布了《绿色债券支持项目目录（2021 年版）》，该目录将绿色债券定义为将募集资金专门用于支持符合规定条件的绿色产业、绿色项目或绿色经济活动，依照法定程序发行并按约定还本付息的有价证券，包括但不限于绿色金融债券、绿色企业债券、绿色公司债券、非融资企业绿色债券融资工具以及绿色结构融资类工具（见表 8 – 8）。相比于普通债权，绿色债券主要在四个方面具有特殊性：债券募集资金的用途、绿色项目的评估和选择程序、募集资金的跟踪管理以及要求出具相关年度报告等。该目录还对绿色债券支持领域和范围进行科学统一界定，将绿色项目分为节能环保产业、清洁生产产业、清洁能源产业、生态环境产业、基础设施绿色升级和绿色服务 6 大领域（见表 8 – 9）。

表 8 – 8   绿色债券分类

绿色债券类型	含义
绿色金融债券	金融机构法人依法发行的、募集资金用于支持绿色产业并按约定还本付息的有价证券，核准发行和监管单位是中国人民银行
绿色企业债券	募集资金的作用是支持节能减排技术改造、绿色城镇化、能源清洁高效利用、新能源开发利用、循环经济发展、水资源节约和非常规水资源开发利用、污染防治、生态农林业、节能环保产业、低碳产业、生态文明先行示范实验、低碳试点示范等绿色循环低碳发展项目的企业债券，核准发行和存续期监管单位是国家发展和改革委员会
绿色公司债券	在交易所发行的，支持募集资金用于支持绿色产业的公司债券，核准发行单位是交易所或中国证券监督管理委员会，中国证监会监管
非融资企业绿色债券融资工具	在银行间交易商协会注册，在全国银行间债券市场发行和流通的，支持募集资金用于绿色产业的债务融资工具
绿色结构融资类工具	绿色信贷资产证券化、绿色项目收益权资产支持计划等

表 8 – 9　　　　　　　　　　　绿色债券支持项目目录

一、节能环保产业	能效提升	四、生态环境产业	绿色农业
	可持续建筑		生态保护与建设
	污染防治	五、基础设施绿色升级	能效提升
	水资源节约和非常规水资源利用		可持续建筑
	资源综合利用		污染防治
	绿色交通		水资源节约和非常规水资源利用
二、清洁生产产业	污染防治		绿色交通
	绿色农业		生态保护与建设
	资源综合利用	六、绿色服务	咨询服务
	水资源节约和非常规水资源利用		运营管理服务
三、清洁能源产业	能效提升		项目评估审计核查服务
	清洁能源		监测检测服务
			技术产品认证和推广

资料来源：《绿色债券支持项目目录（2021 年版）》。

绿色债券自 2016 年首次推行以来，规模持续扩大，一直保持着每年超过 2 000 亿元的发行规模，并且绿色债券累计发行额在 2020 年超过了一万亿元（见图 8 – 12）。作为实现"双碳"目标的重要工具，2021 年"碳中和"债券的发行为绿债市场扩容做出了突出贡献。2021 年国内共发行"碳中和"债券 199 只，涉及规模 2 531.02 亿元，占绿债市场的比重达 40% 左右。

8.3.4　碳边境调节税

碳边境调节税也是通过税收调节解决温室气体负外部性的重要工具，指的是运用碳定价机制实施碳减排的国家或地区对源自未采用相同强度或类似碳减排措施的国家或地区的进口商品征收的碳排放税，

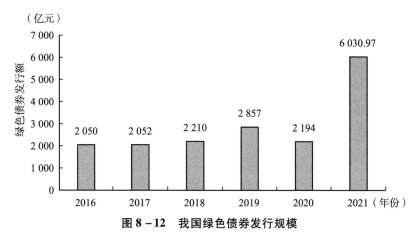

图 8 - 12　我国绿色债券发行规模

资料来源：新浪财经、东方财富网。

又称为碳关税、碳边境调节机制（高萍和林菲，2022）。伴随着全球气候问题的加剧，国际社会对碳边境调节机制发起了多次讨论。2007 年，法国前总统希拉克针对美国退出《京都议定书》事件，提出了对违反《京都议定书》的国家征收额外进口税。但由于诸多发达国家最初并未严格履行减排规定，经济发展水平相对落后的发展中国家暂不承担减排责任，且征收碳边境调节税会对国际贸易秩序造成严重干扰，因此，碳边境调节税自提出后长期处于搁浅状态。随着欧盟碳交易机制的推行，企业生产成本逐渐加重，引发了"碳泄漏"问题（许骞，2022）。在这种情况下，欧盟逐渐加强了与其他国家和地区的协商，以期通过征收碳边境调节税降低"碳泄漏"现象发生的风险，同时也尽可能地避免各国或区域内部减排要求不同而导致的本国或地区产品处于竞争劣势。欧盟于 2021 年 3 月正式通过碳边境调节税。随后，加拿大、日本、英国等发达国家也陆续表示拟将征收碳边境调节税。

发达国家开征碳边境调节税可能会产生严重的贸易摩擦，这将加大削弱发展中国家在国际社会竞争中的成本优势和利润水平。我国正处于经济转型关键阶段，发达国家征收碳边境调节税将会对我国经济发展和"双碳"目标战略带来巨大风险和重大影响，对此，我国应加快制定、落实相关政策，提高应对风险的能力。第一，积极参与国际碳排放核算方法体系的构建研究，一方面合理评估发达国家征收碳边境调节税对我国产生的冲击，另一方面提升我国在碳边境调节税协商过程中的话语权和主动权。第二，完善国内碳价格信号政策，积极调动政府、企业、居民等各方经济主体减排的积极性，推进各项减排工作的有效落实。第三，加速经济转型，逐步打破高碳锁定，提升我国在国际绿色贸易中的竞争力和影响力。

8.4　低碳发展国际经验借鉴

8.4.1　健全法律法规，拓宽融资渠道

低碳建设的有效推行离不开法律法规的保障，健全的法律法规为经济主体提供了准确可靠的行为指南，也为筹集低碳建设资金拓宽了渠道。世界各国的融资工具主要分为三类：第一类是利用经济激励型政策工具发挥筹集的作用，碳税、碳排放权交易在抑制经济主体排污行为的同时发挥筹措资金的作用，且从世界各国主要减排工具的演变历程来看，各个国家陆续开征碳税，已开征碳税的国家不断提升或者计划提升碳税税率。如乌克兰于 2019 年批准将碳税由 0.01 美元/tCO_2提升至 0.4 美元/tCO_2，并表示逐年提升碳税，在 2023 年达到 1.1 美元/tCO_2；新加坡于 2019 年初征碳税时将税率设定为 3.7 美元/tCO_2，

计划到 2030 年将税率提升至 7～11 美元 tCO$_2$[①]。碳排放权交易政策中也呈现出类似的特点，如欧盟碳排放权交易体系的行业覆盖范围不断扩宽，碳配额分配方式也逐渐由免费发放转向有偿发放。以上政策的变化不仅增加了企业排污成本，抑制了排污行为，同时也为政府筹集低碳建设资金拓宽了来源。第二类是利用政府财政支持低碳环保项目的开展，在低碳建设初期，不论是低碳技术研发，还是低碳项目的开展和产业低碳化转型，无疑会对企业的生产带来更大的成本。由于此类资金投入具有正外部性，在无政府干预的情况下难以有效开展，所以财政补贴、生态补偿、碳基金等财政支持对低碳发展发挥着重要的引领作用。第三类是充分发挥市场的资金配置作用，其中最主要的是绿色金融政策工具，随着环境问题的演变，绿色金融的衍生品也逐渐丰富，如碳金融、碳中和债券等新型绿色金融工具不断兴起，为引导社会资本流向、促进低碳经济发展发挥了重要作用。

8.4.2 重视生态工业园区建设和绿色产业发展

工业园区不仅是工业发展的空间载体，更是工业经济的产业组织形式。西方发达国家较早建立起了工业园区，在环境治理历程中积累了绿色发展和低碳化的模式与经验。在《巴黎协定》的推动作用下，早期工业化国家的工业园区进入了碳减排导向阶段。美国于 1994 年宣布开展生态工业与试点工作，资助生态工业园区的设计与开发。1997 年，日本为推进循环型社会的建设，实施了一系列生态工业园区与环境都市项目，以通过循环与废物处理技术的应用和环境产业的发展，构建环境友好型城市。英国和韩国也分别于 2002 年和 2003 年陆续建立生态工业园区、推动环保项目。这些国家建立生态工业园区

---

① 数据来源于世界银行数据库。

有以下几个共同的特点：一是在工业园区内建立共生系统，通过在能量、水、废物等不同产业中建立共生系统，促进资源循环利用、废物无害化处理和降低能源消耗，从而最大限度地降低城市体系的碳排放；二是政府在工业园区绿色化和低碳化发展过程中发挥着重要的引领作用；三是政策协同运用是推动绿色化和低碳化的重要手段，单一减排政策难以同时实现低碳发展、保证社会经济稳定运行的良好局面。借鉴发达国家工业园区发展经验，总结得出工业园区碳中和的一般模式，如图 8 – 13 所示。工业园区是产业发展、基础设施建设和土地利用相互依存的有机体，其中产业发展是工业园区的主导型因素，在碳中和战略导向下必须要推动产业低碳化发展；基础设施可以通过规模经济和集聚效应创造更多经济发展和节能减排的双赢机会；工业园区的转变会带来土地利用的变化，在工业园区规划和建设中要重视这一因素①。

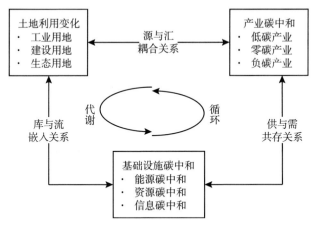

图 8 – 13　工业园区碳中和一般模式

① 陈波，石磊，邓文靖. 工业园区绿色低碳发展国际经验及其对中国的启示［J］. 中国环境管理，2021，13（6）：40 – 49.

8.4.3　调整能源结构，提升能源利用效率

化石能源使用是温室效应的主要来源，建立在清洁利用和开发可再生能源基础上的低碳经济是未来社会发展的基本走向。据 2019 年世界经济论坛上发布的《能源转型指数 2019》（*Energy Transition Index 2019*）报告指出，能源转型指数排名前十的主要集中在北欧国家，其中，瑞典是能源转型指数最高，也是能源转型的引领国家。瑞典的能源转型过程有以下几个特点：①立法先行。早在 20 世纪 70 年代，瑞典政府就开始颁布一系列法律法规，约束、引导减碳行为，如 1997 年出台了《能源规划法》，要求每个城市和市政当局准备能源规划。②减排政策工具多样化。20 世纪 80 年代，瑞典开始实施节能补贴，于 1991 年较早开征碳税，2000 年年初又开始征收垃圾填税。③以发展可再生能源为重点。大力开发利用太阳能、生物质能等可再生能源，以降低甚至摆脱对化石能源的依赖。④环保技术研发应用提供了强有力的支撑。瑞典建立了诸多技术研发中心，并在中心与相关企业之间建立了合作关系，有效促进了研发成果的转化，对提高能源使用效率、增加污染物处理能力发挥了重要作用[①]。

8.4.4　注重低碳宣传与引导，社会公众参与度高

国际上，低碳宣传与引导的方式主要有两种，一种是通过设置低碳日、低碳月，利用社交媒体加强低碳理念推广，开展宣讲活动等方式进行宣传，拓宽社会公众对低碳的了解渠道，以帮助社会公众形成

---

① 邱鹏. 探索低碳城市建设新路径——瑞典经验借鉴及启示 [J]. 西南民族大学学报（人文社科版），2010，31（10）：167 - 170.

低碳消费和低碳生产的理念；二是通过为社会公众提供相关咨询、技术和管理指导等方式，帮助社会公众实现向低碳消费和低碳生产的转变。如日本政府通过网络以及各种媒体开展节能宣传教育，设置"节能日"（每月的第一天）、"节能月"（每年的 2 月份）以及"节能综合检查日"（每年 8 月和 12 月的第一天），将节能措施细化到生产、生活的各个方面。同时推出各种奖励计划，对在能效管理中做出重要贡献的个人、促进能源节约和高效利用的企业进行奖励。新加坡、欧盟国家也通过开设网站，设立普及低碳技术的各种培训项目以及咨询点等方式，提升公众的低碳意识，促进低碳生活方式的形成①。与经济激励方式不同，低碳教育与宣传并未直接对碳排放主体的经济成本产生影响，而是通过使社会公众意识到减排的意义与责任、形成低碳理念，从而积极主动地参与到全球减排的过程中来。

8.5　促进我国低碳发展的政策建议

8.5.1　完善法律法规，拓宽融资渠道

健全法律法规，为低碳城市建设提供保障。发达国家在低碳发展过程中十分注重法律的保障作用，紧紧围绕碳排放、能源使用、技术创新等发展低碳经济与建设低碳城市，构建法律法规体系，将立法作为推动经济发展的重要手段。当前，我国已经出台了《循环经济促

---

① 许慧. 低碳经济发展中的政府作用：国际经验与启示 [J]. 财政研究，2014（5）：65 - 68. DOI：10. 19477/j. cnki. 11 - 1077/f. 2014. 05. 017.

进法》《能源法》《可再生能源法》等法律法规，基本上形成了低碳发展法律法规的雏形，但与构建低碳城市、实现"双碳"目标的要求相比还有很大差距。一是因为这些政策具有明显的零散性，缺乏可以作为纲领性法律的基本法和全面系统的法律法规框架；二是减排政策工具仍有待完善，如碳交易市场的行业范围需根据发展状况进一步扩大、碳配额分配方式需要逐渐转向有偿分配，这些都离不开法律法规的保障。

拓宽融资渠道，为低碳城市建设提供资金支持。建设低碳城市涉及生产生活的方方面面，离不开大量资金的支持。首先，应增加地方政府提供低碳公共品的融资来源。我国地方政府是低碳政策的主要执行者，在低碳城市建设过程中，地方政府面临较大的财政压力，一方面要对现有的税制体系进行调整，增加地方政府的收入来源并对其资金分配施加一定限制，确保地方政府有充足的资金用于提供低碳公共品；另一方面通过政府间的转移支付支持地方政府融资。此外，还可以通过建立国家政策性基金与地方政府合作，降低地方政府融资难度，有效推动低碳项目进程[①]。其次，充分发挥城市自身优势，结合自然资源、经济发展水平与技术创新基础等，将减排任务与城市发展融合到一起，引导社会资本更多地流入城市低碳领域。

8.5.2 大力推动能源结构转型

能源结构转型是实现碳减排的重要途径。据联合国环境规划署发布的《城市区域能源：充分激发能源效率和可再生能源的潜力》，全

---

① 王遥，王鑫. OECD 国家的城市低碳融资工具创新及对中国的启示［J］. 国际金融研究，2013（8）：33–41.

球城市能源需求占全球能源需求的 70% 以上，因此，实现"双碳"目标必须建立在城市能源消耗低碳化或无碳化的基础上。我国作为能源消费和碳排放大国，在本轮世界能源转型的大趋势下，应把握机会、迎接挑战，告别化石能源，实现向能源绿色化的过渡，其关键点在于加快能源消费结构转变和提高能源利用效率[①]。我国应基于城市间碳排放效率的影响机制以及城市资源禀赋、技术基础等，加强技术研发与推广应用，大力开发太阳能、风能、地热能等新型清洁能源，鼓励电力行业进行清洁能源投资或改造，提升清洁能源消费占比。对于东部经济发展水平高但能源资源相对稀缺的城市，应注重提升能源使用效率、积极倡导低碳消费，降低城市能源消耗水平。对于中西部地区，则更应该注重城市内产业结构的调整，充分利用城市资源优势，大力开发、推广应用新型清洁能源（郭沛和梁栋，2022），在技术和基础设施建设还没达到一定规模之前，要平稳有序转型，合理设置碳减排目标，防止由于快速能源转型、运动式减碳给能源安全系统造成负面影响，同时也避免过度转型对经济产生较大冲击。

8.5.3　积极探索发展碳循环经济

碳循环经济是循环经济发展理念的有机延伸，以 CO_2 循环利用为基本特征，以减量化、再利用、循环利用、去除为基本原则，最终实现碳的正常循环、维持碳生态系统平衡。当前，碳循环经济尚处于起步阶段，国内外理论体系尚未完备，因而需要将理论与实践相结合起来探索实现"双碳"目标的发展路径。第一，加强碳循环

---

① 李政，张东杰，潘玲颖，等．"双碳"目标下我国能源低碳转型路径及建议［J/OL］.动力工程学报，2021，41（11）：905 - 909，971. DOI：10. 19805/j. cnki. jcspe. 2021. 11. 001.

经济理论研究，夯实理论基础，一方面为碳循环经济的广泛推行提供指导，另一方面为形成中国特色的话语体系助力；第二，在法律法规中体现出碳循环经济发展的理念，并强化执法监督检查，确保发展碳循环经济的相关政策落到实处并得到广泛推广应用；第三，加强规划引导，夯实碳循环经济的产业支撑，科学制定发展规划，将碳利用、碳收集、碳储存、碳再利用等指标纳入全国及地区经济发展规划当中，组织编制碳循环经济发展规划，并加强与其他发展规划的统筹与衔接；第四，示范引领，探索不同城市或地区的特色发展之路；第五，增强激励和约束，整合财政金融政策，加强对碳汇经济发展的资金支持，完善生态补偿机制，推动传统产业生态化和生态化产业为主体的生态经济的发展，引导更多社会资本流入碳循环经济发展领域，形成循环利用碳资源、消纳利用工业碳排放、平衡碳生态系统的良好局面[1]。

8.5.4 着力提高社会公众参与度

公众广泛参与，与政府引导、市场运作等形成合力是建设低碳城市的有效路径；着重培养公众的低碳意识，促使公众充分发挥个人主观能动性，是引导公众形成低碳的生产方式和消费方式的重要途径之一。第一，在国家层面建立低碳宣传月、低碳宣传日等，提升低碳发展的高度，营造构建低碳城市的良好社会氛围；第二，重视社会媒体的导向作用，通过电视、广播、广告牌以及网络宣传等多种媒介持续开展低碳宣传，强化社会公众对低碳城市的关注度；第三，构建低碳宣传网站、建立线上线下低碳

---

① 周宏春，霍黎明，管永林，等. 碳循环经济：内涵、实践及其对碳中和的深远影响 [J]. 生态经济，2021，37（9）：13 - 26.

咨询点，为广大社会公众提供了解低碳政策、低碳规划以及低碳行为指导等低碳相关知识的途径，与此同时，向企业提供低碳技术应用与管理的服务，建立政府和企业良好的合作关系，促进低碳政策的落实与低碳成果的转化。

附　　录

附录一　重点城市财政收入总体情况

表 A - 1　　　重点城市一般公共预算收入占 GDP 的比重　　　单位：%

城市	2016 年	2017 年	2018 年	2019 年
深圳市	16.09	14.82	13.76	14.01
拉萨市	16.66	18.70	16.57	18.94
上海市	22.73	—	20.33	18.78
北京市	19.80	—	17.91	16.45
厦门市	17.12	—	14.54	12.82
天津市	15.23	—	12.28	17.09
广州市	7.13	7.15	6.72	7.19
宁波市	12.83	12.65	11.59	12.25
乌鲁木齐市	15.03	14.68	12.93	13.84
杭州市	12.40	12.44	11.60	12.79
武汉市	11.10	10.46	9.45	9.64
南京市	10.88	10.86	9.92	11.26
郑州市	12.46	11.49	10.42	10.55
银川市	10.71	9.84	9.33	8.16
青岛市	10.99	10.50	9.64	10.58
长沙市	7.95	7.84	7.27	8.21
呼和浩特市	8.50	—	6.94	7.28
大连市	8.99	9.41	8.58	9.89

城市	2016 年	2017 年	2018 年	2019 年
西宁市	6.03	6.16	6.15	7.66
贵阳市	11.60	10.68	9.95	10.33
太原市	9.56	9.22	8.03	9.60
济南市	9.81	9.47	8.62	9.26
兰州市	9.52	9.37	8.57	8.22
昆明市	12.33	11.55	10.77	9.73
南昌市	9.23	—	7.91	8.52
合肥市	9.80	9.37	8.38	7.93
重庆市	12.56	11.55	11.06	9.04
福州市	9.66	—	8.07	7.11
海口市	9.18	9.02	8.30	11.09
成都市	9.66	9.18	8.31	8.72
沈阳市	11.20	11.34	10.43	11.29
西安市	10.25	8.76	7.84	7.54
长春市	6.94	—	6.27	7.11
哈尔滨市	6.17	5.88	5.84	7.07
南宁市	8.45	8.06	8.25	8.23
石家庄市	6.93	7.46	7.58	9.80

注：表格中的横线表示缺失值，下同。

表 A - 2　　　　重点城市人均一般公共预算收入（户籍）　　单位：元

城市	2016 年	2017 年	2018 年	2019 年
深圳市	81 467.33	76 600.70	73 233.63	68 482.45
拉萨市	13 109.09	16 597.93	16 296.15	20 900.13
上海市	44 180.21	45 651.30	45 432.72	48 775.35
北京市	37 279.97	39 961.64	39 467.93	41 639.94

续表

城市	2016 年	2017 年	2018 年	2019 年
厦门市	29 318.40	30 167.36	28 677.61	29 439.66
天津市	26 087.16	22 001.06	21 350.38	21 753.18
广州市	16 018.90	17 112.88	16 559.66	17 809.63
宁波市	18 858.56	20 859.10	20 651.54	24 153.08
乌鲁木齐市	13 793.78	17 972.11	18 053.07	20 813.42
杭州市	19 054.11	20 788.02	20 250.86	24 729.22
武汉市	15 852.47	16 427.71	15 870.21	17 263.98
南京市	17 233.79	18 677.11	18 248.37	22 253.94
郑州市	12 227.13	12 549.54	12 229.99	13 860.94
银川市	9 412.83	9 389.21	9 194.62	7 735.42
青岛市	13 906.83	14 411.44	14 147.17	14 942.67
长沙市	10 685.28	11 288.37	10 978.68	12 875.73
呼和浩特市	11 188.92	8 292.26	8 191.14	8 157.31
大连市	10 266.85	11 052.72	11 052.72	11 566.61
西宁市	3 705.24	3 842.83	3 824.27	4 870.32
贵阳市	9 135.11	9 260.96	9 039.41	9 749.09
太原市	7 640.25	8 451.23	8 271.89	10 068.14
济南市	10 129.81	10 515.68	10 323.32	10 968.50
兰州市	6 650.60	7 184.05	7 140.25	7 024.88
昆明市	9 464.33	9 962.07	9 805.32	10 900.18
南昌市	7 689.93	7 944.33	7 839.80	8 899.25
合肥市	8 422.59	8 827.78	8 653.09	9 688.23
重庆市	6 568.14	6 644.19	6 616.86	6 249.80
福州市	8 717.78	9 150.99	9 020.82	9 409.52
海口市	6 916.55	7 331.26	7 042.95	10 128.01
成都市	8 401.79	8 888.73	8 641.83	9 886.40
沈阳市	8 459.80	8 904.21	8 796.79	9 659.86

续表

城市	2016 年	2017 年	2018 年	2019 年
西安市	7 770. 49	7 224. 06	6 631. 20	7 341. 30
长春市	5 517. 73	6 009. 10	5 993. 10	5 570. 51
哈尔滨市	3 911. 00	3 854. 50	3 866. 65	3 900. 17
南宁市	4 159. 47	4 387. 71	4 308. 04	4 743. 33
石家庄市	3 956. 88	4 736. 78	4 693. 37	5 409. 96

表 A – 3　　　　重点城市人均一般公共预算收入（常住）　　　单位：元

城市	2016 年	2017 年	2018 年	2019 年
深圳市	84 770. 06	81 271. 47	74 879. 33	71 737. 32
拉萨市	13 356. 43	16 597. 93	16 296. 15	—
上海市	44 302. 42	45 714. 13	45 526. 14	48 875. 16
北京市	37 527. 77	39 902. 92	39 698. 74	41 940. 15
厦门市	29 997. 06	30 834. 78	29 403. 63	30 491. 08
天津市	26 288. 61	22 064. 10	21 670. 83	22 173. 43
广州市	16 167. 57	17 383. 90	16 831. 73	18 055. 67
宁波市	18 922. 60	20 964. 44	20 754. 80	24 232. 79
乌鲁木齐市	13 845. 45	16 358. 29	18 053. 07	20 998. 43
杭州市	19 210. 72	21 039. 15	20 515. 93	25 044. 24
武汉市	15 890. 58	16 622. 35	16 144. 15	17 476. 16
南京市	17 364. 74	18 927. 25	18 460. 25	22 475. 53
郑州市	12 346. 56	12 654. 75	12 387. 71	14 003. 83
银川市	9 516. 26	9 540. 65	9 290. 90	7 853. 22
青岛市	13 977. 51	—	14 269. 28	15 069. 61
长沙市	10 809. 53	11 400. 93	11 131. 37	12 945. 90
呼和浩特市	11 235. 54	8 326. 53	8 258. 28	8 223. 36
大连市	10 284. 10	11 052. 72	11 052. 72	11 605. 36

续表

城市	2016 年	2017 年	2018 年	2019 年
西宁市	3 242.08	3 383.00	3 354.33	4 893.74
贵阳市	9 227.16	9 329.56	9 148.85	9 864.33
太原市	7 766.19	8 428.39	8 360.60	10 174.12
济南市	10 194.22	10 614.58	10 418.62	11 051.70
兰州市	6 671.19	7 206.16	7 162.08	7 067.46
昆明市	9 498.25	9 997.58	9 891.79	10 957.05
南昌市	7 704.66	7 959.49	7 899.19	8 932.58
合肥市	8 492.39	8 911.74	8 745.39	9 764.31
重庆市	6 587.56	6 642.23	6 630.49	6 260.80
福州市	8 768.83	9 190.77	9 085.43	9 462.83
海口市	6 958.22	7 418.02	7 204.86	10 296.81
成都市	8 945.29	9 001.65	8 760.53	9 966.13
沈阳市	8 482.92	8 916.31	8 856.15	9 724.17
西安市	7 817.87	7 321.03	6 918.60	7 474.07
长春市	5 510.42	—	—	—
哈尔滨市	3 911.00	3 838.42	3 862.59	3 900.17
南宁市	4 192.92	4 405.17	4 347.51	4 780.00
石家庄市	3 976.03	4 731.92	4 717.39	5 425.44

表 A – 4　　　　重点城市税收收入占一般公共预算收入的比重　　　　单位：%

城市	2016 年	2017 年	2018 年	2019 年
深圳市	79.35	79.68	81.95	81.30
拉萨市	81.81	85.25	90.32	—
上海市	—	88.31	88.42	86.76
北京市	—	86.11	86.22	82.91
厦门市	80.23	80.09	—	—

续表

城市	2016 年	2017 年	2018 年	2019 年
天津市	59.64	69.77	77.15	67.80
广州市	—	—	—	78.07
宁波市	82.92	83.83	—	82.91
乌鲁木齐市	76.46	71.50	70.13	17.10
杭州市	92.74	90.35	90.47	—
武汉市	81.75	84.02	84.66	84.41
南京市	83.72	82.13	84.52	86.95
郑州市	—	73.36	74.61	73.04
银川市	57.84	54.73	68.24	68.26
青岛市	69.21	71.21	73.53	72.62
长沙市	63.91	71.00	70.04	70.03
呼和浩特市	—	83.41	84.13	100.00
大连市	79.53	78.35	76.52	71.92
西宁市	—	81.45	—	—
贵阳市	77.47	78.47	77.76	—
太原市	77.96	79.50	79.56	—
济南市	77.72	80.01	—	80.09
兰州市	73.52	74.59	76.04	76.03
昆明市	71.20	73.27	80.09	84.24
南昌市	—	—	80.46	—
合肥市	—	79.05	79.25	76.45
重庆市	—	100.00	70.76	—
福州市	75.28	76.29	74.04	73.61
海口市	82.50	84.41	—	—
成都市	71.65	70.63	74.98	73.56
沈阳市	82.40	81.79	—	80.31
西安市	57.80	68.60	100.00	82.66

城市	2016 年	2017 年	2018 年	2019 年
长春市	75.24	75.62	77.42	79.45
哈尔滨市	79.11	80.20	84.40	82.52
南宁市	—	—	—	—
石家庄市	70.45	67.33	—	100.00

表 A - 5　　　　重点城市非税收入占一般公共预算收入的比重　　　　单位：%

城市	2016 年	2017 年	2018 年	2019 年
深圳市	20.65	20.32	18.05	18.70
拉萨市	18.19	14.75	9.68	—
上海市	—	11.69	11.58	13.24
北京市	—	13.89	13.78	17.09
厦门市	19.77	19.91	—	—
天津市	40.36	30.23	22.85	32.20
广州市	—	—	—	21.93
宁波市	17.08	16.17	—	17.09
乌鲁木齐市	23.54	28.50	29.87	82.90
杭州市	7.26	9.65	9.53	—
武汉市	18.25	15.98	15.34	15.59
南京市	16.28	17.87	15.48	13.05
郑州市	—	26.64	25.39	26.96
银川市	42.16	45.27	31.76	31.74
青岛市	30.79	28.79	26.47	27.38
长沙市	36.09	29.00	29.96	29.97
呼和浩特市	—	16.59	15.87	—
大连市	20.47	21.65	23.48	28.08
西宁市	—	18.55	—	—

续表

城市	2016 年	2017 年	2018 年	2019 年
贵阳市	22.53	21.53	22.24	100.00
太原市	22.04	20.50	20.44	—
济南市	22.28	19.99	—	19.91
兰州市	26.48	25.41	23.96	23.97
昆明市	28.80	26.73	19.91	15.76
南昌市	—	—	19.54	—
合肥市	—	20.95	20.75	23.55
重庆市	—	—	29.24	—
福州市	24.72	23.71	25.96	26.39
海口市	17.50	15.59	—	—
成都市	28.35	29.37	25.02	26.44
沈阳市	17.60	18.21	—	19.69
西安市	42.20	31.40	—	17.34
长春市	24.76	24.38	22.58	20.55
哈尔滨市	20.89	19.80	15.60	17.48
南宁市	—	—	—	—
石家庄市	29.55	32.67	—	—

表 A－6　　重点城市转移支付占一般公共预算收入的比重　　单位：%

城市	2016 年	2017 年	2018 年	2019 年
深圳市	—	—	—	—
拉萨市	—	—	141.68	—
上海市	—	—	—	—
北京市	—	4.27	7.27	6.48
厦门市	10.39	9.32	—	—
天津市	7.43	8.75	—	—

续表

城市	2016 年	2017 年	2018 年	2019 年
广州市	—	—	—	7.20
宁波市	11.46	11.19	—	5.58
乌鲁木齐市	—	—	32.85	—
杭州市	—	—	—	—
武汉市	—	—	—	—
南京市	7.13	9.07	10.10	7.93
郑州市	—	9.44	23.60	12.35
银川市	20.34	24.90	—	—
青岛市	—	—	—	—
长沙市	—	—	—	—
呼和浩特市	—	—	—	—
大连市	—	—	—	—
西宁市	—	48.75	—	—
贵阳市	—	—	—	—
太原市	35.77	25.76	—	—
济南市	12.76	11.96	—	12.54
兰州市	32.93	33.69	63.38	—
昆明市	—	17.78	33.48	17.54
南昌市	—	—	—	—
合肥市	—	20.62	30.19	19.58
重庆市	—	—	—	—
福州市	13.90	11.50	24.48	15.83
海口市	—	—	—	—
成都市	—	11.05	19.21	14.33
沈阳市	19.47	19.38	—	21.37
西安市	—	—	—	—
长春市	15.04	31.52	77.44	36.95

续表

城市	2016 年	2017 年	2018 年	2019 年
哈尔滨市	27.47	33.33	112.36	—
南宁市	—	—	—	—
石家庄市	24.66	—	—	—

表 A-7　　　　重点城市增值税占税收收入的比重　　　单位：%

城市	2016 年	2017 年	2018 年	2019 年
深圳市	26.15	37.34	36.11	37.93
拉萨市	53.46	62.60	62.44	—
上海市	—	41.95	41.76	44.51
北京市	—	35.75	36.11	37.75
厦门市	27.54	32.76	—	—
天津市	28.06	40.26	42.98	44.56
广州市	—	—	—	32.45
宁波市	38.02	48.57	—	44.48
乌鲁木齐市	28.74	42.19	35.78	—
杭州市	92.18	39.39	39.83	
武汉市	42.33	37.02	36.16	36.81
南京市	47.54	41.36	38.98	37.02
郑州市	—	35.19	35.32	35.29
银川市	27.80	42.39	43.77	40.57
青岛市	27.79	37.50	36.20	40.06
长沙市	22.98	—	32.28	31.17
呼和浩特市	—	33.94	37.78	37.02
大连市	31.61	43.33	42.43	41.03
西宁市	—	34.11	—	—
贵阳市	25.36	35.12	37.65	—

续表

城市	2016 年	2017 年	2018 年	2019 年
太原市	26.93	36.86	36.26	—
济南市	45.94	38.92	—	38.30
兰州市	28.54	40.27	39.80	36.64
昆明市	100.00	44.70	45.90	34.02
南昌市	—	—	37.28	—
合肥市	—	39.90	41.61	44.58
重庆市	—	36.38	36.46	—
福州市	24.53	31.53	35.91	37.39
海口市	26.70	35.60	—	—
成都市	24.12	14.88	32.75	31.93
沈阳市	30.27	41.99	—	38.06
西安市	25.74	37.29	38.32	40.87
长春市	27.12	31.79	27.73	28.67
哈尔滨市	22.78	31.81	29.46	30.02
南宁市	—	—	—	—
石家庄市	27.45	37.17	—	36.03

表 A - 8　　　　重点城市企业所得税占税收收入的比重　　　单位：%

城市	2016 年	2017 年	2018 年	2019 年
深圳市	2.92	2.97	2.81	2.78
拉萨市	0.43	0.47	0.34	—
上海市	—	—	4.65	3.81
北京市	—	—	4.25	3.47
厦门市	1.81	—	—	—
天津市	1.56	—	1.70	2.30
广州市	—	—	0.90	0.90

续表

城市	2016 年	2017 年	2018 年	2019 年
宁波市	1.67	1.82	—	1.96
乌鲁木齐市	1.77	1.79	1.67	—
杭州市	1.84	2.02	2.39	—
武汉市	1.56	1.67	1.69	1.55
南京市	1.35	1.54	1.83	1.85
郑州市	—	1.57	1.46	1.26
银川市	0.35	0.33	0.52	0.47
青岛市	1.24	1.33	1.27	1.27
长沙市	0.56	—	0.64	0.60
呼和浩特市	—	—	0.76	0.79
大连市	1.12	1.31	1.30	1.44
西宁市	—	1.00	—	—
贵阳市	0.90	1.05	1.22	1.15
太原市	0.95	1.12	1.02	—
济南市	1.13	1.18	—	1.30
兰州市	0.61	0.79	0.78	0.63
昆明市	0.59	0.60	0.66	0.60
南昌市	—	—	1.14	—
合肥市	—	0.93	0.92	0.78
重庆市	—	1.04	1.15	—
福州市	1.46	—	1.24	1.00
海口市	1.34	1.44	—	—
成都市	0.88	0.97	0.99	1.00
沈阳市	1.45	1.58	—	1.66
西安市	0.64	0.66	0.65	0.68
长春市	1.31	—	0.87	0.93
哈尔滨市	0.63	0.65	0.65	0.74

续表

城市	2016 年	2017 年	2018 年	2019 年
南宁市	—	—	—	—
石家庄市	0.45	0.48	—	0.66

表 A - 9　　　　　**重点城市个人所得税占税收收入的比重**　　　　单位：%

城市	2016 年	2017 年	2018 年	2019 年
深圳市	12.24	12.59	12.88	9.66
拉萨市	17.65	20.72	21.64	—
上海市	—	11.81	12.25	9.71
北京市	—	13.75	14.60	11.28
厦门市	7.39	9.72	—	—
天津市	5.96	7.23	7.99	5.90
广州市	—	—	—	5.60
宁波市	6.76	7.76	—	7.06
乌鲁木齐市	8.16	8.45	9.05	—
杭州市	8.45	10.68	11.29	—
武汉市	5.78	6.52	6.58	4.80
南京市	8.08	7.77	7.92	3.64
郑州市	—	5.23	5.36	4.02
银川市	3.72	6.70	3.97	3.34
青岛市	4.78	5.14	5.38	3.89
长沙市	5.76	—	6.04	4.06
呼和浩特市	—	5.91	6.37	4.88
大连市	6.35	6.71	7.18	5.01
西宁市	—	8.73	—	—
贵阳市	4.19	5.40	8.66	—
太原市	4.27	4.91	4.86	—

城市	2016 年	2017 年	2018 年	2019 年
济南市	5.65	6.58	—	4.46
兰州市	3.58	4.07	4.41	3.46
昆明市	3.00	3.51	3.47	1.64
南昌市	—	—	5.74	—
合肥市	—	4.07	4.47	2.80
重庆市	—	4.93	5.55	—
福州市	7.84	9.13	9.24	7.89
海口市	5.17	6.52	—	—
成都市	6.34	7.12	7.07	5.08
沈阳市	5.13	5.52	—	3.54
西安市	5.33	5.85	5.61	3.93
长春市	5.47	5.31	5.13	3.90
哈尔滨市	5.99	6.52	6.83	5.29
南宁市	—	—	—	—
石家庄市	4.26	4.71	—	3.01

表 A-10　　　　　重点城市房地产税占税收收入的比重　　　　单位：%

城市	2016 年	2017 年	2018 年	2019 年
深圳市	12.24	12.59	12.88	9.66
拉萨市	17.65	20.72	21.64	—
上海市	—	11.81	12.25	9.71
北京市	—	13.75	14.60	11.28
厦门市	7.39	9.72	—	—
天津市	5.96	7.23	7.99	5.90
广州市	—	—	—	5.60
宁波市	6.76	7.76	—	7.06

续表

城市	2016 年	2017 年	2018 年	2019 年
乌鲁木齐市	8.16	8.45	9.05	—
杭州市	8.45	10.68	11.29	—
武汉市	5.78	6.52	6.58	4.80
南京市	8.08	7.77	7.92	3.64
郑州市	—	5.23	5.36	4.02
银川市	3.72	6.70	3.97	3.34
青岛市	4.78	5.14	5.38	3.89
长沙市	5.76	—	6.04	4.06
呼和浩特市	—	5.91	6.37	4.88
大连市	6.35	6.71	7.18	5.01
西宁市	—	8.73	—	—
贵阳市	4.19	5.40	8.66	—
太原市	4.27	4.91	4.86	—
济南市	5.65	6.58	—	4.46
兰州市	3.58	4.07	4.41	3.46
昆明市	3.00	3.51	3.47	1.64
南昌市	—	—	5.74	—
合肥市	—	4.07	4.47	2.80
重庆市	—	4.93	5.55	—
福州市	7.84	9.13	9.24	7.89
海口市	5.17	6.52	—	—
成都市	6.34	7.12	7.07	5.08
沈阳市	5.13	5.52	—	3.54
西安市	5.33	5.85	5.61	3.93
长春市	5.47	5.31	5.13	3.90
哈尔滨市	5.99	6.52	6.83	5.29
南宁市	—	—	—	—
石家庄市	4.26	4.71	—	3.01

表 A－11　　　　　　　重点城市政府性基金收入　　　　单位：万元

城市	2016 年	2017 年	2018 年	2019 年
深圳市	—	—	—	—
拉萨市	449 293	697 398	731 306	—
上海市	—	26 780 000	27 864 000	34 252 000
北京市	—	42 971 143	33 309 946	36 755 019
厦门市	5 087 454	4 095 780	5 546 000	—
天津市	9 765 726	15 687 128	18 717 085	23 674 337
广州市	—	—	22 190 000	22 971 928
宁波市	8 999 719	10 345 871	—	22 382 508
乌鲁木齐市	—	3 680 225	5 606 777	—
杭州市	—	—	36 278 900	—
武汉市	—	14 670 004	—	—
南京市	—	22 151 235	22 271 701	23 211 237
郑州市	—	15 174 191	17 043 648	16 888 897
银川市	819 069	471 724	—	—
青岛市	7 115 958	7 826 918	11 757 410	15 933 814
长沙市	8 982 501	3 631 300	8 520 347	13 217 037
呼和浩特市	—	—	2 079 628	—
大连市	—	1 998 100	—	3 524 082
西宁市	—	927 680	—	—
贵阳市	—	2 704 576	—	5 148 845
太原市	—	2 950 400	—	—
济南市	11 771 056	11 203 883	—	14 286 641
兰州市	3 421 205	2 469 146	2 264 628	—
昆明市	6 238 331	6 774 769	10 522 202	—
南昌市	—	—	—	—
合肥市	—	14 287 307	8 734 663	10 884 487
重庆市	—	—	—	—

续表

城市	2016 年	2017 年	2018 年	2019 年
福州市	9 810 821	10 756 968	14 203 244	14 370 382
海口市	1 795 391	2 106 629	—	3 312 991
成都市	14 018 694	—	—	21 326 998
沈阳市	5 546 098	5 500 863	—	7 066 323
西安市	12 239 383	10 031 425	—	—
长春市	—	—	3 345 878	4 339 559
哈尔滨市	4 747 408	4 083 557	4 290 868	4 126 444
南宁市	—	—	—	—
石家庄市	5 318 097	6 753 716	—	—

表 A－12　　　　重点城市政府性基金收入占 GDP 的比重　　　单位：%

城市	2016 年	2017 年	2018 年	2019 年
深圳市	—	—	—	—
拉萨市	10.57	14.55	13.52	—
上海市	—	—	8.53	8.98
北京市	—	—	10.99	10.39
厦门市	13.44	—	11.57	—
天津市	5.46	—	9.95	16.79
广州市	—	—	9.71	9.72
宁波市	10.36	10.51	—	18.68
乌鲁木齐市	—	13.48	18.09	—
杭州市	—	—	26.86	—
武汉市	—	10.94	—	—
南京市	—	18.91	17.37	16.54
郑州市	—	16.50	16.80	14.57
银川市	5.06	2.62	—	—

城市	2016 年	2017 年	2018 年	2019 年
青岛市	7.11	7.10	9.80	13.57
长沙市	9.60	3.56	7.74	11.42
呼和浩特市	—	—	7.16	—
大连市	—	2.86	—	5.03
西宁市	—	7.22	—	—
贵阳市	—	7.64	—	12.74
太原市	—	8.72	—	—
济南市	18.01	15.67	—	15.13
兰州市	15.11	9.87	8.29	—
昆明市	14.51	13.95	20.21	—
南昌市	—	—	—	—
合肥市	—	20.40	11.17	11.57
重庆市	—	—	—	—
福州市	15.83	—	18.08	15.30
海口市	14.28	15.15	—	19.81
成都市	11.52	—	—	12.54
沈阳市	10.00	9.51	—	10.92
西安市	19.56	13.43	—	—
长春市	—	—	4.66	7.35
哈尔滨市	7.78	6.53	6.81	7.86
南宁市	—	—	—	—
石家庄市	8.97	10.93	—	—

表 A - 13　重点城市政府性基金收入占一般公共预算收入的比重　单位：%

城市	2016 年	2017 年	2018 年	2019 年
深圳市	—	—	—	—

续表

城市	2016 年	2017 年	2018 年	2019 年
拉萨市	0.17	0.24	0.66	—
上海市	—	0.31	0.39	0.36
北京市	—	0.55	0.58	0.44
厦门市	0.60	0.59	0.74	—
天津市	0.26	0.46	0.89	0.65
广州市	—	—	1.36	0.73
宁波市	0.61	0.54	—	0.96
乌鲁木齐市	—	0.57	1.22	—
杭州市	—	—	1.99	—
武汉市	—	1.05	—	—
南京市	—	1.06	1.52	0.95
郑州市	—	0.69	1.48	0.75
银川市	0.33	0.19	—	—
青岛市	0.39	0.46	0.95	0.84
长沙市	0.69	0.45	0.97	0.83
呼和浩特市	—	—	1.02	—
大连市	—	0.30	—	0.51
西宁市	—	0.29	—	—
贵阳市	—	0.72	—	5.15
太原市	—	0.70	—	—
济南市	1.26	1.06	—	0.92
兰州市	0.71	0.48	0.89	—
昆明市	1.18	0.62	1.77	—
南昌市	—	—	—	—
合肥市	—	1.34	1.23	0.84
重庆市	—	—	—	—
福州市	0.85	0.83	2.09	1.16

城市	2016 年	2017 年	2018 年	2019 年
海口市	0.56	0.55	—	—
成都市	1.19	—	—	0.98
沈阳市	0.44	0.40	—	0.51
西安市	0.92	0.72	—	—
长春市	—	—	0.70	0.41
哈尔滨市	0.34	0.34	1.12	1.11
南宁市	—	—	—	—
石家庄市	0.50	0.73	—	—

表 A－14　　重点城市国有资本经营预算收入占 GDP 的比重　　　单位：%

城市	2016 年	2017 年	2018 年	2019 年
深圳市	—	—	0.17	—
拉萨市	—	—	0.23	—
上海市	—	—	0.45	0.48
北京市	—	—	0.22	0.23
厦门市	0.31	—	0.39	—
天津市	0.08	—	0.10	0.28
广州市	—	—	0.25	0.37
宁波市	—	—	0.11	0.15
乌鲁木齐市	0.02	—	0.03	—
杭州市	—	—	0.14	—
武汉市	—	—	0.07	—
南京市	0.16	—	0.11	0.11
郑州市	—	—	0.03	0.07
银川市	0.03	—	0.03	—
青岛市	0.06	—	0.08	0.07

续表

城市	2016 年	2017 年	2018 年	2019 年
长沙市	0.21	—	0.05	0.05
呼和浩特市	—	—	0.06	—
大连市	—	—	0.01	0.02
西宁市	—	—	—	—
贵阳市	0.02	—	0.26	0.15
太原市	0.01			
济南市	—	—	—	0.07
兰州市	0.09	—	0.03	—
昆明市	0.01	—	0.07	
南昌市	—	—	—	—
合肥市	—	—	0.05	0.08
重庆市			0.52	—
福州市	0.04	—	0.17	0.23
海口市	0.16	—	0.03	0.03
成都市	0.06	—	0.01	0.12
沈阳市	0.06	—	0.09	0.43
西安市	—	—	—	—
长春市	—	—	—	—
哈尔滨市	0.11	—	0.06	0.16
南宁市	—	—	0.04	—
石家庄市	—	—	0.02	—

表 A – 15　　　　重点城市社会保障基金收入占 GDP 的比重　　　　单位：%

城市	2016 年	2017 年	2018 年	2019 年
深圳市	—	—	7.01	6.92
拉萨市	—	—	7.38	—

续表

城市	2016 年	2017 年	2018 年	2019 年
上海市	12.52	—	13.55	12.08
北京市	13.43	—	13.91	12.81
厦门市	7.38	—	5.10	—
天津市	6.56	—	—	10.74
广州市	4.75	—	2.87	4.99
宁波市	5.67	—	7.04	6.66
乌鲁木齐市	—	—	7.21	—
杭州市	—	—	8.54	—
武汉市	—	—	4.76	7.69
南京市	5.95	7.52	6.90	7.01
郑州市	—	—	4.48	7.19
银川市	—	—	—	—
青岛市	5.65	5.57	6.11	6.42
长沙市	3.27	1.82	2.35	2.08
呼和浩特市	—	—	4.72	—
大连市	7.88	8.05	8.06	8.81
西宁市	—	1.75	—	—
贵阳市	4.70	5.69	7.47	6.99
太原市	—	10.11	—	—
济南市	5.68	6.08	6.52	6.30
兰州市	5.16	4.71	6.00	—
昆明市	24.86	7.66	—	5.57
南昌市	—	—	—	—
合肥市	—	—	2.85	—
重庆市	—	8.29	8.18	8.28
福州市	2.59	—	3.82	2.29
海口市	4.52	5.82	6.97	—

续表

城市	2016 年	2017 年	2018 年	2019 年
成都市	3.23	4.39	—	3.09
沈阳市	—	9.73	10.89	12.32
西安市	—	—	—	—
长春市	5.55	—	5.91	7.11
哈尔滨市	—	2.54	3.42	5.06
南宁市	—	—	3.92	—
石家庄市	4.49	4.96	7.24	—

附录二　重点城市财政支出总体情况

1. 一般公共预算支出占 GDP 的比重

表 B-1　　　　重点城市一般公共预算支出占 GDP 比重　　　单位：%

城市名称	2015 年	2016 年	2017 年	2018 年	2019 年
拉萨市	169.90	58.38	53.72	55.50	59.13
上海市	24.64	24.55	24.64	25.56	21.44
北京市	24.93	24.96	24.34	24.63	20.94
西宁市	24.75	23.06	22.44	23.12	24.70
重庆市	24.13	22.56	22.24	22.30	20.54
天津市	19.54	20.68	17.69	16.50	24.88
银川市	20.70	20.47	18.96	19.10	18.26
深圳市	20.12	21.60	20.43	17.68	16.91
厦门市	18.79	20.05	—	18.63	15.23
乌鲁木齐市	16.97	16.98	16.79	21.29	18.17

城市名称	2015 年	2016 年	2017 年	2018 年	2019 年
兰州市	16.41	18.73	17.17	17.04	16.10
贵阳市	17.42	16.63	16.46	16.43	17.79
南宁市	15.45	15.85	15.69	17.33	17.51
郑州市	15.13	16.29	16.48	17.38	16.49
哈尔滨市	14.34	14.36	15.32	15.27	20.98
海口市	14.71	15.93	14.26	15.77	15.90
昆明市	15.51	16.01	15.97	14.53	12.68
宁波市	15.65	14.84	14.33	14.84	14.75
太原市	15.35	14.35	14.16	13.96	15.15
石家庄市	12.54	12.59	13.06	16.30	18.10
沈阳市	11.12	14.88	14.78	15.34	16.19
西安市	15.81	15.06	13.99	13.80	13.38
南昌市	13.58	13.39	—	14.26	14.91
长春市	13.85	12.87	—	12.46	15.18
合肥市	13.65	13.70	13.78	12.85	11.93
青岛市	13.15	13.51	12.73	13.00	13.42
大连市	11.78	12.78	13.16	13.06	14.51
呼和浩特市	11.67	13.23	—	12.29	14.97
武汉市	12.27	12.80	12.89	12.99	13.79
成都市	13.60	13.11	12.65	11.98	11.80
杭州市	11.99	12.41	12.23	12.71	12.70
福州市	12.92	13.39	—	11.77	10.11
济南市	10.79	11.34	11.66	12.96	12.68
长沙市	10.87	11.13	11.58	11.82	12.32
南京市	10.76	11.18	11.56	11.96	11.82
广州市	9.55	9.94	10.17	10.96	12.13

注：表格按照平均水平从高到低排序，"—"表示数据缺失。如无说明，下表同。

2. 人均一般公共预算支出

表 B－2　　　　　　　　重点城市一般公共预算支出　　　　单位：元

城市名称	2015 年	2016 年	2017 年	2018 年	2019 年
深圳市	99 201.99	109 377.74	105 604.60	94 121.71	82 626.74
拉萨市	120 766.96	45 945.37	47 678.85	54 566.89	65 252.07
上海市	42 907.55	47 716.83	51 873.68	57 124.05	55 679.27
北京市	42 653.15	47 004.21	50 180.23	54 269.80	53 029.71
厦门市	30 831.94	34 327.52	34 506.39	36 728.33	34 979.96
天津市	31 476.77	35 435.15	31 246.47	28 692.52	31 667.08
广州市	20 226.15	22 341.91	24 343.13	27 006.27	30 034.87
宁波市	21 354.18	21 814.89	23 628.22	26 436.15	29 077.13
乌鲁木齐市	16 741.45	15 580.70	20 564.18	29 720.08	27 325.05
杭州市	16 661.75	19 080.25	20 436.55	22 184.54	24 564.19
武汉市	16 134.70	18 281.52	20 237.52	21 824.75	24 692.06
南京市	16 001.99	17 704.98	19 883.81	21 990.18	23 353.10
郑州市	13 646.09	15 979.75	17 992.32	20 409.00	21 662.96
银川市	17 258.14	17 993.03	18 086.15	18 822.57	17 323.34
青岛市	15 615.71	17 103.05	17 472.29	19 068.17	18 964.78
长沙市	13 594.93	14 963.12	16 679.89	17 843.48	19 322.24
呼和浩特市	15 115.05	17 426.30	16 585.83	14 501.61	16 784.12
大连市	15 341.85	14 601.98	15 459.50	16 831.76	16 966.36
西宁市	13 917.75	14 177.59	13 998.77	14 370.85	15 695.87
贵阳市	12 851.43	13 098.81	14 276.41	14 933.48	16 794.92
太原市	11 431.45	11 461.26	12 982.54	14 388.83	15 899.82
济南市	10 519.12	11 710.33	12 951.24	15 522.16	15 022.78
兰州市	10 686.61	13 091.35	13 170.60	14 196.39	13 754.87
昆明市	11 077.95	12 292.94	13 781.55	13 230.85	14 201.71

续表

城市名称	2015 年	2016 年	2017 年	2018 年	2019 年
南昌市	10 437.72	11 152.13	12 440.42	14 143.11	15 561.69
合肥市	10 765.85	11 778.77	12 992.52	13 257.39	14 580.09
重庆市	11 246.21	11 797.79	12 791.39	13 340.04	14 191.10
福州市	10 700.69	12 080.46	13 547.72	13 154.41	13 376.91
海口市	10 372.15	11 994.01	11 597.56	13 384.68	14 528.11
成都市	11 957.85	11 407.40	12 241.55	12 448.67	13 379.66
沈阳市	11 070.31	11 245.14	11 601.29	12 941.58	13 857.75
西安市	11 244.82	11 424.53	11 535.24	11 670.46	13 030.46
长春市	10 158.19	10 233.39	11 692.03	11 908.69	11 883.58
哈尔滨市	8 579.62	9 109.09	10 036.31	10 106.78	11 578.75
南宁市	7 115.96	7 805.58	8 538.58	9 052.99	10 092.05
石家庄市	6 632.83	7 188.04	8 291.14	10 097.89	9 994.19

3. 教育支出

表 B - 3　　　　　　**重点城市教育支出占 GDP 比重**　　　单位：%

城市名称	2015 年	2016 年	2017 年	2018 年	2019 年
拉萨市	—	8.13	9.07	8.89	—
西宁市	—	—	3.62	—	—
重庆市	—	—	3.21	3.34	—
兰州市	—	3.27	3.21	2.93	3.11
天津市	—	2.81	2.34	2.38	3.32
北京市	0.35	—	3.44	3.38	3.21
深圳市	—	2.13	2.26	2.41	2.66
贵阳市	0.15	3.14	2.96	3.19	—
青岛市	—	2.53	2.30	2.19	2.34

续表

城市名称	2015 年	2016 年	2017 年	2018 年	2019 年
杭州市	—	—	—	2.33	—
石家庄市	0.16	2.69	2.71	—	3.69
乌鲁木齐市	—	2.87	2.65	2.68	0.97
太原市	—	2.38	2.16	2.08	—
福州市	—	2.47	—	2.11	1.94
上海市	0.38	—	2.85	2.81	2.61
宁波市	—	2.28	2.18	2.08	2.10
南昌市	—	—	—	2.10	—
广州市	—	—	—	1.93	2.22
郑州市	—	—	1.91	2.10	2.13
济南市	—	2.00	2.00	—	1.97
昆明市	0.25	2.54	2.43	2.50	2.10
南京市	—	1.93	1.86	1.97	2.06
西安市	—	1.91	1.79	1.88	2.17
武汉市	—	1.94	2.00	1.75	1.80
长春市	—	1.29	—	1.77	2.28
成都市	—	1.87	1.80	1.73	1.70
呼和浩特市	—	—	—	1.76	—
哈尔滨市	0.16	2.00	1.99	1.87	2.27
合肥市	—	—	2.02	0.88	2.06
银川市	—	1.19	1.18	2.02	2.15
沈阳市	0.18	2.08	1.98	—	1.83
长沙市	0.13	1.68	—	1.77	1.82
大连市	0.21	1.61	1.56	1.44	1.66
厦门市	—	0.76	—	—	—
南宁市	—	—	—	—	—
海口市	—	—	—	—	—

表 B-4　　　　　　　　　重点城市人均教育支出　　　　　　　单位：元

城市名称	2015 年	2016 年	2017 年	2018 年	2019 年
深圳市	—	10 772.13	11 703.38	12 846.29	13 004.56
拉萨市	—	6 394.89	8 048.56	8 741.36	—
北京市	607.15	—	7 098.00	7 452.81	8 140.14
广州市	—	—	—	4 750.23	5 490.75
上海市	653.50	—	6 007.56	6 279.07	6 778.08
天津市	—	4 813.12	4 138.95	4 142.28	4 220.49
杭州市	—	—	—	4 075.39	—
宁波市	—	3 356.50	3 594.72	3 707.36	4 135.63
南京市	—	3 059.69	3 198.85	3 630.75	4 071.18
青岛市	—	3 198.74	3 160.88	3 215.21	3 310.13
武汉市	—	2 770.66	3 138.08	2 945.54	3 215.00
乌鲁木齐市	—	2 630.57	3 239.51	3 743.02	1 462.52
兰州市	—	2 286.76	2 463.96	2 438.41	2 659.26
郑州市	—	—	2 089.83	2 464.37	2 801.12
福州市	—	2 228.25	2 247.84	2 360.15	2 562.87
西宁市	—	—	2 260.30	—	—
济南市	—	2 067.31	2 225.65	—	2 334.77
南昌市	—	—	—	2 086.53	
呼和浩特市	—	—	—	2 076.68	
贵阳市	112.25	2 475.54	2 567.82	2 897.06	—
长沙市	160.82	2 252.52	—	2 669.42	2 861.51
重庆市	—	—	1 848.70	2 000.56	
合肥市	—	—	1 908.48	909.34	2 520.16
成都市	—	1 626.87	1 746.22	1 800.94	1 922.62
昆明市	178.34	1 948.47	2 098.91	2 273.59	2 347.64
西安市	—	1 450.05	1 477.87	1 592.64	2 109.71
银川市	—	1 048.83	1 128.26	1 990.77	2 041.51

续表

城市名称	2015 年	2016 年	2017 年	2018 年	2019 年
大连市	268.38	1 834.58	1 835.29	1 861.34	1 935.45
太原市	—	1 901.08	1 978.32	2 143.49	0.04
长春市	—	1 022.92	1 116.19	1 694.67	1 785.24
石家庄市	87.02	1 533.58	1 723.24	—	2 038.38
厦门市	—	1 302.40	—	—	—
沈阳市	175.66	1 568.47	1 552.54	—	1 566.17
哈尔滨市	94.55	1 270.01	1 306.65	1 239.63	1 255.65
海口市	—	—	—	—	—
南宁市	—	—	—	—	—

4. 科学技术支出

表 B - 5　　　　重点城市科学技术支出占 GDP 比重　　　　单位：%

城市名称	2015 年	2016 年	2017 年	2018 年	2019 年
深圳市	—	2.07	1.56	2.29	2.04
北京市	3.42	—	1.29	1.40	1.23
上海市	—	—	1.27	1.30	1.02
合肥市	—	—	0.99	1.18	1.39
武汉市	—	0.73	0.84	0.91	1.09
杭州市	—	—	—	0.88	—
广州市	—	—	—	0.72	1.03
宁波市	—	0.65	0.60	—	1.04
天津市	—	0.70	0.63	0.57	0.78
沈阳市	1.57	0.40	0.28	—	0.31
南京市	—	0.51	0.57	0.63	0.70

续表

城市名称	2015 年	2016 年	2017 年	2018 年	2019 年
昆明市	1.39	0.35	0.35	0.35	0.29
大连市	1.29	0.30	0.17	0.47	0.39
南昌市	—	—	—	0.52	—
贵阳市	0.39	0.55	0.47	0.65	—
西安市	—	0.44	0.61	0.58	0.37
太原市	—	0.28	0.55	0.64	—
拉萨市	—	0.21	0.69	0.54	—
成都市	—	0.38	0.38	0.48	0.62
长沙市	0.75	0.26	—	0.33	0.43
郑州市	—	—	0.37	0.36	0.55
哈尔滨市	1.28	0.13	0.14	0.19	0.30
银川市	—	0.20	0.36	0.52	0.46
青岛市	—	0.24	0.35	0.38	0.57
石家庄市	0.92	0.21	0.16	—	0.21
厦门市	—	0.34	—	—	—
重庆市	—	—	0.30	0.34	—
乌鲁木齐市	—	0.38	0.37	0.33	0.10
福州市	—	0.18	—	0.37	0.31
济南市	—	0.18	0.18	—	0.46
兰州市	—	0.20	0.27	0.22	0.28
长春市	—	0.16	—	0.17	0.19
海口市	—	0.22	0.08	—	—
西宁市	—	—	0.12	—	—
呼和浩特市	—	—	—	0.12	—
南宁市	—	—	—	—	—

表 B - 6　　　　　　　　　重点城市人均科学技术支出　　　　　单位：元

城市名称	2015 年	2016 年	2017 年	2018 年	2019 年
深圳市	—	10 481. 14	8 087. 94	12 197. 40	9 953. 26
北京市	5 844. 99	—	2 661. 94	3 094. 99	3 102. 48
上海市	—	—	2 679. 73	2 916. 55	2 651. 46
广州市	—	—	—	1 763. 64	2 554. 94
杭州市	—	—	—	1 527. 25	
武汉市	—	1 036. 23	1 323. 07	1 520. 09	1 947. 35
宁波市	—	958. 09	984. 72	—	2 042. 05
合肥市	—	—	936. 64	1 213. 38	1 692. 50
南京市	—	801. 40	988. 17	1 155. 58	1 374. 93
天津市	—	1 198. 98	1 104. 64	985. 98	992. 18
大连市	1 683. 53	344. 77	204. 87	599. 36	459. 01
长沙市	942. 96	353. 61	—	496. 39	667. 31
沈阳市	1 560. 24	305. 01	219. 36	—	263. 24
厦门市	—	578. 38	—	—	—
青岛市	—	305. 22	480. 60	551. 92	804. 29
南昌市	—	—	—	514. 70	
郑州市	—	—	403. 33	418. 69	718. 32
成都市	—	330. 27	371. 13	495. 06	705. 16
太原市	—	224. 86	502. 17	664. 32	—
昆明市	995. 62	270. 68	300. 05	314. 82	326. 39
拉萨市	—	163. 57	610. 00	529. 05	—
贵阳市	288. 94	430. 48	408. 19	592. 81	—
西安市	—	333. 07	499. 83	488. 65	363. 54
银川市	—	177. 46	342. 24	511. 04	438. 94
乌鲁木齐市	—	353. 16	447. 41	460. 75	147. 51
福州市	—	163. 70	283. 93	413. 61	405. 51
济南市	—	187. 42	200. 28	—	550. 55

续表

城市名称	2015 年	2016 年	2017 年	2018 年	2019 年
哈尔滨市	762.86	79.37	91.54	125.82	164.36
石家庄市	484.53	117.82	103.40	—	117.27
兰州市	—	139.37	208.13	184.67	237.79
重庆市	—	—	174.87	201.50	—
长春市	—	124.83	181.16	162.11	149.72
呼和浩特市	—	—	—	135.76	—
海口市	—	168.63	61.57	—	—
西宁市	—	—	76.29	—	—
南宁市	—	—	—	—	—

5. 社会保障和就业支出

表 B–7　　　　重点城市社会保障和就业支出占 GDP 比重　　　单位：%

城市名称	2015 年	2016 年	2017 年	2018 年	2019 年
重庆市	—	—	3.61	—	—
拉萨市	—	3.12	2.83	2.84	—
西宁市	—	—	2.89	—	—
哈尔滨市	0.03	2.62	3.24	3.47	4.96
沈阳市	0.08	3.38	3.79	—	4.16
天津市	—	2.11	2.48	2.69	3.91
大连市	0.10	2.64	2.77	2.67	3.42
上海市	0.19	—	3.46	2.86	2.62
北京市	0.22	—	2.84	2.76	2.75
武汉市	—	1.98	1.90	1.93	2.10
太原市	—	1.80	2.14	1.86	—

续表

城市名称	2015 年	2016 年	2017 年	2018 年	2019 年
乌鲁木齐市	—	1.91	2.34	2.28	0.75
海口市	—	1.73	1.71	—	—
长春市	—	1.28	—	1.71	2.13
南昌市	—	—	—	1.70	—
兰州市	—	1.72	1.53	1.68	1.76
济南市	—	1.47	1.59	—	1.73
西安市	—	1.68	1.68	1.57	1.39
呼和浩特市	—	—	—	1.57	—
杭州市	—	—	—	1.51	—
宁波市	—	1.34	1.53	—	1.50
昆明市	0.08	1.88	1.74	1.89	1.63
青岛市	—	1.34	1.39	1.30	1.66
银川市	—	1.02	0.89	1.71	1.76
南京市	—	1.15	1.32	1.33	1.37
成都市	—	1.44	1.15	1.15	1.11
广州市	—	—	—	1.16	1.25
郑州市	—	—	1.03	1.14	1.38
石家庄市	0.05	1.23	1.43	—	1.96
福州市	—	1.16	—	1.12	1.10
合肥市	—	—	1.16	1.17	0.99
贵阳市	0.01	1.23	1.53	1.41	—
深圳市	—	0.54	1.07	0.82	0.66
长沙市	0.04	0.89	—	0.98	1.00
厦门市	—	0.47	—	—	—
南宁市	—	—	—	—	—

表 B-8　　　　　重点城市人均社会保障和就业支出　　　　单位：元

城市名称	2015 年	2016 年	2017 年	2018 年	2019 年
重庆市	—	—	3.61	—	—
拉萨市	—	3.12	2.83	2.84	—
西宁市	—	—	2.89	—	—
哈尔滨市	0.03	2.62	3.24	3.47	4.96
沈阳市	0.08	3.38	3.79	—	4.16
天津市	—	2.11	2.48	2.69	3.91
大连市	0.10	2.64	2.77	2.67	3.42
上海市	0.19	—	3.46	2.86	2.62
北京市	0.22	—	2.84	2.76	2.75
武汉市	—	1.98	1.90	1.93	2.10
太原市	—	1.80	2.14	1.86	—
乌鲁木齐市	—	1.91	2.34	2.28	0.75
海口市	—	1.73	1.71	—	—
长春市	—	1.28	—	1.71	2.13
南昌市	—	—	—	1.70	—
兰州市	—	1.72	1.53	1.68	1.76
济南市	—	1.47	1.59	—	1.73
西安市	—	1.68	1.68	1.57	1.39
呼和浩特市	—	—	—	1.57	—
杭州市	—	—	—	1.51	—
宁波市	—	1.34	1.53	—	1.50
昆明市	0.08	1.88	1.74	1.89	1.63
青岛市	—	1.34	1.39	1.30	1.66
银川市	—	1.02	0.89	1.71	1.76
南京市	—	1.15	1.32	1.33	1.37
成都市	—	1.44	1.15	1.15	1.11
广州市	—	—	—	1.16	1.25

续表

城市名称	2015 年	2016 年	2017 年	2018 年	2019 年
郑州市	—	—	1.03	1.14	1.38
石家庄市	0.05	1.23	1.43	—	1.96
福州市	—	1.16	—	1.12	1.10
合肥市	—	—	1.16	1.17	0.99
贵阳市	0.01	1.23	1.53	1.41	—
深圳市	—	0.54	1.07	0.82	0.66
长沙市	0.04	0.89	—	0.98	1.00
厦门市	—	0.47	—	—	—
南宁市	—	—	—	—	—

6. 医疗卫生和计划生育支出

表 B-9　　　重点城市医疗卫生和计划生育支出占 GDP 比重　　单位：%

城市名称	2015 年	2016 年	2017 年	2018 年	2019 年
拉萨市	—	2.51	2.62	2.71	—
重庆市	—	—	1.84	—	—
兰州市	—	1.64	1.59	1.46	1.35
西宁市	—	—	1.51	—	—
南昌市	—	—	—	1.50	—
海口市	—	1.43	1.32	—	—
北京市	0.26	—	1.53	1.62	1.51
天津市	—	1.14	0.98	1.02	1.40
深圳市	—	1.03	1.09	1.16	1.25
西安市	—	1.17	1.18	1.11	0.99
石家庄市	0.32	1.22	1.26	—	1.59

续表

城市名称	2015 年	2016 年	2017 年	2018 年	2019 年
上海市	0.19	—	1.35	1.44	1.29
太原市	—	1.11	0.99	1.06	—
广州市	—	—	—	0.98	1.04
福州市	—	1.00	—	1.07	0.91
长春市	—	0.76	—	1.01	1.21
郑州市	—	—	0.99	0.97	0.99
贵阳市	0.29	1.25	1.20	1.19	—
武汉市	—	1.13	1.07	0.88	0.83
银川市	—	0.79	0.80	1.14	1.18
哈尔滨市	0.13	1.04	1.10	1.12	1.43
宁波市	—	1.02	0.88	—	0.95
昆明市	0.23	1.09	1.17	1.20	1.06
呼和浩特市	—	—	—	0.94	—
合肥市	—	—	1.08	0.91	0.81
成都市	—	0.93	0.96	0.91	0.84
青岛市	—	0.89	0.78	0.85	0.78
杭州市	—	—	—	0.82	—
沈阳市	0.13	1.00	1.03	—	1.01
南京市	—	0.72	0.76	0.75	0.84
大连市	0.21	0.84	0.93	0.88	0.96
厦门市	—	0.74	—	—	—
济南市	—	0.99	0.97	—	0.87
乌鲁木齐市	—	0.71	0.66	0.66	0.31
长沙市	0.17	0.59	—	0.61	0.62
南宁市	—	—	—	—	—

表 B – 10 　　　　　重点城市人均医疗卫生和计划生育支出 　　　　　单位：元

城市名称	2015 年	2016 年	2017 年	2018 年	2019 年
深圳市	—	5 227.89	5 614.40	6 186.79	6 088.68
北京市	445.91	—	3 148.40	3 561.74	3 825.43
广州市	—	—	—	2 417.35	2 580.45
上海市	336.80	—	2 832.99	3 215.46	3 358.75
拉萨市	—	1 976.30	2 325.06	2 667.64	
天津市	—	1 946.67	1 734.28	1 781.49	1 785.75
宁波市	—	1 501.11	1 453.20	—	1 879.42
武汉市	—	1 607.10	1 680.28	1 485.42	1 488.62
南昌市	—	—	—	1 484.38	—
杭州市	—	—	—	1 431.18	
南京市	—	1 133.46	1 315.85	1 375.32	1 652.44
厦门市	—	1 274.67	—	—	
兰州市	—	1 146.97	1 216.85	1 220.66	1 149.36
郑州市	—	—	1 079.29	1 133.13	1 306.04
青岛市	—	1 123.55	1 072.93	1 251.26	1 107.61
福州市	—	902.89	1 089.95	1 194.33	1 207.43
海口市	—	1 077.60	1 071.97	—	—
重庆市	—	—	1 059.64	—	
济南市	—	1 020.67	1 081.75	—	1 032.42
合肥市	—	—	1 015.03	940.11	984.10
西安市	—	889.94	972.55	941.88	961.21
西宁市	—	—	940.11	—	—
银川市	—	697.59	758.81	1 124.53	1 115.81
大连市	267.08	956.88	1 090.92	1 138.83	1 116.56
成都市	—	813.15	926.06	951.09	953.77
昆明市	166.48	837.65	1 009.19	1 092.06	1 184.40
贵阳市	211.90	980.83	1 041.74	1 079.40	—

城市名称	2015 年	2016 年	2017 年	2018 年	2019 年
长春市	—	600.53	617.05	967.37	949.45
长沙市	211.56	797.41	—	924.78	973.44
太原市	—	887.30	911.11	1 088.08	0.54
乌鲁木齐市	—	655.46	811.58	917.78	470.31
沈阳市	126.64	757.27	806.64	—	864.10
石家庄市	169.00	698.68	801.73	—	877.53
哈尔滨市	76.21	660.73	720.39	739.30	791.05
呼和浩特市	—	—	—	1 108.09	0.48
南宁市	—	—	—	—	—

7. 节能环保支出

表 B - 11　　　　　　重点城市节能环保支出占 GDP 比重　　　单位：%

城市名称	2015 年	2016 年	2017 年	2018 年	2019 年
拉萨市	—	2.24	0.62	1.41	—
郑州市	—	—	1.03	1.75	1.05
厦门市	—	1.21	—	—	—
广州市	—	—	—	1.82	0.35
西宁市	—	—	1.05	—	—
深圳市	—	0.72	0.95	1.04	1.23
北京市	0.11	—	1.64	1.32	0.87
石家庄市	0.70	0.75	0.97	—	1.40
银川市	—	0.44	0.77	1.28	0.71
重庆市	—	—	0.79	—	—
海口市	—	1.18	0.38	—	—

续表

城市名称	2015 年	2016 年	2017 年	2018 年	2019 年
天津市	—	0.37	0.59	0.35	1.72
合肥市	—	—	0.77	0.71	0.70
太原市	—	0.70	0.69	0.49	—
西安市	—	0.30	0.58	0.64	0.86
昆明市	0.49	0.52	0.75	0.49	0.64
上海市	0.10	—	0.73	0.71	0.48
贵阳市	0.58	0.40	0.53	0.43	—
沈阳市	0.12	0.50	0.57	—	0.62
长沙市	0.28	0.42	—	0.48	0.55
呼和浩特市	—	—	—	0.40	—
乌鲁木齐市	—	0.48	0.35	0.47	0.24
济南市	—	0.40	0.35	—	0.48
兰州市	—	0.46	0.33	0.49	0.22
南京市	—	0.47	0.30	0.36	0.36
长春市	—	0.32	—	0.26	0.48
宁波市	—	0.22	0.42	—	0.39
武汉市	—	0.24	0.26	0.32	0.52
大连市	0.08	0.24	0.37	0.35	0.39
哈尔滨市	0.14	0.20	0.25	0.36	0.43
福州市	—	0.32	—	0.23	0.28
杭州市	—	—	—	0.27	—
南昌市	—	—	—	0.26	—
成都市	—	0.23	0.24	0.24	0.25
青岛市	—	0.21	0.19	0.21	0.22
南宁市	—	—	—	—	—

表 B−12　　　　　　　重点城市人均节能环保支出　　　　　　单位：元

城市名称	2015 年	2016 年	2017 年	2018 年	2019 年
深圳市	—	3 642.64	4 897.53	5 549.14	6 018.78
广州市	—	—	—	4 475.14	878.69
北京市	186.01		3 373.36	2 902.94	2 210.49
厦门市	—	2 075.33	—	—	—
郑州市	—		1 124.31	2 054.17	1 384.00
拉萨市	—	1 765.74	552.54	1 385.98	—
上海市	170.48	—	1 544.33	1 596.44	1 253.23
天津市	—	628.65	1 049.67	614.19	2 186.69
合肥市	—	—	726.16	731.38	850.72
银川市	—	386.36	730.51	1 256.40	672.07
南京市	—	749.43	507.80	657.77	720.71
西宁市	—	—	656.66	—	—
长沙市	355.87	564.46	—	728.61	858.63
海口市	—	892.08	309.46	—	—
宁波市	—	329.36	685.36	—	770.72
太原市	—	556.22	634.96	504.51	
武汉市	—	341.26	400.87	540.31	926.39
石家庄市	369.27	426.65	614.07	—	771.52
西安市	—	225.06	476.82	541.83	838.52
昆明市	350.73	399.15	644.57	443.91	711.85
呼和浩特市	—	—	—	472.76	—
乌鲁木齐市	—	440.19	423.35	662.79	355.70
杭州市				465.16	—
济南市	—	417.47	385.56	—	566.79
重庆市	—	—	455.90	—	—
贵阳市	430.94	315.08	456.18	390.75	
沈阳市	118.29	376.77	445.37	—	530.38

续表

城市名称	2015 年	2016 年	2017 年	2018 年	2019 年
大连市	97.80	273.88	436.30	446.88	453.95
福州市	—	287.48	372.15	260.02	372.06
兰州市	—	323.27	255.41	410.79	187.92
青岛市	—	270.06	254.35	303.60	308.00
长春市	—	256.22	176.39	247.72	372.03
南昌市	—	—	—	260.33	—
成都市	—	204.07	232.39	249.93	287.60
哈尔滨市	85.03	125.70	164.79	239.93	239.33
南宁市	—	—	—	—	—

8. 交通运输支出

表 B - 13　　　　重点城市交通运输支出占 GDP 比重　　　单位：%

城市名称	2015 年	2016 年	2017 年	2018 年	2019 年
北京市	23.59	—	1.59	1.53	1.14
宁波市	16.98	0.62	0.46	—	0.39
郑州市	8.02	—	0.23	0.39	0.45
厦门市	—	2.09	—	—	—
南京市	6.06	0.48	0.46	0.43	0.36
昆明市	5.45	1.12	0.69	0.33	0.17
深圳市	—	2.31	1.42	0.94	0.48
上海市	—	—	—	1.32	1.12
拉萨市	—	1.40	0.67	0.55	—
呼和浩特市	—	—	—	0.82	—
南昌市	—	—	—	0.69	—

续表

城市名称	2015 年	2016 年	2017 年	2018 年	2019 年
青岛市	—	0.53	0.55	0.84	0.65
石家庄市	—	0.42	0.45	—	0.88
杭州市	—	—	—	0.56	—
兰州市	—	0.67	0.52	0.50	0.50
天津市	—	0.62	0.47	0.44	0.57
哈尔滨市	—	0.49	0.42	0.50	0.67
大连市	—	0.32	0.56	0.63	0.48
乌鲁木齐市	—	0.50	0.42	0.39	0.66
长春市	—	0.27	—	0.47	0.60
长沙市	—	0.54	—	0.39	0.38
武汉市	—	—	0.42	0.43	0.45
太原市	—	0.37	0.33	0.44	—
银川市	—	0.24	0.35	0.34	0.44
西宁市	—	—	0.34	—	—
沈阳市	—	0.43	0.28	—	0.29
海口市	—	0.35	0.31	—	—
成都市	—	0.41	0.31	0.27	0.31
福州市	—	0.38	—	0.35	0.22
贵阳市	—	0.21	0.29	0.44	—
西安市	—	0.33	0.19	0.18	0.26
济南市	—	0.27	0.16	—	0.23
合肥市	—	—	0.25	0.19	0.16
广州市	—	—	—	—	0.17
重庆市	—	—	—	—	—

表 B－14　　　　　　　重点城市人均交通运输支出　　　　　单位：元

城市名称	2015 年	2016 年	2017 年	2018 年	2019 年
北京市	40 360. 66	—	3 285. 33	3 364. 78	2 874. 70
深圳市	—	11 711. 48	7 316. 53	4 981. 88	2 333. 81
宁波市	23 163. 36	906. 53	753. 22	—	772. 84
厦门市	—	3 581. 67	—	—	—
上海市	—	—	—	2 951. 44	2 906. 06
南京市	9 017. 86	759. 69	796. 83	792. 09	716. 65
郑州市	7 231. 60	—	247. 05	458. 76	596. 64
昆明市	3 894. 58	856. 52	595. 55	296. 70	192. 34
杭州市	—	—	—	975. 13	—
呼和浩特市	—	—	—	971. 50	
青岛市	—	674. 41	757. 55	1 229. 09	923. 64
天津市	—	1 068. 23	835. 17	765. 60	731. 04
拉萨市	—	1 105. 26	595. 91	544. 75	—
武汉市			666. 26	716. 88	809. 39
南昌市	—	—	—	684. 67	—
长沙市	—	728. 51	—	590. 84	603. 15
乌鲁木齐市	—	460. 67	512. 99	548. 87	999. 77
大连市	—	364. 60	662. 69	809. 62	566. 54
兰州市	—	467. 16	402. 03	412. 67	428. 68
广州市	—	—	—	—	411. 64
长春市	—	211. 88	463. 87	444. 59	466. 40
福州市	—	339. 88	403. 63	396. 47	288. 48
太原市	—	293. 51	298. 64	453. 94	—
石家庄市	—	241. 01	287. 93	—	487. 20
银川市	—	209. 66	331. 46	336. 65	413. 61

城市名称	2015 年	2016 年	2017 年	2018 年	2019 年
哈尔滨市	—	311.70	276.90	330.28	368.98
成都市	—	353.57	302.11	279.18	348.55
贵阳市	—	169.07	249.85	401.04	—
沈阳市	—	322.27	219.95	—	248.33
海口市	—	260.05	251.21	—	—
济南市	—	280.92	181.52	—	268.99
西宁市	—	—	209.81	—	—
合肥市	—	—	239.24	191.09	193.58
西安市	—	247.32	158.62	149.58	251.77
重庆市	—	—	—	—	—

9. 住房保障支出

表 B－15　　　　　**重点城市住房保障支出占 GDP 比重**　　　单位：%

城市名称	2015 年	2016 年	2017 年	2018 年	2019 年
深圳市	0.92	2.19	2.47	—	0.59
西宁市	—	—	1.45	—	—
乌鲁木齐市	1.37	0.65	1.26	—	0.72
海口市	—	0.85	0.87	—	—
太原市	—	0.84	—	—	—
上海市	—	—	0.93	—	0.72
拉萨市	—	0.73	0.90	—	—
昆明市	1.04	0.77	0.59	—	0.39
哈尔滨市	0.64	0.55	0.64	—	0.92
兰州市	1.07	0.60	0.64	—	0.33

城市名称	2015 年	2016 年	2017 年	2018 年	2019 年
天津市	0.95	0.65	0.35	—	0.60
重庆市	—	—	0.57	—	—
广州市	—	—	—	—	0.56
宁波市	0.98	0.46	0.43	—	0.31
贵阳市	0.33	0.71	0.54	—	—
沈阳市	0.66	0.54	0.32	—	0.50
郑州市	0.57	—	0.59	—	0.35
南京市	0.66	0.39	0.44	—	0.47
银川市	—	0.49	0.43	—	0.55
大连市	0.67	0.43	0.38	—	0.47
长春市	—	0.30	—	—	0.57
石家庄市	0.70	0.32	0.30	—	0.33
北京市	—	—	0.53	—	0.27
武汉市	—	—	0.43	—	0.34
济南市	0.70	0.22	0.25	—	0.25
厦门市	0.61	0.10	—	—	—
西安市	0.80	0.03	0.02	—	0.53
长沙市	0.55	0.30	—	—	0.18
合肥市	—	—	0.31	—	0.34
成都市	0.22	0.28	0.34	—	0.29
青岛市	—	0.33	0.29	—	0.20
福州市	0.03	0.30	—	—	0.20
呼和浩特市	—	—	—	—	—
南昌市	—	—	—	—	—
南宁市	—	—	—	—	—

表 B－16　　　　　　　　重点城市人均住房保障支出　　　　　　单位：元

城市名称	2015 年	2016 年	2017 年	2018 年	2019 年
深圳市	4 535.08	11 067.31	12 794.16	—	2 867.82
上海市	—	—	1 965.64	—	1 861.81
广州市	—	—	—	—	1 377.22
乌鲁木齐市	1 348.73	595.52	1 540.09	—	1 075.72
天津市	1 537.38	1 113.31	610.30	—	765.08
西宁市	—	—	903.17	—	—
北京市	—	—	1 089.04	—	693.23
宁波市	1 331.28	678.10	701.48	—	609.86
南京市	989.21	614.44	762.38	—	929.62
拉萨市	—	573.93	794.41	—	—
海口市	—	638.90	707.41	—	—
太原市	—	671.08	—	—	—
武汉市	—	—	679.41	—	609.80
大连市	870.10	493.46	441.01	—	546.22
厦门市	995.43	176.95	—	—	—
昆明市	745.66	588.95	509.29	—	432.69
郑州市	510.76	—	641.75	—	458.25
兰州市	695.31	415.98	491.80	—	281.39
银川市	—	433.05	412.92	—	519.96
长沙市	683.50	404.36	—	—	277.44
沈阳市	659.89	408.55	250.75	—	430.14
贵阳市	245.76	558.31	472.09	—	—
哈尔滨市	380.73	346.11	416.99	—	508.36
济南市	681.51	223.03	273.67	—	299.02
青岛市	—	415.69	395.71	—	284.70

续表

城市名称	2015 年	2016 年	2017 年	2018 年	2019 年
合肥市	—	—	290.40	—	409.39
长春市	—	238.89	307.37	—	448.67
重庆市	—	—	329.98	—	—
西安市	566.22	19.88	18.90	—	516.27
成都市	196.08	241.28	328.98	—	334.02
石家庄市	371.38	182.46	189.86	—	180.94
福州市	24.15	272.18	189.72	—	259.06
呼和浩特市	—	—	—	—	1.07
南昌市	—	—	—	—	—
杭州市	—	—	—	—	—

10. 民生支出占 GDP 比重

表 B-17　　　　　重点城市民生支出占 GDP 比重　　　单位：%

城市名称	2015 年	2016 年	2017 年	2018 年	2019 年
西宁市	—	—	42.21	—	—
广州市	—	—	—	37.13	41.79
武汉市	—	39.40	41.89	35.15	36.73
沈阳市	9.41	47.06	48.12	—	46.35
南昌市	—	—	—	37.18	—
杭州市	—	—	—	36.72	—
哈尔滨市	6.63	43.21	45.5	42.28	45.71
青岛市	—	37.59	37.43	33.43	37.15
大连市	10	43.17	42.82	38.26	44.79
石家庄市	9.89	43.33	43.66	—	41.80

续表

城市名称	2015 年	2016 年	2017 年	2018 年	2019 年
昆明市	10.39	39.2	37.15	38.44	40.78
长春市	—	28.12	25.25	36.09	40.79
兰州市	6.51	38.61	40.58	35.61	40.67
济南市	6.48	41.24	41.24	—	38.04
南京市	6.18	37.48	37.94	33.85	40.05
合肥市	—	—	33.13	23.06	35.14
福州市	0.23	36.82	34.53	36.52	40.97
天津市	4.88	32.43	34.76	36.93	37.09
太原市	—	42.75	37.34	35.80	0.01
贵阳市	4.48	38.06	37.91	35.20	—
重庆市	—	—	41.55	15.00	—
西安市	5.04	31.82	33.43	33.07	37.90
成都市	1.64	34.46	33.58	31.72	33.42
北京市	3.36	—	34.25	31.49	37.00
拉萨市	—	24.82	28.69	26.03	—
海口市	—	25.19	27.34	—	—
乌鲁木齐市	8.06	36.18	41.13	26.38	15.15
上海市	3.07	—	34.89	27.80	33.77
宁波市	6.23	34.40	35.01	14.02	32.97
长沙市	8.11	31.05	—	28.43	29.37
深圳市	4.57	27.25	33.73	24.84	30.47
银川市	—	17.07	17.44	25.50	30.85
郑州市	3.74	—	27.42	24.16	29.44
呼和浩特市	—	—	—	34.73	0.02
厦门市	3.23	10.38	—	—	—

附录三　镇江市融资平台公司财务情况

表 C－1　　　　镇江市融资平台公司流动比率变化情况　　　单位：%

融资平台公司名称	2015 年	2016 年	2017 年	2018 年	2019 年	2020 年
丹阳高新区投资发展有限公司	1 252.38	500.55	475.42	746.62	373.75	—
丹阳市开发区高新技术产业发展有限公司	233.72	183.21	274.42	216.29	413.21	—
丹阳投资集团有限公司	248.78	327.06	253.63	204.94	230.79	—
江苏北固产业投资有限公司	302.81	645.83	967.03	558.28	401.99	281.25
江苏大行临港产业投资有限公司	402.50	550.87	554.48	530.53	518.17	483.27
江苏瀚瑞投资控股有限公司	270.06	229.96	225.29	170.31	210.54	192.00
江苏句容福地生态科技有限公司	1 167.08	705.77	1251.63	1231.53	667.94	—
江苏句容新农控股集团有限公司	—	—	—	337.54	429.76	—
句容福源农业旅游发展有限公司	—	398.92	304.40	295.93	249.92	—
句容市城市建设投资有限责任公司	636.09	581.02	452.79	522.80	393.37	
句容市茅山湖康体养生旅游度假有限公司	1 044.30	705.52	599.33	740.39	769.07	—
扬中市城市建设投资发展总公司	367.64	365.47	342.23	436.01	375.32	425.58
扬中市交通投资发展有限公司	470.76	443.55	637.68	459.88	496.29	493.70
扬中市京城经贸实业总公司	236.28	221.60	226.45	236.76	—	—

融资平台公司名称	2015 年	2016 年	2017 年	2018 年	2019 年	2020 年
镇江城市建设产业集团有限公司	341.42	372.60	360.48	297.69	162.82	195.69
镇江交通产业集团有限公司	209.73	230.42	230.81	216.51	235.14	231.99
镇江市丹徒区建设投资有限公司	180.75	165.01	199.11	196.06	173.39	158.19
镇江市风景旅游发展有限责任公司	274.37	318.80	398.62	185.28	233.87	—
镇江市港城供水有限公司	25 100.00	11 244.72	1 810.02	213.89	—	—
镇江文化旅游产业集团有限责任公司	323.00	457.45	480.78	292.98	278.48	239.14
镇江新区城市建设投资有限公司	314.40	257.87	329.03	291.99	260.97	309.44
平均	1 756.64	945.31	518.68	399.15	361.83	301.03

表 C-2　　　　镇江市融资平台公司资产负债率变化情况　　　单位：%

融资平台公司名称	2015 年	2016 年	2017 年	2018 年	2019 年	2020 年
丹阳高新区投资发展有限公司	40.05	46.16	44.45	42.18	55.50	—
丹阳市开发区高新技术产业发展有限公司	54.24	54.09	52.53	52.19	55.15	—
丹阳投资集团有限公司	45.57	49.19	51.04	48.20	46.22	—
江苏北固产业投资有限公司	39.69	44.54	38.42	44.28	46.51	53.30
江苏大行临港产业投资有限公司	39.87	44.12	50.37	41.82	40.47	39.71
江苏瀚瑞投资控股有限公司	62.97	62.85	63.38	63.45	62.69	62.74
江苏句容福地生态科技有限公司	27.78	36.58	32.34	28.33	32.31	—

续表

融资平台公司名称	2015 年	2016 年	2017 年	2018 年	2019 年	2020 年
江苏句容新农控股集团有限公司	—	—	—	39.04	47.92	—
句容福源农业旅游发展有限公司	—	61.05	62.27	56.07	63.39	—
句容市城市建设投资有限责任公司	31.39	40.50	49.60	49.35	55.55	—
句容市茅山湖康体养生旅游度假有限公司	15.30	17.15	29.12	33.10	35.13	—
扬中市城市建设投资发展总公司	45.59	47.18	55.51	51.51	50.50	45.64
扬中市交通投资发展有限公司	37.52	52.30	51.03	45.61	39.78	37.69
扬中市京城经贸实业总公司	48.31	49.15	54.24	52.90	—	—
镇江城市建设产业集团有限公司	59.38	62.52	63.44	64.91	64.77	63.46
镇江交通产业集团有限公司	61.29	61.05	62.27	59.17	59.95	60.36
镇江市丹徒区建设投资有限公司	61.70	59.85	64.48	60.96	65.15	64.56
镇江市风景旅游发展有限责任公司	60.70	55.79	56.14	65.92	53.43	—
镇江市港城供水有限公司	0.40	99.01	99.21	99.61	—	—
镇江文化旅游产业集团有限责任公司	59.17	66.72	65.72	66.38	67.38	65.31
镇江新区城市建设投资有限公司	54.34	54.06	44.32	41.78	38.08	33.01
平均	44.49	53.19	54.49	52.70	51.57	52.58

表 C－3　　　　　镇江市融资平台公司销售净利率变化情况　　　单位：%

融资平台公司名称	2015 年	2016 年	2017 年	2018 年	2019 年	2020 年
丹阳高新区投资发展有限公司	25.41	23.92	16.94	14.05	14.28	—
丹阳市开发区高新技术产业发展有限公司	29.09	25.53	26.13	24.17	25.00	—
丹阳投资集团有限公司	16.48	14.49	13.34	12.76	2.99	—
江苏北固产业投资有限公司	14.17	12.41	15.34	16.53	19.39	2.62
江苏大行临港产业投资有限公司	24.34	19.90	15.65	11.97	11.83	12.41
江苏瀚瑞投资控股有限公司	4.63	5.38	5.41	1.28	1.97	1.85
江苏句容福地生态科技有限公司	13.87	13.39	16.00	16.37	23.24	—
江苏句容新农控股集团有限公司	—	—	—	16.90	10.45	
句容福源农业旅游发展有限公司	—	8.62	11.54	5.59	6.08	—
句容市城市建设投资有限责任公司	33.37	22.40	16.64	30.20	23.17	—
句容市茅山湖康体养生旅游度假有限公司	33.44	25.76	24.57	24.35	21.91	
扬中市城市建设投资发展总公司	12.49	11.96	14.21	13.91	14.30	18.37
扬中市交通投资发展有限公司	32.01	23.69	24.44	31.88	31.71	32.74
扬中市京城经贸实业总公司	9.10	16.77	13.51	14.87	—	—
镇江城市建设产业集团有限公司	26.71	14.30	12.78	11.42	10.30	6.79
镇江交通产业集团有限公司	18.58	16.68	8.65	9.97	11.59	10.11

续表

融资平台公司名称	2015 年	2016 年	2017 年	2018 年	2019 年	2020 年
镇江市丹徒区建设投资有限公司	40.88	40.82	61.78	58.50	13.02	32.47
镇江市风景旅游发展有限责任公司	31.39	32.63	24.76	26.58	25.16	—
镇江市港城供水有限公司	—	—	—	—	—	—
镇江文化旅游产业集团有限责任公司	22.40	14.16	11.35	8.76	8.81	9.50
镇江新区城市建设投资有限公司	11.70	10.38	9.33	5.75	5.67	1.83
平均	22.22	18.59	18.02	17.79	14.78	12.87

表 C-4　　　　镇江市融资平台公司资产净利率变化情况　　单位：%

融资平台公司名称	2015 年	2016 年	2017 年	2018 年	2019 年	2020 年
丹阳高新区投资发展有限公司	1.64	2.06	1.40	2.24	1.08	—
丹阳市开发区高新技术产业发展有限公司	2.41	1.79	1.91	1.73	1.52	—
丹阳投资集团有限公司	0.93	0.76	0.63	0.66	0.15	—
江苏北固产业投资有限公司	2.12	1.57	1.62	1.13	1.54	0.82
江苏大行临港产业投资有限公司	0.92	0.87	0.83	0.65	0.72	0.67
江苏瀚瑞投资控股有限公司	0.33	0.29	0.27	0.08	0.13	0.11
江苏句容福地生态科技有限公司	0.46	0.43	0.48	0.56	0.55	
江苏句容新农控股集团有限公司	—	—	—	0.88	0.55	
句容福源农业旅游发展有限公司	—	0.35	0.54	0.53	0.52	—

融资平台公司名称	2015 年	2016 年	2017 年	2018 年	2019 年	2020 年
句容市城市建设投资有限责任公司	2.05	1.22	0.78	1.28	1.07	—
句容市茅山湖康体养生旅游度假有限公司	2.47	1.95	1.92	1.87	1.63	—
扬中市城市建设投资发展总公司	0.85	0.86	0.78	0.68	0.62	0.83
扬中市交通投资发展有限公司	2.98	1.57	1.48	1.73	2.10	1.82
扬中市京城经贸实业总公司	1.36	2.43	1.54	1.90	—	—
镇江城市建设产业集团有限公司	0.69	0.62	0.53	0.48	0.40	0.41
镇江交通产业集团有限公司	0.43	0.36	0.50	0.61	0.70	0.68
镇江市丹徒区建设投资有限公司	1.18	0.97	1.35	1.38	0.70	0.75
镇江市风景旅游发展有限责任公司	0.74	0.86	0.83	0.69	0.88	—
镇江市港城供水有限公司	—	—	-0.15	-0.10	—	—
镇江文化旅游产业集团有限责任公司	0.91	0.73	0.74	0.73	0.75	0.61
镇江新区城市建设投资有限公司	1.04	0.73	0.56	0.52	0.58	0.21
平均	1.24	1.02	0.93	0.96	0.85	0.69

附录四　城市财政数据库介绍

城市财政数据库（下称"数据库"）由北京大学 – 林肯研究院城

市发展与土地政策研究中心开发，旨在为城市财政及相关研究领域学者和政策研究者提供一手数据，推动相关领域研究（见图 D‐1）。

图 D‐1　城市财政数据库登录界面

内容方面，数据库收集了 2016 年以来地级市全市口径的政府财政决算数据和地级市政府财政决算报告，内容涵盖包括一般公共预算、政府性基金预算、国有资本经营预算以及社会保险基金预算在内的四本政府预算。

数据来源方面，地级市全市财政决算数据和报告全部来自各地级市网站上公开发布的财政决算报告及报表，并按照财政部最新的政府收支分类科目进行整理。地级市政府财政决算文字版报告按照地级市进行汇总整理。

功能方面，数据库除了支持查询、筛选、下载、简单计算、原文查看等基本功能，还支持个性化数据表整合。数据库的另一个特色是具备可视化功能，可以支持用户对所选数据绘制常用的分析图，并支持空间展示（见图 D‐2 和图 D‐3）。

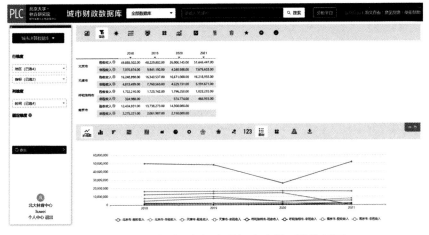

图 D－2　城市财政数据库数据查询及可视化界面

图 D－3　城市财政数据库原文查看界面

对城市财政数据库感兴趣的人士，可联系北大－林肯中心城市财政数据库业务负责人进一步了解数据库的情况以及数据获取方式。

联系人：刘威 010－6275 6535

参 考 文 献

[1] 安体富. 民生财政：我国财政支出结构调整的历史性转折 [J]. 地方财政研究，2008 (5)：4-8.

[2] 曹婧，毛捷，薛熠. 城投债为何持续增长：基于新口径的实证分析 [J]. 财贸经济，2019，40 (5)：5-22.

[3] 曹升生. 住宅社区协会：美国城市治理的新探索 [J]. 安徽师范大学学报（人文社会科学版），2018，46 (1)：43-49.

[4] 常晨，陆铭. 新城之殇——密度、距离与债务 [J]. 经济学（季刊），2017，16 (4)：1621-1642.

[5] 陈科霖. 中国撤县设区 40 年：回顾与思考 [J]. 地方治理研究，2019 (1)：2-19，78.

[6] 陈滔. 地方政府财政能力非均衡性分析——基于广东省 21 个地级市数据的实证研究 [J]. 现代商业，2020 (34)：158-162.

[7] 陈宗胜，郭皓. 在全面推动高质量发展中逐步实现共同富裕 [N/OL]. 中国社会科学报，2021-11-26 (4). DOI: 10. 28131/n. cnki. ncshk. 2021. 004369.

[8] 程风雨. 中国八大城市群横向税收竞争机制识别与策略评估 [J]. 财会月刊，2021 (20)：144-153.

[9] 董艳梅. 中央转移支付对欠发达地区的财力均等化效应研究 [J]. 经济理论与经济管理，2013 (10)：61-70.

[10] 高萍，林菲. 欧盟碳关税影响分析及应对建议 [J]. 税务

研究，2022（7）：92-98.

［11］官永彬. 财政转移支付对省际间财力不均等的贡献——基于基尼系数的分解［J］. 山西财经大学学报，2011，33（1）：9-15.

［12］郭沛，梁栋. 低碳试点政策是否提高了城市碳排放效率——基于低碳试点城市的准自然实验研究［J］. 自然资源学报，2022，37（7）：1876-1892.

［13］郭庆旺. 减税降费的潜在财政影响与风险防范［J］. 管理世界，2019，35（6）：1-10，194.

［14］何添锦. 我国区域经济发展存在问题及对策［J］. 经济问题探索，2004（9）：15-17.

［15］胡荣涛. 新时代推进我国城市群发展的理论逻辑与实践进路［J］. 新疆社会科学，2019（5）：23-34，152-153.

［16］黄燕飞. 统筹城乡发展背景下的地方财政健康问题研究［D］. 成都：西南财经大学，2013.

［17］黄亦炫. 政府或有债务风险研究［M］. 北京：中国财政经济出版社，2021.

［18］冀云阳，毛捷，文雪婷. 地方公共债务与资本回报率——来自新口径债务数据和三重机制检验的经验证据［J］. 金融研究，2021（6）：1-20.

［19］贾康，阎坤. 完善省以下财政体制改革的中长期思考［J］. 管理世界，2005（8）：33-37.

［20］贾晓俊，岳希明. 我国不同形式转移支付财力均等化效应研究［J］. 经济理论与经济管理，2015（1）：44-54.

［21］解洪涛，陈志勇，陈利伟. 中国地方政府省际财政健康度评价及解释——结合资产负债与收支信息的分析［J］. 中国经济问题，2015（1）：3-14.

［22］鞠秋云. 我国城市群发展进程分析［J］. 辽宁省社会主义学

院学报，2019（4）：94-97.

[23] 李晖. 省内转移支付对县际财力均等化效应的影响：基于H省的实证分析 [J]. 武汉大学学报（哲学社会科学版），2014（2）：20-28.

[24] 李建军，谢欣. 地方财政健康与财政分权——基于湖北省县级数据的实证研究 [J]. 当代财经，2011（7）：33-42.

[25] 李萍. 财政体制简明图解 [M]. 北京：中国财政经济出版社，2010.

[26] 李升. 地方政府投融资方式的选择与地方政府债务风险 [J]. 中央财经大学学报，2019（2）：3-12.

[27] 李士梅. 公债经济学 [M]. 北京：清华大学出版社，2019.

[28] 李扬，杨之刚，张敬东. 中国城市财政的回顾和展望 [J]. 经济研究参考，1992（Z5）：1056-1076.

[29] 李永友，张子楠. 转移支付提高了政府社会性公共品供给激励吗？[J]. 经济研究，2017，52（1）：119-133.

[30] 刘昊，刘志彪. 地方债务风险有多高？——基于现实、潜在及引致风险的分析 [J]. 上海财经大学学报，2013，15（6）：72-79.

[31] 刘军民. 我国地方财政健康程度的评价分析与改进思路 [J]. 华中师范大学学报（人文社会科学版），2007（2）：10-16.

[32] 刘元春，陈金至. 土地制度、融资模式与中国特色工业化 [J]. 中国工业经济，2020（3）：5-23.

[33] 刘志. 城市规划与财政关系初探 [J]. 国际城市规划，2023，（1）.

[34] 马光荣，郭庆旺，刘畅. 财政转移支付结构与地区经济增长 [J]. 中国社会科学，2016（9）：105-125，207-208.

[35] 马海涛，姜爱华. 政府间财政转移支付制度 [M]. 北京：经济科学出版社，2010：81.

［36］马廷玉，韦佳，梁华罡．区域发展新格局下辽中南城市群发展对策研究［J］．渤海大学学报（哲学社会科学版），2020，42（4）：78－82．

［37］马相东．对美国市政债务风险控制经验的借鉴［J］．国际金融，2014（10）：76－80．

［38］毛捷，曹婧．农村税费改革与地方政府筹资模式的转变［J］．经济研究，2021，56（3）：83－99．

［39］毛捷，吕冰洋，马光荣．转移支付与政府扩张：基于"价格效应"的研究［J］．管理世界，2015（7）：29－41＋187．

［40］毛捷，徐军伟．中国地方政府债务问题研究的现实基础——制度变迁、统计方法与重要事实［J］．财政研究，2019（1）：3－23．

［41］毛捷．地方公债经济学理论与实务［M］．北京：清华大学出版社，2021．

［42］毛捷．警惕两个比重持续上升深化政府债务管理改革［J］．中国财政，2021（3）：32－35．

［43］潘虹．中国地方政府公共服务财政支出影响因素实证研究——基于1998－2017年省际面板数据的分析［J］．经济问题探索，2020（6）：120－131，178．

［44］邱晔．地方政府财政能力纵横向均衡问题研究［D］．南昌：江西财经大学，2002．

［45］Shah A．践行财政"联邦制"［M］．贾康，等译．北京：科学出版社，2015：6．

［46］孙开，温馨．中国地区间财力差异的空间结构探析［J］．河北经贸大学学报，2015，36（2）：48－51．

［47］田文佳，余靖雯，龚六堂．晋升激励与工业用地出让价格——基于断点回归方法的研究［J］．经济研究，2019，54（10）：89－105．

［48］王朝才，赵全厚，朱新华，等．基于基层财政视角的地方政

府间财政关系研究［J］. 经济研究参考，2008（64）：21 – 41.

［49］王铁军. 中国地方政府融资22种模式［M］. 北京：中国金融出版社，2006.

［50］王旭阳，李凯希，岑燕. 基于人员流动大数据观察的城市群［J］. 中国投资（中英文），2021（Z8）：43 – 47.

［51］王一鸣，木其坚. 全球碳关税变局的驱动因素、相关影响与应对［J］. 宏观经济管理，2022（5）：15 – 23.

［52］王永钦，戴芸，包特. 财政分权下的地方政府债券设计：不同发行方式与最优信息准确度［J］. 经济研究，2015，50（11）：65 – 78.

［53］吴湘玲，邓晓婴. 我国地方政府财政能力的地区非均衡性分析［J］. 统计与决策，2006（16）：83 – 85.

［54］徐军伟，毛捷，管星华. 地方政府隐性债务再认识——基于融资平台公司的精准界定和金融势能的视角［J］. 管理世界，2020，36（9）：37 – 59.

［55］许骞. 欧盟碳边境调节税对中国的影响及策略选择［J］. 经济体制改革，2022，（3）：157 – 163.

［56］闫坤，鲍曙光. 中期财政规划管理的困境摆脱［J］. 改革，2021，（8）：1 – 11.

［57］颜燕，Andrew Reschovsky. 城市财政健康评价——以浙江省为例［J］. 中央财经大学学报，2017（6）：14 – 21.

［58］尹恒，龚六堂，邹恒甫. 收入分配不平等与经济增长：回到库兹涅茨假说［J］. 经济研究，2005（4）：17 – 22.

［59］尹恒，康琳琳，王丽娟. 政府间转移支付的财力均等化效应——基于中国县级数据的研究［J］. 管理世界，2007（1）：48 – 55.

［60］余海跃，康书隆. 地方政府债务扩张、企业融资成本与投资挤出效应［J］. 世界经济，2020，43（7）：49 – 72.

［61］余丽生. 财政发力促区域均衡发展［J］. 新理财（政府理财），2019（4）：30 - 33.

［62］余应敏，杨野，陈文川. 财政分权、审计监督与地方政府债务风险——基于 2008 - 2013 年中国省级面板数据的实证检验［J］. 财政研究，2018（7）：53 - 65.

［63］张磊. 更好发挥财政职能作用推动加快构建新发展格局［J］. 中国财政，2021（6）：21 - 23.

［64］张路，尹志超，王姝勋. 地方政府隐性债务与企业研发——来自中国非金融上市公司的证据［J］. 财经研究，2021，47（4）：94 - 107，123.

［65］张伦伦，宋钦雪. 云、贵、川三省县级财政健康与转移支付匹配度分析［J］. 公共经济与政策研究，2016（2）：1 - 20.

［66］张闫龙. 财政分权与省以下政府关系的演变［J］. 社会学研究，2006（3）：39 - 63，243.

［67］赵志荣. 中国财政改革与各省财政能力不均衡：回顾、分析和建议［J］. 公共行政评论，2009，2（2）：73 - 100，204.

［68］周黎安，吴敏. 省以下多级政府间的税收分成——特征事实与解释［J］，金融研究，2015（10）：64 - 80.

［69］Bird R M. Reflections on Measuring Urban Fiscal Health［J］. Journal of African Economies，2014，24（suppl 2）：ii43 - ii72.

［70］Bird R M. Slack E. Is Your City Healthy？ Measuring Urban Fiscal Health［M］. Toronto：Institute on Municipal Finance and Governance，2015.

［71］Chernick H，Reschovsky A. Measuring the Fiscal Health of U. S. Cities［R］. Working Paper No. WP20HC1. Lincoln Institute of Land Policy，Cambridge，MA. 2020.

［72］Deep A. Infrastructure Economics and Policy：International

Perstectives［M］. Cambridge：Lincoln Institute of Land Policy，2022.

［73］Hana Polackova. Contingent Government Liabilities：A Hidden Risk to Fiscal Stability［R］. World Bank Policy Research Working Paper，1998.

［74］Huang Y，Pagano M，Panizza U. Local Crowding – Out in China［J］. The Journal of Finance，2020，75（6）：2855 – 2898.

［75］Ladd H F，Yinger J. America's Ailing Cities：Fiscal Health and the Design of Urban Policy［M］. Mary land：JHU Press，1991.

［76］Reschovsky A. Compensating Local Governments for Differences in Expenditure Needs in a Horizontal Fiscal Equalization Program［J］. Chapter，2007，14：397 – 424.

［77］Turley G，Flannery D，Mcnena S. A Needs and Resources Assessment of Fiscal Equalisation in the Irish Local Government System［J］. Economic & Social Review，2016，46（3）：459 – 484.

［78］Zhao B. Measuring Municipal Fiscal Disparities in Connecticut［R］. New England Public Policy Center Research Report，2015.

北大－林肯中心丛书：

《中国制造业区位：区域差异与产业差异》

（2010）贺灿飞　等著　科学出版社

《精明增长政策评估》

（2011）【美】Gregory K. Ingram　等著　贺灿飞等译　科学出版社

《中国的住房改革及成效》

（2011）满燕云　主编　经济管理出版社

《中国低收入住房：现状与政策设计》

（2011）满燕云　等编　商务印书馆

《经济转型与服务业跨国公司区位战略》

（2012）贺灿飞　等著　科学出版社

《可持续城市防灾减灾与城市规划——概念与国际经验》

（2012）张洋　吕斌　张纯　等著　科学出版社

《转型中的中国地方公共财政》

（2012）满燕云　康宇雄　编　经济管理出版社

《发展中国家大都市政府融资》

（2013）【美】Roy W. Bahl 等编著　陶然　等译　科学出版社

《融入未来：预测、情境、规划和方案》

（2013）【美】Lewis D. Hopkinsl 等编著　韩昊英　赖世刚　译
科学出版社

《中国城市发展透视与评价》

（2014）贺灿飞　等著　科学出版社

《房产税在中国：历史、试点与探索》

（2014）侯一麟　任强　张平　著　科学出版社

《城市星球》

（2014）【美】Angel S. 著　贺灿飞　等译　科学出版社

《践行财政"联邦制"》

（2014）【美】Anwar Shah　编著　贾康　等译　科学出版社

《城市与区域规划支持系统》

（2015）【美】Richard K. Brail 编著　沈体雁　等译　科学出版社

《保障性住房政策国际经验：政策模式与工具》

（2016）刘志林　景娟　满燕云　著　商务印书馆

《集聚经济、技术关联与中国产业发展》

（2016）贺灿飞　郭琪　等著　经济科学出版社

《环境经济地理研究》

（2016）贺灿飞　周沂　等著　科学出版社

《中国制造业企业空间动态研究》

（2016）史进　贺灿飞　著　经济科学出版社

《转型经济地理研究》

（2017）贺灿飞　著　经济科学出版社

《中国城市工业用地扩张与利用效率研究》

（2017）黄志基　贺灿飞　著　经济科学出版社

《土地制度的国际经验及启示》

（2018）北大－林肯中心编译　科学出版社

《演化经济地理研究》

（2018）贺灿飞　著　经济科学出版社

《人口城镇化对农地利用效率的影响研究》

（2020）赵茜宇　著　中国社会科学出版社

《贸易经济地理研究》

（2020）贺灿飞　杨汝岱　著　经济科学出版社

《中国出口产品演化与升级：从贸易大国走向贸易强国》

（2020）周沂　贺灿飞　著　经济科学出版社

《贸易地理网络研究》

（2021）贺灿飞　著　经济科学出版社

房地产税国际经验指南（上册）——税制、评估及实践

（2022）刘威　何杨　编著　经济科学出版社

城市财政发展报告（2022）：可持续发展

（2023）何杨　黄志基　刘威　主编　经济科学出版社